基于能量耗散的岩石破坏研究及岩质边坡稳定性分析

高 玮 著

科 学 出 版 社

北 京

内 容 简 介

本书全面而系统地介绍了作者近年来在岩石破坏理论及岩质边坡稳定分析方面的研究成果，主要从岩石破坏能量方法研究、岩质边坡失稳过程分析及岩质边坡稳定性定性评价三个方面进行研究，提出了基于最小耗能原理的岩石损伤模型及岩石断裂准则，分析了岩石中裂纹扩展的基本过程，在此基础上，从理论上分析了含单裂纹岩质边坡、含双裂纹岩质边坡及多裂纹岩质边坡的失稳过程，并采用数值方法对理论研究进行验证。此外，根据边坡裂纹扩展耗能最小的原理，提出了一种计算多裂纹岩质边坡稳定性的数值方法。最后，基于新型蚁群聚类算法对岩质边坡稳定性定性评价进行研究，提出了一种适用性广泛的工程类比法。

本书可供从事岩石力学、岩质边坡稳定性分析等研究的专业人员及从事边坡工程设计施工的工程技术人员参考，也可以作为岩土工程、水利工程等专业的研究生教材。

图书在版编目(CIP)数据

基于能量耗散的岩石破坏研究及岩质边坡稳定性分析/高玮著. —北京：科学出版社，2017.11

ISBN 978-7-03-055343-0

Ⅰ.①基… Ⅱ. ①高… Ⅲ.①岩石破坏机理-研究 ②岩石-边坡稳定性-研究 Ⅳ.①TU45

中国版本图书馆 CIP 数据核字(2017) 第 281193 号

责任编辑：惠 雪 沈 旭 冯 钊／责任校对：彭 涛
责任印制：张 伟／封面设计：许 瑞

科学出版社 出版
北京东黄城根北街 16 号
邮政编码：100717
http://www.sciencep.com
北京凌奇印刷有限责任公司 印刷
科学出版社发行 各地新华书店经销
*
2017 年 11 月第 一 版 开本：720 × 1000 1/16
2018 年 1 月第二次印刷 印张：13 1/2
字数：272 000

POD定价： 89.00元
(如有印装质量问题，我社负责调换)

前 言

岩质边坡与人类生存环境及地质工程活动密切相关，是人类活动中最基本也是极为重要的自然地质环境之一。随着人口的急剧增长和土地资源的过度开发，岩质边坡问题已成为与地震和火山并列的全球性三大地质灾害 (源) 之一，全世界每年都会因岩质边坡失稳造成巨大的生命和财产损失。我国是一个多山的国家，大约70%的地域为山区，岩质边坡在我国分布相当广泛。受我国西高东低的地势及地质构造格局的影响，岩质边坡主要分布于我国西南地区和西北地区，因此，在“丝绸之路经济带” 建设过程中，岩质边坡的失稳问题都是无法回避的现实问题。为了保证“一带一路” 倡议的顺利实施，对大型基础工程建设中遇到的岩质边坡失稳问题进行研究具有非常重要的现实意义。实际上，由于边坡岩体是一种经历长期地质作用形成的地质体，各种地质结构对边坡的失稳具有决定性影响。国内外大量工程实践表明，几乎所有的边坡失稳都不是一开始就出现的，通常是工程活动导致边坡体内应力重新分布，使边坡岩体变形在某些结构面或其中的薄弱部位逐渐增长发展，或者地质条件的恶化，导致边坡岩体中的断续结构面不断蠕变、演化，进而造成岩体的宏观断裂并产生新的贯通滑面，最终演变为岩质边坡的整体滑移失稳破坏。实际上，岩质边坡失稳破坏的过程就是边坡岩体整体断裂破坏的过程。研究表明，岩体断裂破坏遵循最小耗能原理，也就是说，其断裂的扩展过程实质是寻找最小耗能路径的过程。因此，本书在综合考虑岩质边坡失稳破坏为边坡岩体断裂破坏本质的基础上，采用岩体断裂破坏的最小耗能原理，提出结合断裂力学理论和最小耗能原理进行岩质边坡失稳破坏研究的新方法。本方法是从裂隙岩质边坡失稳破坏细观机制 (内部裂隙开裂、扩展、贯通导致失稳) 入手，利用细观力学原理 (断裂力学) 进行分析而提出的新研究思路，是对岩质边坡失稳破坏分析方法的大胆探索，其研究必将具有重大的理论价值和学术价值。

本书从岩石破坏的能量角度及岩质边坡稳定分析两个角度入手，全面而系统地进行了岩石损伤、断裂及岩质边坡失稳过程的分析，并提出了计算边坡稳定性的定量分析方法和定性分析方法。其主要内容包括：①基于最小耗能原理的基本理论，给出了采用其进行材料破坏研究的基本途径；②基于最小耗能原理，建立了岩石损伤演化的基本方程及其本构模型，并给出了岩石损伤破坏的基本准则；③基于最小耗能原理，建立了岩石断裂破坏力学准则，给出了岩石整体破坏的基本准则；④基于建立的岩石断裂破坏力学准则，研究了岩石内裂纹的开裂、扩展、贯通的全过程，提出了计算压剪作用下岩石裂纹扩展的基本方法，并对多裂纹相互影响下的裂纹扩展进行了研究；⑤在裂纹扩展研究的基础上，考虑复杂环境的影响，提出了化学腐蚀条件下岩石断裂破坏的力学准则，给出了分析化学腐蚀条件下岩石裂纹扩展的基本方法，并通过室内试验结果对理论研究结果的合理性进行了验证；⑥基于 RFPA 软件对岩石的损伤破坏过程 (包括长方体花岗岩单轴压缩试验及圆柱体花岗岩单轴压缩试验) 进行数值模拟研究，基于室内试验及数值计算的结果，建立了两种试验条件下，岩石的损伤演化方程及其本构模型，通过比较室内试验、数值计算结果及理论计算结果，验证了基于能量的岩石损伤演化方程及其本构模型的合理性；⑦在压剪作用下岩石裂纹扩展研究的基础上，对岩质边坡内含一条裂纹、两条裂纹及多条裂纹三种情况下，裂纹扩展导致岩质边坡失稳的过程进行了详细分析，从理论上研究了岩质边坡内部裂纹扩展对边坡失稳的影响；⑧基于 RFPA 软件及 FLAC 软件对含裂纹岩质边坡 (包括含一条裂纹、两条裂纹及多条裂纹) 的失稳过程进行了详细的数值模拟研究，主要分析了裂纹的开裂、扩展、贯通的全过程，验证了本书理论研究结果的合理性；⑨基于裂纹扩展遵循能量耗散最小的原则，在强度折减法的基础上，通过对 FLAC 软件的二次开发，提出了一种计算多裂纹条件下岩质边坡稳定性的数值方法，通过与传统强度折减法及理论计算结果进行比较，验证了新数值方法的有效性；⑩在岩质边坡稳定性定性方法机理分析的基础上，提出了一种进行聚类分析的新方法——筛选蚁群聚类算法，通过多个典型数据集对新算法的有效性进行了系统研究，并对其主要控制参数进行了敏感性分析，以期为以后的参数选择提供依据；⑪基于工程类比的思想，采用筛选蚁群聚类算法进行了岩质边坡稳定性评价，提出了一种新的岩质边坡稳定性定性评价方法，并通过多个边坡工程算例对新方法的工程实用性进行了研究，验证了新方法解决复杂岩质边坡问题的可行性和有效性。

本书内容主要来源于作者完成的国家自然科学基金项目及最近从事的相关研究，内容包括曾经指导过的多个研究生的工作，在此向几位做出贡献的学生杨大勇、王磊、何松晟及张飞君等表示感谢。另外，书中的少量内容也引用和借鉴了一些前辈的研究成果，在此也向他们表示谢意。

本书研究内容及出版得到中央高校基本科研业务费项目 (2014B17814、2016B10214) 的资助，在此表示感谢。

在本书撰写过程中，贺天阳同学参与了部分图片的编辑工作，在此表示感谢。另外，作者的爱人杨荣娟女士也参加了部分输入和编辑工作，并且在撰写过程中承担了几乎所有的家务，省去了作者很多时间，在此对杨荣娟女士的工作和支持表示衷心的感谢。本书也献给作者的小儿——高杨秦楚，希望他健康成长。

鉴于作者的水平及认识的局限性，书中难免存在不妥之处，欢迎各同行批评指正，相互交流。作者的联系方式：wgaowh@163.com。

高　玮

2017 年 6 月

目　录

第1章 绪　论

1.1 岩石损伤破坏研究现状

岩石是一种非均匀的各向异性材料，内含很多天然宏观缺陷，如裂纹、孔隙、节理等[1]。当这些缺陷存在且材料对缺陷敏感时，材料往往容易发生突然破坏。脆性材料是对缺陷十分敏感的材料，而韧性材料则是对缺陷不敏感的材料。材料是韧性还是脆性，应该根据裂纹扩展前，裂纹尖端是否产生塑性区，以及所产生塑性区的大小而定。脆性材料的裂纹扩展前，裂纹尖端不产生塑性区，脆性材料的断裂表现为突发性，这是最危险的断裂形式。因此，脆性材料在断裂前的微裂纹扩展及汇合阶段所表现的力学行为是我们更关心的。而岩石是一种典型的脆性材料。

试验表明，对于没有宏观裂纹的岩石，其在加载后会有微裂纹产生和发展，微裂纹的尺寸大约与晶粒尺寸同等级，有沿晶破坏和穿晶破坏两种方式。当材料内的应力比较大时，微裂纹的发展方向有一定的规律性，其连通导致岩石突然破坏。对于有宏观裂纹的岩石，其微裂纹网络在加载后从现存的宏观裂纹尖端处发生、发展，并且这些裂纹的扩展不是沿一条轨道进行，随着载荷的增加，微裂纹网络增大，微裂纹的分叉也不断增加，直至破坏。目前针对这种试验现象的描述尚缺乏有效的理论模型来进行解释[1]。

岩石的非弹性响应十分复杂，表现为金属、合金和聚合物某些不寻常的、非常难以解决的特性。这主要是由存在于材料中的空洞、裂纹、晶粒、胶结、分层等细观结构对材料响应的显著影响引起的。材料的失效过程开始于微裂纹的增长和成核，随后宏观裂纹出现、发展并传播，直至材料的最终开裂。一般来讲，裂纹是由微观孔洞的成核引起或形成的，微观孔洞一般存在于非连续区域或是有微观缺陷的区域。这些内部缺陷的影响或许可以通过把它们划分成单一的有限非连续单元来认识。材料中的缺陷不仅影响裂纹的开裂和材料的最终破坏，而且还造成材料特性的变化，如强度、硬度、韧性、稳定性、频率、使用寿命的降低及应力、应变、动态响应和阻尼比的增加等。岩石内部存在大量的节理和裂隙，虽然这些节理和裂隙的规模不大，但它们的存在大大地改变了岩体的力学性质，降低了变形模量和强度参数，且使岩体呈各向异性，这种情况下，用以往的研究方法已不能很好地解决这些问题[2]。损伤力学从岩石内部的节理、裂隙着手，分析其各向异性，为解决岩体损伤破坏机理的研究提供了新思路，对解决岩石这类脆性材料的损伤破坏可以起到较好的效果。

1.1.1　材料损伤研究现状

材料的损伤现象一般可由损伤模型来描述，损伤模型可表示材料性能的变化和损伤的出现、增长、传播及裂纹所造成的材料失效过程。实质上，损伤力学的基本问题就是如何描述损伤的本质以及如何量化损伤的问题。

一些力学工作者直接采用损伤材料颗粒数和材料总颗粒数的比率作为损伤变量来研究疲劳损伤问题。由于在材料中存在大量各种各样的微孔洞，所以描述每一个孔洞的几何形状都是非常困难的。因此，很多力学工作者试图提出一个抽象的损伤变量来从现象上描述材料中的各种微观缺陷，这个损伤变量可以是标量，也可以是矢量或张量[2]。从热动力学的观点来看，损伤变量必须能体现材料中微观结构变化的不可逆性。因此，损伤是一个内变量，它必须是材料性能、荷载、温度等的函数。并且，这个内变量也必须能描述损伤的增长和传播过程。

选择损伤变量不是一件容易的事。它可以由微观结构分析来确定，也可以由试验数据直接产生。为了能在不可逆的热动力学过程中模拟损伤，引入连续损伤力学的变量来表示 (表 1.1)。

表 1.1　外部状态变量、内部状态变量和相关变量

外部状态变量	内部状态变量	相关变量
弹性应变张量 ε_e		应力张量 σ
温度 T		熵 S
	损伤累积残余应变 γ	应变硬化变量 R
	损伤变量 D	损伤应变能量释放率 Y

损伤变量可根据材料的不同现象来定义。例如，Kachanov[3]和 Lemaitre[4,5]及 Chaboche[6]采用有效应力 (实际应力或净应力) 定义损伤变量；Rousselier[7]采用损伤材料的质量密度来定义损伤变量。

Lemaitre[5,8]根据弹性模量的比值给出的损伤变量表达式是目前关于损伤变量最经典的定义，其定义可以表示为式 (1.1)。一般情况下，根据该定义可以发展出损伤变量的其他定义。

$$D = 1 - \frac{E^*}{E} \tag{1.1}$$

式中，E^* 为损伤材料的有效杨氏弹性模量；D 为损伤变量；E 为无损伤材料的弹性模量。

很多力学工作者也采用损伤变量是裂纹和孔洞的表面密度的定义[2]，这个定义可表示为

$$D = 1 - \frac{A^*}{A} \tag{1.2}$$

式中，A^* 为材料的“有效”面积；A 为材料的未受伤面积。

然而，在各向异性损伤情况下，直接应用等效应变假设不能令人满意。因此，需要一个不同的应变能等效方法。根据应变能等效假设[9]，各向异性损伤参数可以由杨氏弹性模量定义如下：

$$D_i = 1 - \sqrt{\frac{E^*}{E}} \tag{1.3}$$

陈德华和席道瑛[10]认为，损伤的测量是损伤情况下和未发生损伤情况下应变值的比率，从而给出了如下的定义：

$$D = 1 - \frac{\varepsilon^*}{\varepsilon} \tag{1.4}$$

Rousselier[7]认为，损伤变量可由材料的质量密度来度量，损伤材料的质量密度 ρ^* 一定低于未损伤情况下的初始密度 ρ_0。于是，损伤变量可定义为

$$D = 1 - \frac{\rho^*}{\rho_0} \tag{1.5}$$

必须指出的是，Rousselier 考虑的损伤表现为损伤材料的质量密度 ρ^* 低于无损的质量密度 ρ_0，这属于宏观的体积膨胀现象。由于塑性损伤和延性断裂往往发生在塑性变形较大的情况下，可见，只有在大塑性变形情况下，这个定义才是有效的。因此，这个定义仅仅适用于有限变形的损伤理论。另外，Rousselier 损伤模型提供的塑性势与正交理论相耦合。该定义的缺点是，用材料的质量密度定义损伤给损伤的测量带来了一定的困难。

在 Kachanov[3]的先期工作之后，损伤力学首先进入了一维损伤问题的研究阶段。在那种情况下，标量形式的损伤变量是足够的。从而在材料中损伤是各向同性的假设下，很多力学工作者采用标量形式的参数来表示损伤变量。

几何模型中第二方向和第三方向的引进，明显地体现出标量形式损伤变量的局限性。从严格意义上讲，仅在材料中球状孔洞或微裂纹的分布是严格随机分布的特殊情况下，标量形式的损伤模型才能适用[11]。在其他情况下，微裂纹分布不规则的本质使得学者对标量损伤模型的应用产生了怀疑，尽管它的应用非常简单[12]。有趣的是，大部分微裂纹的损伤表述仍然保留着 Kachanov 采用孔洞面积密度来衡量损伤的原始定义[3]。因此，在最简单的情况下，损伤方程通常被看作标量方程，但是在比较复杂的各向异性损伤情况下，损伤方程必须是矢量方程或张量方程。例如，对于各向异性介质，损伤变量[13]必须表示为一系列的状态变量，即张量方程。

Lemaitre[5]指出：在宏观水平和微观水平之间，应变行为存在一个宏观尺度的连续方程。连续损伤力学倾向于在宏观尺度内将损伤变量定义为平面内裂纹的有效表面密度，由此，在宏观尺度内，损伤变量可引入到有效应力的概念当中。这

个有效应力的概念首先是由 Kachanov 引进的，这是连续损伤力学的起点，之后被 Lemaitre[8]引入到金属的低周疲劳损伤的研究中，被 Chaboche[14]引入到高周疲劳问题的研究中，被 Hult[15]引入到损伤和循环疲劳问题的研究中，被 Lemaitre[4,5]引入到蠕变和疲劳相互作用问题的研究中。近年来，不可逆过程的热动力学研究为连续损伤力学发展为一套成熟的理论提供了必需的科学依据。这些模型都在热动力学的理论框架内，并且为以弹性和塑性相耦合来识别损伤提供了可能。

为了考察裂纹从微观开裂到宏观开裂的发展过程，必须把损伤力学和断裂力学结合起来进行研究。对于损伤发展理论，必须准确地知道损伤过程的极限状态是什么。基于目前连续损伤力学的发展水平，损伤过程的极限状态通常对应于宏观裂纹的发生，这就是所谓连续体单元的 “开裂”。由于裂纹的发生呈现出很强的随意性，特别是在疲劳问题中，因此，微观结构中新成核的裂纹和短裂纹显现出复杂的相互作用[16]。

实际上，在断裂力学理论框架内，宏观裂缝的概念中一般假设材料中的缺陷与微观杂质相比是足够大的。为了在大小、几何形状和方向上显示出足够的宏观同质性，必须假定主宏观裂缝应经过一定的材料颗粒。

随着损伤的发展，材料可能逐步变为各向异性。根据这个事实，损伤可以用一个四阶对称张量来描述，该张量与弹性系数张量相对应，并且包含 21 个独立的分量[13]。在各向异性损伤模型中，净应力或有效应力张量是非对称的，这使对该张量转置、求逆非常困难。为了简化这样的非对称性，一些力学工作者建议运用一些对称化处理技术，这些处理技术尽管提供了很多数学运算上的便利，但由于其没有物理依据，处理后的模型可能添加了原先并不存在的一些新的材料特性，也可能会丢失对称化处理前应存在的一些材料特性。这样随意的处理在实际工程中可能产生一些具有欺骗性的分析结果。因此，Valliappan 等[9]提出了一个非对称的各向异性损伤模型。文献[16]通过推导各向异性损伤模型的各个关键参数，对对称化技术的影响做了评估。研究发现，在大多数情况下，对称化处理明显地影响了损伤模型的参数，这可能会产生一些不可信的结果。因此，在各向异性损伤模型中，应慎用对称化处理技术。

对于岩石工程问题，各向异性损伤力学的概念已被很多力学研究者成功地运用，如张我华等[16]发展了一种评估岩体随机各向异性损伤状态的方法，并把它应用到随机损伤问题的随机有限元分析当中。

1.1.2　损伤演化方程研究现状

1.1.2.1　国外研究状况

1958 年，Kachanov[3]在研究金属蠕变时引入了连续性因子和有效应力的概念，

其定义为材料横截面积上的有效承载面积与总面积之比，并给出了连续度的演化方程

$$\dot{\psi} = B\left(\frac{\sigma}{\psi}\right)^V = B\bar{\sigma}^V \tag{1.6}$$

式中，字母符号上方的 · 表示关于时间的导数；B 和 V 为材料参数；σ 为 Cauchy 应力；$\bar{\sigma} = \sigma/\psi$ 称为净应力。

1969 年，Rabotnov[17]又定义了损伤因子 $\omega = 1 - \psi$ 的概念，建立了如下的耦合损伤本构方程和损伤演化方程：

$$\begin{cases} \dot{\varepsilon}^{\mathrm{c}} = A\dfrac{\sigma^n}{(1-\omega)^m} \\ \dot{\omega} = B\dfrac{\sigma^v}{(1-\omega)^\mu} \end{cases} \tag{1.7}$$

式中，$\dot{\varepsilon}^{\mathrm{c}}$ 为蠕变应变；A，B，m，n，v 和 μ 为材料参数。

Kachanov 和 Rabotnov 工作的重要意义在于，通过引入一个简单的连续介质内变量成为损伤变量来表征材料中复杂的、离散的损伤劣化过程，并建立了本构关系，从而奠定了损伤力学的基础。此后，Hult[15]进一步发展明确了损伤的概念。

以 Lemaitre、Chaboche、Hult、Krajcinovic 和 Rousselier 等为代表的一大批学者，针对损伤力学的基本概念、方法等做了大量开创性的工作，这不仅使其框架渐渐明晰充实，而且还把它的适用范围从最初的蠕变损伤推广到对弹性、塑性、黏弹性、脆性及疲劳等损伤现象的分析；而其所描述的材料，也从金属扩展到复合材料、陶瓷、混凝土等非金属材料，并相继建立了各向同性或各向异性的连续损伤模型，为连续损伤力学发展做出了重要的贡献。

20 世纪 70~80 年代，Lemaitre 等提出了两类损伤机制，一类是微裂纹的形成、扩展和汇合，最后形成宏观裂纹，这类损伤不引起明显的塑性变形，因而称为脆性损伤机制；另一类是微孔洞的成核、长大和汇合，由于这类损伤往往伴随着显著的塑性变形，因此称为韧性损伤机制。Lemaitre 等的研究表明，这两类机制在不同的材料细观结构及不同的加载条件下所表现出的性质会有很大差别，因此从载荷模式和材料的宏观响应来讲，损伤又可以分为弹脆性损伤、弹塑性损伤、疲劳损伤、蠕变损伤、冲击损伤等多种。针对各种各样的损伤，力学家们提出了一维、三维各向同性损伤理论、各向异性损伤理论、基于细观力学的损伤理论、考虑断裂的损伤耦合理论[2,5,8]等。

另外，Eshelby、Hill 和 Rice 等的出色工作使得细观损伤力学得以蓬勃发展。细观损伤力学是从材料的细观结构出发，对不同的损伤机制加以区分，通过对细观结构变化的物理过程的研究来了解材料破坏的本质和规律，并借助一定的平均化

方法导出材料的宏观性质。因此，揭示各种工程材料的宏观行为与细观结构及其演化之间的关系是细观损伤力学的基本任务。细观损伤力学的主要研究范围为材料细观结构，如微裂纹、微孔洞、剪切带、晶界等的损伤演化过程。它一方面忽略了损伤过于复杂的微观物理过程，避免了微观统计力学的烦琐计算；另一方面又包含了不同材料的细观几何特征，为损伤变量和损伤演化方程的建立提供了一定的物理背景。

最典型和最成功的细观损伤模型是 Gurson 模型[18]。1975 年，Gurson 在 Rice 等工作的基础上发展了一套比较完整的本构方程，用以描述微孔洞损伤对材料塑性变形行为的影响。与其他连续损伤模型相比，该模型具有以下特点。

Gurson 模型的损伤变量即孔洞体积百分比有清晰的几何意义和明确的物理内涵；以往的唯象损伤模型，如 Lemaitre 损伤理论认为材料的损伤与弹性模量 E 相关，而该模型认为损伤主要与基体材料的塑性变形相关；该模型提供了一套完整的韧性损伤本构方程；该模型发展了一种考虑细观参量的唯象物理模型，突破了经典方法中无限大基体的限制，更好地反映了材料的细观结构；该模型同时考虑了微孔洞的成核和长大过程。在 Gurson 模型[18]建立后的几十年时间里，这一模型得到了广泛应用，并与有限元计算相结合，取得了一些重要的研究成果[2]。

1.1.2.2　国内研究状况

国内损伤力学的研究起步较晚，但发展迅速。谢里阳和于凡[19]通过对疲劳过程和疲劳失效临界状态的分析，提出疲劳失效判据应与损伤程度和应力水平两个因素有关，并在试验的基础上分析了损伤临界值与循环应力水平之间的关系，给出了疲劳损伤临界值的范围为 0.4~0.8。

李灏[20]等提出含有各向异性损伤的内时损伤理论，该理论以 Valanis 理论为基础，将材料里任意一点的即时应力状态当作该点近旁形变和温度整个历史的泛函，由此克服了 Lemaitre 等基于不可逆热力学理论建立各向异性理论的困难。

余寿文和冯西桥[13]提出了脆性材料的微裂纹扩展区损伤模型。该模型认为，在诸如岩石、混凝土等脆性材料中弥散的微裂纹及其形成扩展和汇合将对材料的力学性质发生显著的影响，可以导致材料的逐渐劣化直至最后断裂。所谓微裂纹扩展区是指经过加载后，发生扩展的所有微裂纹在取向空间中所占的范围，由一个区域或多个区域的并集组成。换言之，经过一定的加载路径后，法向矢量位于微裂纹扩展区的所有微裂纹都已经发生了扩展。利用这个概念，可以更准确地描述微裂纹的损伤状态，并且能够解决任意复杂加载路径下的损伤和本构响应问题，从而建立起一套比较完整的脆性材料细观损伤模型。

此外，张行和赵军[21]发展了疲劳损伤本构关系，指出了现行做法中将损伤演化与塑性流动完全耦合的不妥之处，提出独立于塑性流动势函数之外的损伤势函数，使疲劳损伤本构关系的理论更为合理与系统。同时，他们还提出了描述各向异性的微结构力学模型。谢兴华等[22]研究了损伤力学运用于岩体的问题，从微观及宏观两方面对岩体损伤的意义及性质做了阐述。

1.1.3 常用的岩石损伤模型概述

常用的岩石损伤模型目前主要有 Loland 损伤模型[23]、Mazars 损伤模型[24]、Sidoroff 损伤模型[25,26]、分段曲线损伤模型[13]。这四种模型都是通过研究岩石类材料的破坏行为得出的结果，其研究方法都是参照试验得出的应力与应变关系曲线，将曲线划分为两个阶段，即应力峰值以前和峰值以后。对应于这两个阶段，损伤的扩展分为两个区域，每个区域内的损伤扩展用不同的函数模拟。以下对这几种主要的模型进行阐述。

1.1.3.1 Loland 损伤模型

Loland 损伤模型认为当应力接近峰值时，应力与应变关系曲线已偏离直线，这意味着应力达到最大值以前，材料中已经发生了连续损伤。在 Loland 损伤模型中将这种材料的损伤分为两个阶段，第一阶段是在应力达到峰值之前，即当应变小于峰值应力对应的应变 ε_{p} 时，在整个材料中发生的微裂纹损伤；第二阶段是当应变大于 ε_{p} 时，损伤主要发生在破坏区内。

由此，可得到如下的损伤演变方程：

$$\begin{cases} D = D_0 + C_1\varepsilon^{\beta}, & \varepsilon < \varepsilon_{\mathrm{p}} \\ D = D_{\varepsilon_{\mathrm{p}}} + C_2(\varepsilon - \varepsilon_{\mathrm{p}}) = D_0 + C_1\varepsilon_{\mathrm{c}}^{\beta} + C_2(\varepsilon - \varepsilon_{\mathrm{c}}), & \varepsilon_{\mathrm{p}} \leqslant \varepsilon < \varepsilon_{\mu} \end{cases} \tag{1.8}$$

由边界条件：$\sigma\left|_{\varepsilon=\varepsilon_{\mathrm{p}}} = \sigma_{\mathrm{p}}\right.$、$\dfrac{\mathrm{d}\sigma}{\mathrm{d}\varepsilon}\left|_{\varepsilon=\varepsilon_{\mathrm{p}}} = 0\right.$、$D\left|_{\varepsilon=\varepsilon_{\mathrm{p}}} = 1\right.$ 可以得出常数 β、C_1、C_2 如下

$$\begin{cases} \beta = \dfrac{\sigma_{\mathrm{p}}}{E\varepsilon_{\mathrm{p}} - \sigma_{\mathrm{p}}} \\ C_1 = \dfrac{1 - D_0}{1 + \beta}\varepsilon_{\mathrm{p}} \\ C_2 = \dfrac{1 - D_{\varepsilon_{\mathrm{p}}}}{\varepsilon_{\mu}\varepsilon_{\mathrm{p}}} \end{cases} \tag{1.9}$$

由 Loland 损伤模型模拟的应力与应变关系曲线以及损伤变量 D 与应变 ε 的关系如图 1.1 及图 1.2 所示。

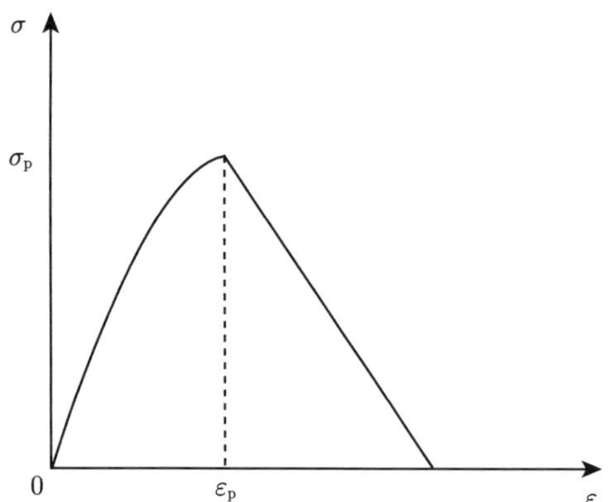

图 1.1　Loland 损伤模型中应力与应变关系曲线

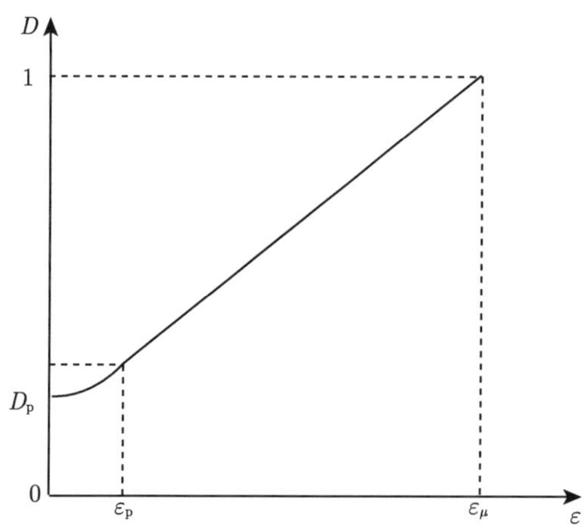

图 1.2　Loland 损伤模型中损伤与应变关系曲线

1.1.3.2　Mazars 损伤模型

Mazars 损伤模型认为，岩石类脆性材料的应力应变关系曲线一般可以分为线弹性、非线性强化、应力跌落和应变软化等阶段。而且，试验中得到的这种应力应变关系曲线通常还与试验机的刚度、加载方式等有关。为此，Mazars 损伤模型将脆性材料的压缩应力应变关系分两段描述，在应力达到峰值强度之前即使有损伤，也由于 σ-ε 曲线的变化与直线偏差不大而认为是线性的。设 ε_{p} 是损伤开始时的应变，也是峰值应力 σ_{p} 对应的应变，当 $\varepsilon \leqslant \varepsilon_{\mathrm{p}}$ 时，认为材料无损伤，即 $D=0$；当 $\varepsilon > \varepsilon_{\mathrm{p}}$ 时，Mazars 损伤模型假设应变增加按指数函数下降，它对应于宏观裂缝的形成及快速失稳破坏，刚度急剧下降，材料有损伤，即 $D>0$。

Mazars 损伤模型通过拟合的应力应变关系建立了单轴压缩时的损伤本构

关系：

$$
\begin{cases}
\sigma = E_0\varepsilon, & 0 \leqslant \varepsilon \leqslant \varepsilon_{\mathrm{p}} \\
\sigma = E_0\left[\dfrac{\varepsilon_{\mathrm{c}}(1-A_{\mathrm{c}})}{-\sqrt{2}\gamma} + \dfrac{A_{\mathrm{c}}\varepsilon}{\exp[B_{\mathrm{c}}(-\sqrt{2}\mu\varepsilon-\varepsilon_{\mathrm{p}})]}\right], & \varepsilon > \varepsilon_{\mathrm{p}}
\end{cases} \tag{1.10}
$$

式中，A_{c}，B_{c} 表示单轴压缩时的材料常数。

$$
\begin{cases}
D = 0, & 0 \leqslant \varepsilon \leqslant \varepsilon_{\mathrm{p}} \\
D = 1 - \dfrac{\varepsilon_{\mathrm{c}}(1-A_{\mathrm{T}})}{\varepsilon} - \dfrac{A_{\mathrm{c}}}{\exp[B_{\mathrm{c}}(\varepsilon-\varepsilon_{\mathrm{c}})]}, & \varepsilon > \varepsilon_{\mathrm{p}}
\end{cases} \tag{1.11}
$$

由式 (1.10) 和式 (1.11) 可得 Mazars 损伤模型中的名义应力 σ 和损伤变量 D 随应变 ε 的变化曲线，如图 1.3 和图 1.4 所示。

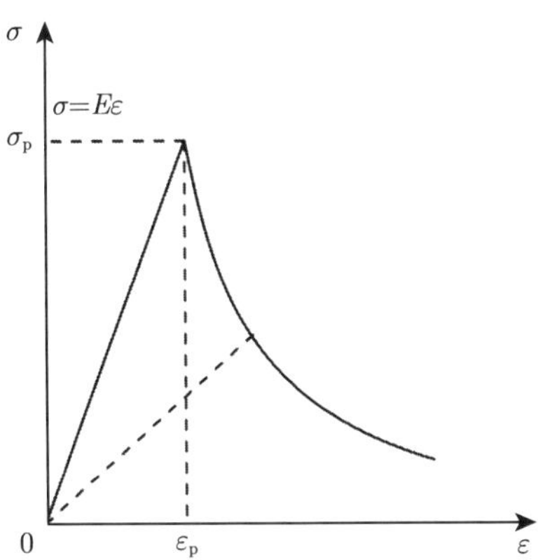

图 1.3 Mazars 损伤模型中应力与应变关系曲线

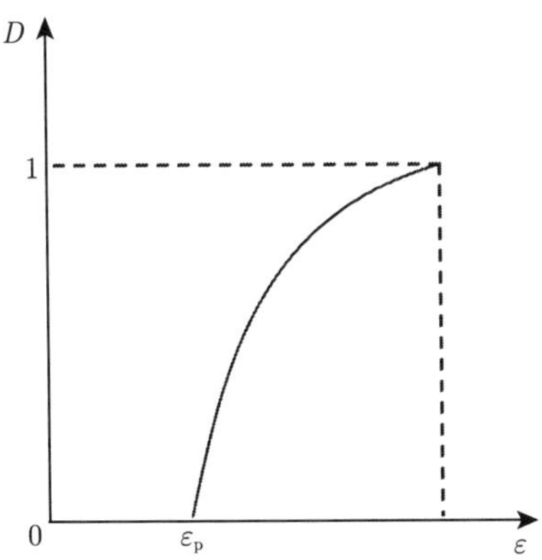

图 1.4 Mazars 损伤模型中损伤与应变关系曲线

1.1.3.3 Sidoroff 损伤模型

岩石等脆性材料承载能力的下降以及其力学性能的劣化，都明显依赖于当前的应力和损伤状态。Sidoroff 根据能量等效假设提出了一种各向异性损伤本构模型。能量等效假设认为：受损材料的弹性余能和无损材料的弹性余能形式是相同的，只需将其中的 Cauchy 应力 σ 换为等效应力 $\tilde{\sigma}$ 即可。也可以表述为：受损材料的弹性应变能与无损材料的弹性应变能有相同的形式，只需将应变用有效应变来代替即可。

有效应变的定义为

$$\tilde{\varepsilon} = \varepsilon \cdot (I - D) \tag{1.12}$$

无损材料的弹性应变能为

$$\rho\phi_{\mathrm{c}}(\varepsilon, 0) = \frac{E}{2(1+\mu)}\left[\frac{\mu}{1-2\mu}(\mathrm{tr}\varepsilon)^2 + \mathrm{tr}(\varepsilon \cdot \varepsilon)\right] \tag{1.13}$$

受损材料的弹性应变能表示为

$$\rho\phi_{\mathrm{c}}(\varepsilon, 0) = \frac{E}{2(1+\mu)}\left[\frac{\mu}{1-2\mu}[\mathrm{tr}(\varepsilon \cdot (I-D))]^2 + \mathrm{tr}(\varepsilon^2 \cdot (I-D)^2)\right] \tag{1.14}$$

利用正交法则，得到损伤材料的应力应变关系和损伤能量释放率的表达式：

$$\sigma = \frac{E}{1+\mu}\left\{\frac{\mu}{1-2\mu}(I-D)\mathrm{tr}[\varepsilon \cdot (I-D)] + \varepsilon \cdot (I-D)^2\right\} \tag{1.15}$$

$$Y = \frac{E}{1+\mu}\left\{\frac{\mu}{1-2\mu}\varepsilon\mathrm{tr}[\varepsilon \cdot (I-D)] + \varepsilon^2 \cdot (I-D)\right\} \tag{1.16}$$

对于单轴压缩问题，设耗散势函数为 Y 空间的一个球面，即可得损伤材料的单轴压缩应力应变关系为

$$\begin{cases} \sigma = E\varepsilon, & \varepsilon \leqslant \varepsilon_{\mathrm{p}} \\ \sigma = E\varepsilon_{\mathrm{p}}\left(\dfrac{\varepsilon_{\mathrm{p}}}{\varepsilon}\right)^3, & \varepsilon > \varepsilon_p \end{cases} \tag{1.17}$$

损伤与应变的关系为

$$\begin{cases} D = 0, & \varepsilon \leqslant \varepsilon_{\mathrm{p}} \\ D = 1 - \left(\dfrac{\varepsilon_{\mathrm{p}}}{\varepsilon}\right)^2, & \varepsilon > \varepsilon_{\mathrm{p}} \end{cases} \tag{1.18}$$

由式 (1.17) 可得到单轴压缩的应力与应变关系曲线如图 1.5 所示，由式 (1.18) 可得到损伤与应变关系曲线如图 1.6 所示。

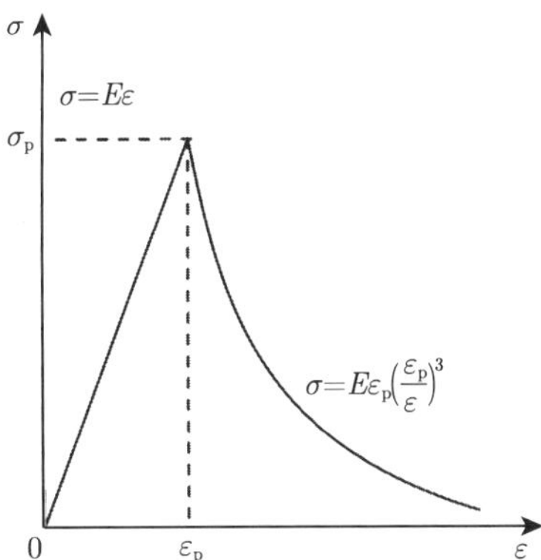

图 1.5 Sidoroff 损伤模型中应力与应变关系曲线

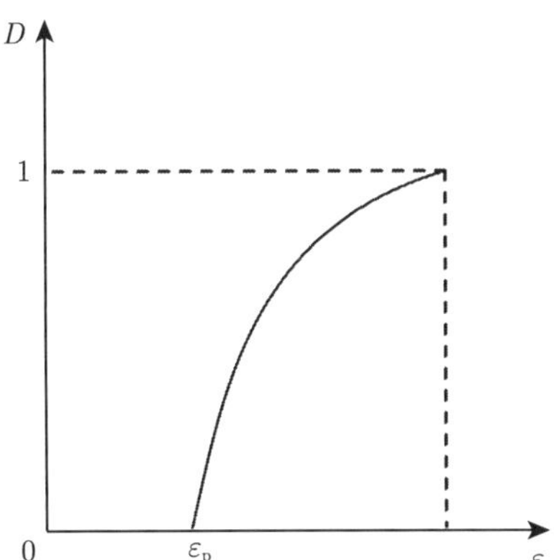

图 1.6 Sidoroff 损伤模型中损伤与应变关系曲线

1.1.3.4 分段曲线损伤模型

该模型认为在应力达到峰值应力前后都有损伤演化，并用不同的曲线方程来拟合，分别表示为[7]

$$\begin{cases} D = A_1\left(\dfrac{\varepsilon}{\varepsilon_{\mathrm{p}}}\right)^{B_1}, & 0 \leqslant \varepsilon \leqslant \varepsilon_{\mathrm{p}} \\ D = 1 - \dfrac{A_2}{C_2\left(\dfrac{\varepsilon}{\varepsilon_{\mathrm{p}}-1}\right)^{B_2} + \dfrac{\varepsilon}{\varepsilon_{\mathrm{p}}}}, & \varepsilon > \varepsilon_{\mathrm{p}} \end{cases} \tag{1.19}$$

式中，A_1、A_2 和 B_1 为材料常数；B_2 和 C_2 为曲线参数，取 $B_2 = 1.7$，$C_2 = 0.003\sigma_{\mathrm{p}}^2$。

由边界条件：

$$\sigma\left|_{\varepsilon=\varepsilon_{\mathrm{p}}}=\sigma_{\mathrm{p}},\quad \frac{\mathrm{d}\sigma}{\mathrm{d}\varepsilon}\right|_{\varepsilon=\varepsilon_{\mathrm{p}}}=0 \tag{1.20}$$

可得到材料常数为

$$\left\{\begin{array}{l} A_1=\dfrac{E\varepsilon_{\mathrm{p}}-\sigma_{\mathrm{p}}}{E\varepsilon_{\mathrm{p}}} \\ B_1=\dfrac{\sigma}{E\varepsilon_{\mathrm{p}}-\sigma_{\mathrm{p}}} \\ A_2=\dfrac{\sigma_{\mathrm{p}}}{E\varepsilon_{\mathrm{p}}} \end{array}\right. \tag{1.21}$$

该模型的应力与应变关系曲线和损伤与应变关系曲线如图 1.7 和图 1.8 所示。

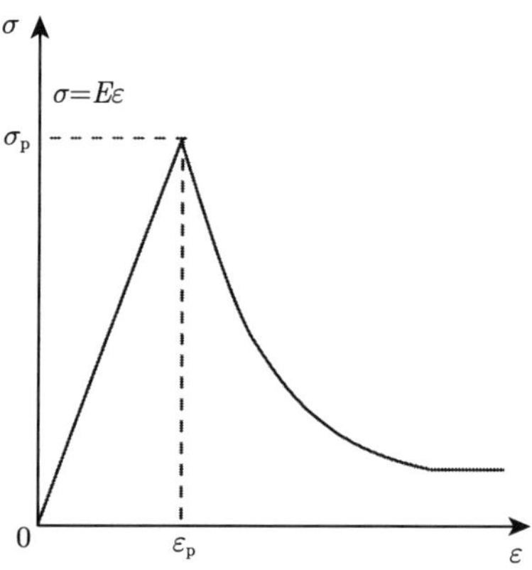

图 1.7　分段曲线损伤模型中应力与应变关系曲线

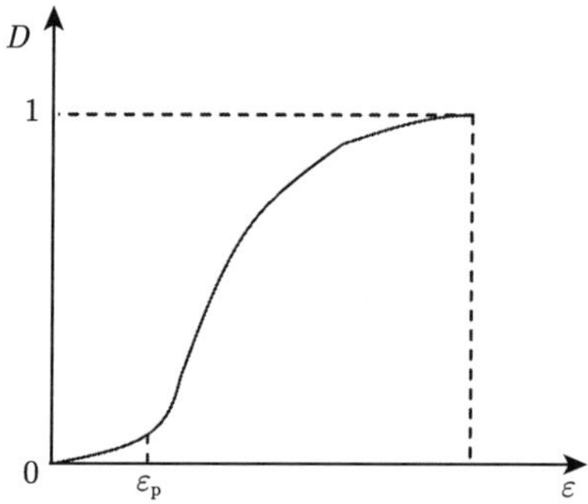

图 1.8　分段曲线损伤模型中损伤与应变关系曲线

1.1.4 目前研究的分析

岩石是一种脆性材料，其全应力与应变关系曲线一般如图 1.9 所示[1]。由图可以看出，从岩石开始受外力作用起，其斜率随着应变的增大逐渐增大，至 A 点后保持不变，到 B 点后又逐渐减小，在 C 点达到极小值，之后斜率为负，最终保持一定的残余强度 (E 点)。由此可见，岩石破坏的非弹性效应非常复杂，表现出与金属、合金等弹塑性材料明显不同的特点，其表现出来的力学特性为非弹性变化、脆性应变软化[1]。前人在研究岩石应力应变曲线的基础上提出了许多岩石力学模型以确定岩石的本构关系，如线弹性模型、理想弹塑性模型、双线性模型、多线性模型、双曲线模型、幂强化模型、应变软化模型等。这些模型均在一定程度上反映了岩石的应力应变特性，都有一定的工程应用价值。

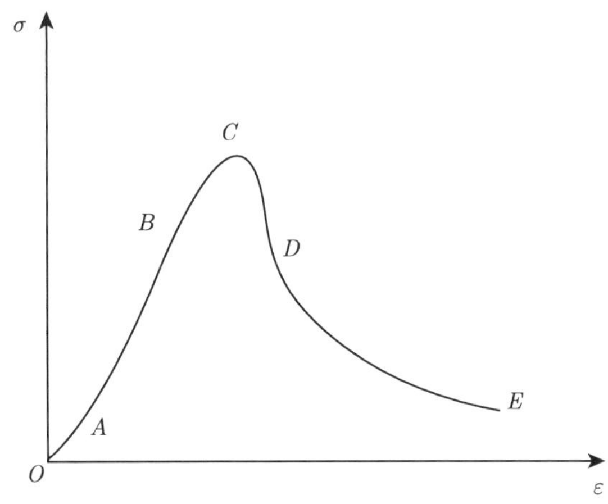

图 1.9 典型的岩石压缩应力与应变关系曲线

由于岩石是一种复杂的自然地质体，在各种外界荷载和外界环境的作用下，必然产生各种各样的缺陷，导致岩石物理力学性质的劣化。这主要由存在于岩石中的孔洞、裂纹、节理等细观结构对材料产生的显著影响所致。由于这些细观结构的存在，岩石在压力载荷作用下，微孔洞、裂纹等会首先产生闭合，对应于图 1.9 中的 OA 段；之后岩石中的微孔洞、裂纹将几乎不发生变化，岩石表现出近似线弹性的性质，对应于 AB 段；随着载荷的进一步增加，岩石进入裂纹稳定扩展阶段，此时岩石中裂纹的扩展趋势大于闭合趋势，岩石的强度逐渐降低，对应于 BC 段；随后当达到峰值强度后，岩石内的裂纹大量产生与扩展，岩石迅速破坏，对应于 CDE 段。由此可见，岩石的细观破坏过程是极为复杂的。为了正确地认识岩石的力学性质，有必要将岩石细观的破坏机理与宏观的破坏特性结合起来进行研究，把岩石的破坏理论建立在微裂纹 (空洞) 演化的微观或细观动力学基础上，从而导出宏观力学量，并用更基本的物理量来表示，以此建立更能表示岩石应力应变的物性方程。这是人们为实现岩石材料的强度和韧性设计必须解决的重要理论问题，也是岩石工程稳定性设计和防护急需解决的现实问题。

研究已经证明，损伤力学是解决这一难题的基础理论和基本方法之一。损伤指材料在一定应力状态下其力学性能劣化的现象[13]。描述材料损伤的模型可按其特征尺寸和研究方法大致分为微观、细观和宏观三种[27]。微观模型从原子结构层次上研究损伤的物理过程以及物质结构对损伤的影响，然后用经典或量子统计力学方法来推测宏观上的损伤行为。由于理论上尚未完备，统计计算量又过于浩繁，这种基于统计方法的微–宏观结合理论目前只能是定性而有限度地预测某些损伤现象。细观模型略去了损伤的物理过程细节，为损伤变量和损伤演化赋予某一真实的几何形状和物理过程，使它们不再仅仅是笼统而抽象的数学符号和方程式，也避免了连续体损伤力学中那些唯象的假设，从几何学和热力学过程上考虑了各种类型损伤的形状和分布，并可预测它们在不同介质中的产生、发展和最后的破坏过程。然而，细观模型中赋予真实的几何形状和物理过程的研究方法仅能应用于特定场合，因而不具有一般性和代表性。宏观损伤模型基于宏观尺度上的连续体介质热力学，把包含各种缺陷的材料笼统地看成是一种含有“微损伤场”的连续体，引进了在物体内连续变化的损伤变量来描述损伤状态，并在满足力学和热力学基本公设和定理的条件下唯象地确定材料的物性方程和损伤演化规律。

损伤力学研究的难点和重点在于建立含损伤材料的本构理论和演化方程。在各种损伤模型中，通常定义一个标量、矢量或张量形式的损伤变量，以刻画损伤及其演化。如果其中的参数较少，则很难准确地描述复杂的损伤状态；而如果损伤参数过多，则它们的演化规律很难通过试验或理论方法加以确定。已发展的现有损伤模型可大致归纳为三类：①唯象理论 (纯现象学) 模型，根据一般的思考和拟合试验数据归纳出损伤率；②根据材料科学模型得到的理论模型；③由统计方法得到的模型。

迄今为止，前人已对岩石类脆性材料建立了大量的损伤模型，如 Loland 损伤模型[23]、Mazars 损伤模型[24]、Sidoroff 损伤模型[25,26]、分段曲线损伤模型[13]等。但这些模型存在以下问题。

(1) 这些模型一般是通过研究试验得出的岩石全应力应变曲线，将曲线划分为两个阶段，即峰值前区和峰值后区，对应于这两个阶段，将损伤的扩展也分为两个区域，每个区域内的损伤扩展用不同的函数模拟。但这些模型作了如下假定，即认为岩石在达到峰值强度之前损伤为 0 或损伤不发生演化，只在岩石峰值后区才有损伤演化。但在硬岩试验中可以发现在应变达到峰值前的一段区域内，岩块已经产生了损伤，而在软岩的试验中，这类岩石在受载时有明显的压密过程，出现所谓负损伤现象，因此，无论是硬岩还是软岩其峰值前区的损伤演化显然不为 0，而是存在一个损伤门槛值。

(2) 目前在大部分岩石损伤演化模型中直接含有或隐含岩石试件发生破坏时的损伤临界值，如 Mazars 损伤模型、分段线性损伤模型和分段曲线损伤模型都取 $D_c = 1$；也有模型给出了 D_c 的取值范围如 $0.2 \leqslant D_c \leqslant 0.8$[13]、$0.4 \leqslant D_c \leqslant 0.8$[19]。由于该值变化则模型也应该作相应改变，因而该值对于损伤模型的建立至关重要。然而，迄今为止还没有一种可以从理论上确定损伤临界值的方法。目前，一般的做法是通过大量的试验来测定该值，但这种方法有时并不容易实现。

以上两个问题是目前岩石损伤理论中有待解决和有一定实际意义的问题，本书试图用最小耗能原理就上述两个问题进行探索。

1.2 岩石断裂破坏研究现状

断裂力学起源于 20 世纪初，起初是工程师发现轮船、锅炉等在所承受荷载远低于材料理论破坏荷载时发生破坏，从而引起力学家的广泛关注。1920 年，英国科学家 Griffith[28]尝试解决存在初始缺陷的玻璃的强度远低于理论强度的问题，当时他所研究的是单位厚度的无限大板中贯通脆性裂纹的失稳扩展，并基于此提出了能量平衡法。其内容是：若裂纹扩展释放的能量足以提供使其扩展所需要的能量，则裂纹将扩展。1948 年，Irwin[29]通过研究格里菲斯强度理论，进一步完善了“能量释放率 G” 这一概念。并且，他在 20 世纪 50 年代中期提出了 “应力强度因子 K” 的概念[30]。G 与 K 之间等效性的证明，对线弹性断裂力学的发展奠定了基础。不仅如此，他还把线弹性断裂力学进行塑性修正，使其结论在小屈服范围内得到了很好的应用。随后，Wells[31,32]于 1961 年提出在大范围屈服以至全面屈服条件下的裂纹张开位移理论，即 COD 法。1968 年，美国 Rice[33]提出了 J 积分法。

尽管以单一裂纹为研究对象的经典断裂力学得到了广泛的应用。但无论在金属材料中还是对岩石、混凝土等材料中，由于制造或形成的过程中，必然伴随着许多初始裂纹的产生，且这些裂纹的长度及位置随机分布。因此，已有不少学者研究了多裂纹相互作用下，裂纹尖端的应力强度因子，如应力叠加法、多项式近似方法、迭代方法等。这些方法为计算裂纹相互作用下的应力强度因子提供了有效的理论方法。

奇异积分方程法[34]是最早用来解决多裂纹相互作用的一种理论方法。该方法可以求解共线裂纹和相互平行的多裂纹问题。但对于其他更加一般的情况，如任意分布的裂纹，积分方程的解会变得很复杂。

Kachanov[35]提出了伪张力法来分析多裂纹相互作用。该方法的概念清楚易于理解，且计算简便。该方法最关键的是假定裂纹间相互作用力均匀分布且作用在裂纹表面，忽略非均匀部分的影响，适用于远场受力的任意位置的多裂纹问题。但是，Kachanov 法在解决裂纹间距很近的情况时，精确度可能不满足要求。

Li 等[36]修正了 Kachanov 法，考虑了裂纹间相互作用的面力为线性分布，从而解决了裂纹间距较近的情况下，裂纹相互作用下的应力强度因子。并且，李银平等[37]将该方法进一步推广到闭合压剪裂纹。

Schwarz 交替法也被众多学者应用来计算多裂纹相互作用下裂纹尖端的应力强度因子[38,39]。Qing 和 Yang[40]将 Kachanov 法与该方法相融合，推导了近置裂纹在强相互作用下多裂纹应力强度因子的表达式。

采用复变函数的方法，Erdogan[41]推导了无限大板内包含两条共线裂纹的情况下，应力强度因子的解析解。朱哲明等[42]在 Erdogan 已有研究成果的基础上，利用 Muskhelishvili 理论，充分考虑了裂纹处于受压状态下，裂纹面的摩擦系数对应力强度因子产生的影响。

以上研究成果给出的解析表达式均为等长裂纹相互作用下的应力强度因子。席婧仪等[43,44]基于 Kachanov 法，求解了共线不等长多裂纹相互作用下的应力强度因子表达式，并以此分析在分别改变主裂纹长度、次裂纹长度及裂纹间距下，不等长裂纹的应力强度因子的变化规律。

另外，已有学者针对宏观裂纹与微观裂纹相互作用下裂纹尖端的应力强度因子进行研究。Chudnovsky 等[45,46]应用位错密度分布的奇异积分法，分析了一条宏观裂纹与其周围存在的一条或两条微观裂纹间的相互作用。Wang 等[47]在此基础上，研究了由于相互作用，对宏观裂纹与微观裂纹各自裂纹尖端的应力强度因子的增强效应和屏蔽效应。Kachanov[48]通过采用分析宏观多裂纹相互作用的伪面力法，分析了一条宏观裂纹与多条微观裂纹的弹性相互作用，该方法同样也适用于分析多条微裂纹的弹性相互作用[49]。

将断裂力学的基本理论引入岩石力学中，分析岩石中的裂纹在受力作用下岩石内部的扩展及应力场分析，形成了岩石断裂力学。

岩石断裂破坏机理主要集中在压张断裂和滑张断裂[27]。滑张断裂由 Brace 等[50]提出，该理论认为，岩石中裂纹的起裂是由于裂纹尖端所产生的剪应力，使得裂纹面发生上下错动，进而在裂纹尖端产生局部拉应力，形成翼裂纹扩展方式。Kachanov[51]与 Fanella 和 Krajacinovic[52]基于滑张断裂理论，对裂纹产生的非弹性应力与应变关系进行了求解，取得了很好的结果。Horri 和 Newmat-Nasser[53]基于该模型对分叉裂纹的应力强度因子进行了计算，并对拉伸裂纹的扩展路径进行了预测。王庚荪和袁建新[54]基于该理论并考虑裂纹间的相互作用，对岩石压缩强度进行了深入的探讨和预测研究。

压张断裂理论的产生是为了解释岩石试验过程中所产生的劈裂现象，由于试验中试样内部产生纵向劈裂裂纹，随着试验加载的进行必然会由于裂纹尖端的应力集中而使得纵向裂纹不断扩展。Eberhardt 等[55]在考虑裂纹间相互作用的影响的基础上，对有厚度的裂纹进行了受压条件下破坏断裂过程的研究。

试验是解释破坏过程的重要方法，也是验证理论及数值模拟计算结果最有力的方式。国内外很多学者在裂纹扩展及其导致岩体破坏方面做了大量的试验研究。1998 年，Kuntz 等[56]利用试验的方法得到了裂纹在单轴受压情况下应力场的变化。Park 和 Bobet[57]在受压荷载下对石膏材料进行了试验，分别对含初始张开型裂纹和闭合型裂纹的起裂及应力场进行测试，并对结果进行对比分析。Mughied 和 Karasneh[58]探讨了包含两条初始裂纹的岩石在不同约束围压下，裂纹间的贯通模式及强度特性。Haeri 等[59]采用巴西试验，对含非平行裂纹的试件进行了抗拉强度的测试以及观测其裂纹间的贯通模式。国内学者也在岩石断裂力学方面做了诸多试验。1999 年，赵明阶和吴德伦[60]进行了单轴受荷条件下岩石的声学特性模型与试验研究；2000 年，刘冬梅和谢锦平[61]应用双曝光全息干涉法测定了单轴受压岩石变形断裂全过程的全息干涉条纹图，研究了不同变形阶段下，岩石的干涉条纹变化特征；2000 年，赵明阶和徐蓉[62]进行了基于断裂力学理论的裂隙岩体加、卸荷本构模型研究，并对两种裂隙分布的石膏模型进行了试验；杨更社和刘慧[63]采用 CT 识别技术对岩石中的微孔隙和微裂隙及加载过程中损伤的扩展规律进行了无扰动检测，建立了 CT 数分布规律的数学模型。此外，对复杂环境下，岩石的断裂破坏也有了一些试验研究，主要有：冯夏庭和赖户政宏[64]与陈四利[65]对不同种类化学溶液浸泡下的砂岩、灰岩的力学特性做了详细的试验和分析，得到了不同种类化学溶液腐蚀[66,67]下试件的峰值前破坏实时显微图片及荷载–位移曲线，建立了化学损伤的断裂破坏本构模型。Atkinson 和 Meredith[68]通过研究去离子水、NaOH、HCl 等对石英内部微裂纹扩展的速率、强度系数和强度因子的影响，发现化学物质对裂隙的扩展有决定性作用。Dunning 等[69]对 NaCl、$CaCl_2$、$NaSO_4$ 溶液作用下，对含预制裂纹的砂岩试件进行了三轴压缩试验，研究了不同化学成分溶液对岩体裂纹面摩擦系数和摩擦强度产生的影响。

为了解释试验结果并进行推广应用，目前在岩石断裂方面也有了大量数值研究的成果，主要为求解裂纹尖端应力强度因子及模拟裂纹的扩展，常用的数值方法有有限元法 (finite element method)、无网格法 (element free method) 及扩展有限元法 (extended finite element method) 等。

在模拟裂纹的过程中，有限元法按其模型主要分为分离型裂纹模型和分布型裂纹模型。对于分离型裂纹模型[70]，裂纹相当于相邻划分单元的边界，边界上的节点在相邻单元满足开裂要求时便断开，从而模拟出裂纹扩展。该方法存在如下缺点：裂纹尖端网格必须细化，整个模型的计算时间也因此加大；裂纹扩展后就涉及裂纹尖端处网格重新划分等问题。分布型裂纹模型[71,72]为通过引入无数穿过开裂单元的平行裂纹，使拉应力不作用在垂直裂纹的方向，并假定单元材料为宏观各向同性，其连续性不受裂纹开裂的影响。该方法同分离型裂纹模型相比，最大的优势在于裂纹扩展中不需要对网格进行重新划分。其缺点在于对网格的依赖性很强，对单元尺寸要求高。

尽管有限元法在分析裂纹扩展中存在一些问题，但不少学者仍基于此方法对裂纹扩展进行了研究，并取得了卓越的成果。杨庆生和杨卫[73]提出了简化的有限元网格动态重划分方法，并基于该方法探讨了多相材料中裂纹的扩展过程。刘莎和张芳[74]基于断裂力学中能量释放率准则，基于 ANSYS 平台，模拟了平面 I – II 型复合裂纹扩展路径。

无网格法是以节点为主体进行研究的数值方法。该方法的思想来源于 Lucy[75]在 1977 年提出的光滑粒子法，该方法是用来模拟天体物理现象的。Libersky 和 Petschek[76]将本方法引入了求解固体力学问题当中。随后，Nayroles 等[77]基于此方法提出了扩散单元法 (diffusion element method，DEM)，以此来分析泊松方程和弹性问题。Belytschko 等[78]在此基础上进行了改进，提出了无单元伽辽金法 (the element-free Galerkin method，EFG)。随后，Belytschko 和 Krongauz[79]对该方法中的数值积分以及近似函数求解方法进行研究，并成功地将该方法应用于求解动态裂纹扩展的模拟[80]。由此，无网格法得到了推广。基于该方法研究裂纹扩展有不少成果。李卧东等[81]分别对单、双条裂纹处于受拉及受压状态下的应力场及扩展路径进行了研究，并与室内试验结果进行对比，取得了很好的效果。袁振等[82]基于 EFG 模拟在同时受拉 (压) 及切向荷载作用下，构建内疲劳裂纹的开裂扩展路径，并将结果与试验结果进行对比，证明了该方法的正确性与可行性。

扩展有限元法 (extended finite element method, XFEM) 于 1999 年被 Moes 等[83]提出，用于解决不连续问题。该方法继承了有限元的优点，在模拟裂纹界面、裂纹扩展等不连续问题时具有明显优势，同时克服了有限元方法中在模拟裂纹问题时，网格划分需要依赖结构内部真实物理界面的缺点。扩展有限元法基于的网格与裂纹体内部的真实物理界面无关。因此，裂纹尖端网格不需要划分很密，且裂纹扩展后不需要对网格进行重新划分，大大提高了计算效率。正因为扩展有限元法相比有限元法有如此大的优势，近年来已经逐渐成为分析裂纹扩展的主要数值方法，如 Nagashima 等[84]基于扩展有限单元法分析了界面裂纹问题；Sukumar 等[85]将该方法应用到三维裂纹的扩展问题当中，随后，又分析了任意材料微观结构准静态裂纹扩展问题[86]；Dolbow 等[87]对处于受压状态，考虑界面摩擦系数的界面裂纹进行研究，并将数值结果与试验结果进行对比，验证了该方法的准确性与可行性。

1.3　岩质边坡稳定分析研究现状

岩质边坡是人类生存和各类工程建设活动中常见的自然地质环境之一，是地面岩石工程的主要形式，按其形成的条件可分为天然边坡和人工边坡两种类型，其中，人工形成的边坡广泛存在于矿业、水利、交通等行业，如露天矿的边坡、公路和铁路的路堤边坡及江河、水库的自然或人工边坡等。

边坡的变形、失稳，从根本上来说是自身求得稳定状态的自然调整过程，而协助它趋于稳定的作用因素主要有自然因素和人类的工程活动。水文、地质、气象、气候、风化、人类的工程活动等都是诱发边坡失稳的原因，但其主要是边坡的应力状态改变和发展的结果所致。典型开挖工程边坡失稳的原因有：开挖工程的地质层应力释放后对形成的坡面应力状态的影响；工程的堆载对坡体的应力扩散传播影响；应力释放对坡体临坡面岩层强度的时间滞后影响；自然环境对坡体强度的风化侵袭、交融变化所引起的应力效应；环境水的渗流作用对坡体应力与强度的影响。

边坡稳定性研究由来已久，对于它的研究也是基于人类的生产活动而形成的。随着世界上各个国家大规模工程建设的开展，开始出现了各种边坡灾害，造成了很大的损失，这使得人们把边坡的稳定性研究作为一项重要课题来进行分析研究。边坡稳定性分析是边坡研究的核心，也是一个十分重要的岩土工程问题。在公路、铁路等交通设施的建设以及露天矿井、水利水电、深基坑开挖等大型工程中，都会遇到各种各样的边坡稳定性问题。边坡失稳轻则增加投资，延长工期，重则损毁建筑物，造成人员伤亡及财产损失。

岩质边坡失稳所造成的滑坡是一种危害极大的地质灾害，常常会造成大量财产损失和人身伤亡。因此，岩质边坡的稳定分析是岩土工程中一项重要的研究内容。在我国，随着国民经济的发展，特别是西部大开发政策的实施，国家在西部地区投入了巨资进行基础建设，大量水利库坝工程、高速公路、铁路等大型基建工程相继上马。由于我国西部地区多处于山区，各种建设工程必然会面临大量山体边坡失稳问题。典型的如三峡水利枢纽的建设已遇到了大量库区边坡失稳问题；再如山城重庆的建设，岩质边坡失稳问题也非常严重。可以说，西部大开发战略实施伊始就面临大量岩质边坡失稳问题的严峻挑战。在这些工程建设中，岩质边坡稳定性的评价分析成为建设工程中的常见问题和重要的岩土工程问题之一，它不仅对工程建设的可行性决策产生重要的控制作用，并可在很大程度上影响这些工程的建设投资和运营使用效益[88]。因此，近年来国家对岩质边坡失稳问题非常重视，仅三峡库区的边坡治理就投资了几十亿元。而由于实际岩体中含有大量构造、产状和特性不同的不连续结构面 (如层面、节理、裂隙、软弱夹层、岩脉和断层破碎带等)，其特性与土质等均质材料边坡差别很大，这些均给岩质边坡的稳定分析带来了巨大的困难。可见，适时地进行岩质边坡稳定性研究具有重大的理论意义和现实意义。

边坡失稳造成的滑坡危害对人类社会的危害是世界性的，其给世界各国造成的经济损失每年达数十亿美元。我国 70%地域为山区，滑坡发生密度大，频率高，是世界上受滑坡危害最严重的国家之一。近年来，随着工程建设数量的增加和规模的加大，岩质边坡失稳破坏的滑坡灾害频繁发生，造成的损失也逐年增加。因此，对岩质边坡稳定性进行研究显得越来越重要。目前，国内外已在这方面进行了大量工作，取得了很多研究成果。

1.3.1 岩质边坡稳定性分析研究历史

人们对边坡稳定性的研究是从观察滑坡现象开始的，迄今已有近百年的历史。早期人们把滑坡看作一种地质现象，主要以土体为研究对象，仅仅停留在定性和经验判断上。19 世纪末 20 世纪初，伴随着工业革命兴起的大规模工程建设，诱发了大量滑坡，造成了很大的经济损失。这时，人们开始借用一般材料力学中的均质弹性理论、弹塑性理论对滑坡进行半经验、半理论的研究，主要从两个方面对边坡稳定性进行了研究：一是用土力学的极限平衡方法，根据静力平衡条件计算边坡极限状态下的稳定性；二是从边坡所处的地质条件以及失稳现象出发，对滑坡发生的环境以及机理进行了研究，其结果大都是定性的。20 世纪 50 年代法国的马尔帕塞拱坝左岸坝肩的崩塌以及 60 年代意大利瓦依昂水库的库岸滑坡事故，把边坡稳定性研究提高到了一个崭新的高度。人们意识到岩体与一般材料具有很大差异，开始重视岩体的不连续性、各向异性、非均一性等特性，认识到地质结构面对边坡稳定性的控制作用，认识到岩体的失稳与结构面的发育程度、位置、产状、组合特征与工程性质有着十分密切的联系。只要岩体中存在不利的结构面，岩体就失去了其完整性和连续性，可能沿着这些结构面发生破坏。20 世纪 60 年代开始形成的岩体结构及控制观念[89,90]对边坡岩体结构类型进行了划分，并运用赤平投影法和实体比例投影法对边坡稳定性进行了研究，同时结合露天矿边坡的稳定性研究，开展了大型野外岩体力学试验，使边坡的稳定性研究进入了边坡失稳机制及内部作用过程的研究阶段。20 世纪 80 年代以来，在注重工程地质研究的基础上，将边坡稳定性研究与岩土力学相结合，使边坡稳定性研究进入了一个新阶段。通过对岩体特殊性的研究，人们认识到岩体工程的稳定性在很大程度上由岩体结构面控制，岩体结构不仅控制着岩体的变形，还控制着边坡的破坏规律和力学性质，由此形成了岩体结构控制论的基本观点，提出了岩体结构面的统计与模拟、块体稳定性分析等方法，取得了较大的进展。针对边坡破坏模型的研究，提出了刚体力学、弹性及弹塑性、断裂力学、损伤力学和流变力学等多种地质力学模型，并提出了多种滑坡失稳类型(楔形体滑坡、圆弧滑面滑坡、顺层面滑动滑坡、倾倒变形破坏、溃屈变形破坏等)。在边坡稳定性预测模型的研究中，系统科学、模糊数学、灰色理论、信息论以及概率统计等被相继引入，从而形成了以优势面分析为中心的边坡稳定性系统模型、以灰色聚类及灰色关联分析为基础的灰色聚类模型、以信息理论及概率统计为基础的信息论模型等多种独具特色的边坡稳定性预测模型。耗散结构论、协同论、突变理论、混沌理论以及分形理论等非线性科学的发展给边坡稳定性研究提供了新理论、新方法，并且已在边坡稳定性研究中获得了不少开创性成果，如滑坡复杂性探索、滑坡引子的特征研究、边坡稳定性非线性动力学理论模型、边坡稳定性突变理论模型、边坡变形的分形特征、边坡岩体的流变模型等。

1.3.2 岩质边坡稳定性分析传统方法研究

岩质边坡稳定性研究是一个具有重大现实意义的课题，一直是岩土工程的一个重要研究内容，国内外学者已进行过大量的研究，提出了很多研究方法。目前边坡稳定性的分析评价方法多种多样，归纳起来主要有定性分析方法及定量分析方法两类。

1) 定性分析方法

定性分析方法[91]主要是通过工程地质勘查，对影响边坡稳定性的主要因素、可能的变形破坏方式及失稳的力学机制等进行分析，对已变形地质体的成因及其演化史进行分析，从而给出被评价边坡的稳定性状况及其可能发展趋势的定性说明和解释。

目前的定性分析法主要有[92]自然历史分析法、投影法、工程类比法、地质分析法、岩体分类分析方法及边坡稳定性分析专家系统等方法。其中，自然 (成因) 历史分析法主要根据边坡发育的地质环境、边坡发育历史中的各种变形破坏迹象及其基本规律和稳定性影响因素等的分析，追溯边坡演变的全过程，对边坡稳定性的总体状况、趋势和区域性特征做出评价和预测，对已发生滑坡的边坡，判断其能否复活或转化。投影图法就是用赤平极射投影的原理[93]来评价边坡的稳定性，并为力学计算提供信息。另外，在边坡工程数据库的基础上发展出了工程类比法和边坡稳定性分析专家系统法[94]。

2) 定量分析方法

定性分析法的优点是能综合考虑影响边坡稳定性的多种因素，快速地对边坡的稳定状况及其发展趋势做出评价。但缺点是只能给出边坡稳定性的定性描述，不能给出稳定程度的定量指标，实际应用中并不方便。因此，边坡稳定性的定量评价，代表了边坡稳定分析的发展方向，被认为是真正意义上的边坡稳定分析方法。目前岩质边坡稳定性的定量分析法主要有极限平衡分析法及数值模拟分析法两大类[92]。

极限平衡分析法是提出最早、应用最多的方法。其实质为假设岩质边坡的滑动体是一个刚体，根据静力学中极限平衡的思路来研究这个刚体的平衡状态，以抗滑力 (力矩) 和滑动力 (力矩) 的比值作为评价边坡稳定性的指标。为了计算抗滑力 (力矩) 和滑动力 (力矩)，一般需要把整个边坡的滑动体进行分条，也就是所谓的条分法。这种计算方法中，基于简化假设条件的不同，提出了多种计算方法[92,95]，如 Bishop 法、瑞典法、Spencer 法、Sarma 法等。这类方法的特点是，计算前必须预先给定潜在滑动面的位置及其形状。对于简单边坡，滑动面位置及形状比较容易确定，而对工程中大量遇到的复杂边坡，则很难预先确定潜在滑动面的位置及其形状。因此，解决这类问题的一个关键就是确定边坡潜在的危险滑动面。由于边坡潜在的危险滑动面对应为安全系数最小的滑动面，因此该问题显然是一个典型的优化问题。为了解决这个问题，学者们不约而同地想到把优化方法引入进行研究。基于此，前辈们提出了大量基于数学优化思想的边坡危险滑动面搜索算法，如陈祖煜和邵长明[96] 与 Chen[97]把经典的数学规划方法，如单纯形法、Powell 法等引入其中，提出了一种进行边坡最小安全系数搜索的有效方法，较好地解决了边坡稳定分析的难题。莫海鸿和唐超宏[98]提出了一种基于模式搜索法的边坡危险滑动面搜索算法；Husein 等[99]和 Greco[100]提出了一种基于蒙特卡罗法搜索技术的边坡危险滑动面搜索算法，这些算法都能较有效地解决问题，均对边坡稳定计算研究做出了较大的贡献。但考虑到传统数学优化方法是局部搜索算法，它们均存在不易找到全局最优的缺点。随着优化技术的发展，大量新型全局优化算法被相继引入边坡稳定研究中。如 Zolfaghari 等[101]，McCombie 和 Wilkinson[102]及 Goh[103]把遗传算法引入其研究中，提出了一些基于遗传算法进行边坡圆弧滑动面、非圆弧滑动面等搜索的新算法，并把该算法同其他一些搜索算法进行了比较研究，证明该算法的搜索效果更好。张保渠等[104]把进化策略引入其中，提出了一种基于进化策略的新算法。Gao[105]把自己提出的免疫进化规划引入其中，提出了一种进行边坡危险滑动面搜索的有效方法，并把该方法应用于高速公路边坡的工程实例中，证明该算法是一种较有效的方法。陈昌富和谢学斌[106] 、Gao[107,108]把蚂蚁算法引入其中，提出了多种基于蚂蚁算法及改进蚂蚁算法的边坡危险滑动面搜索新算法，并把这些算法应用于露天矿边坡等实际工程中，得到了较好的效果。李守巨等[109] 及 Cheng[110]提出了一种基于模拟退火算法的边坡最危险滑动面搜索算法，并由算例证明了新算法的有效性。陈云敏等[111] 、Cheng 等[112]把粒子群优化算法这种新优化算法引入边坡研究中，提出了一些基于粒子群优化算法的边坡危险滑动面搜索新算法，并采用算例、工程实例等证明了新算法的良好性能。另外，Cheng 等[113]报道了 6 种随机全局优化方法 (simulated annealing algorithm (SA)，genetic algorithms (GA)，particle swarm optimization algorithm (PSO)，simple harmony search algorithm (SHM)，tabu search algorithm，ant-colony algorithm) 在边坡滑动面搜索中的比较研究，结果证明，不同方法对不同问题的适用性存在一定差异。此外，近年来也有很多学者进行了大量极限平衡方法的改进研究，此方面比较著名的有朱大勇[114]关于余推力法的系列成果、Cheng[110]的相关研究及 Grenon 和 Hadjigeorgiou[115]、Liua 等[116]针对岩质边坡的特性对极限平衡法的改进研究。上述这些成果都极大地丰富了传统的极限平衡分析法，对岩质边坡稳定研究做出了重大贡献。

极限平衡分析法的优点是抓住了问题的主要方面，且简易直观，并有多年的使用经验，若使用得当，可以得到较满意的结果。但其缺点是在力学上作了一些简化假设，这些假设很难在实际工程中完全满足。另外，目前的这些搜索算法大多要对滑动面的位置、形状等做一些假设限制，使滑动面的搜索带有一定的人为主观因素，从而限制了搜索算法的应用效果。因此，一般来说，极限平衡法是简化计算，一般仅适用于均质土坡，裂隙特别发育、等效于连续介质的岩质边坡可近似采用。对于一般岩质边坡，由于实际岩体中含有大量不同产状和特性的不连续结构面，该方法的实用性将大打折扣。另外，该方法不能考虑边坡体内的实际受力状态及变化，不能考虑实际工程中的大量复杂环境影响，也不能准确计算复杂问题，如考虑渗流等。

由于岩质边坡工程所处的边界条件和地质环境复杂，加上岩体本身具有不连续性、不均匀性等特性，使得边坡工程问题十分复杂，而数值分析方法可以根据岩体的破坏准则，确定边坡的塑性区、拉裂和压碎区，可以得到岩质边坡的应力和位移场，可以模拟岩质边坡的开挖和支护，可以考虑地下水渗流、地震等因素对边坡稳定性的影响等，因此，在岩质边坡稳定性分析中，数值计算方法正发挥着越来越重要的作用。从最初的线性分析到以后的非线性分析，从弹性分析到弹塑性分析，数值计算方法目前已在岩质边坡稳定分析中得到了大量应用[117−119]。为了分析方便，目前的研究大多应用一些成熟的大型通用数值计算软件，如 Ansys，FLAC 等进行分析，这方面已有不少研究成果[120]。由于岩质边坡的稳定性分析直接和边坡的滑动面及其形成联系在一起，因此，为了分析岩质边坡的稳定性，对其滑动面进行确定也是数值方法中一个很重要的内容。为了解决这个问题，近年来，一种基于参数折减的有限元强度折减法得到了大量的研究和应用[121,122]。其中，这方面的研究成果比较著名的有郑颖人等[123]、刘明维和郑颖人[124]、赵尚毅和郑颖人[125]的系列成果，这些成果不但涉及一般岩质边坡，而且涉及多节理岩质边坡，可以说这些成果是我国对边坡稳定分析数值计算方法的重大贡献。此外，其他一些学者也进行了很多边坡稳定有限元折减方法的研究，如中山大学刘祚秋和周翠英[126]针对折减法的塑性区分布进行了研究，分析了边坡加固对稳定性的影响。大连理工大学栾茂田等[127]也进行过类似的研究。而邓建辉和张嘉翔[128]则采用有限元强度折减法对一个实际山体边坡进行了三维稳定安全系数的计算，得到了较好的结果。

这类研究的特点是用有限个单元体所构成的离散化结构代替原来的连续体结构来分析岩土体的应力和变形，这些单元体只在结点处有力的联系，可考虑岩土的非线性应力应变关系。在求得每一个计算单元的应力及变形后，便可根据不同强度指标确定破坏区的位置及破坏范围的扩展情况。因此，有限元法等数值方法的优点是部分地考虑了边坡岩体的非均质性和不连续性，可以给出岩体的应力、应变大小与分布，避免了极限平衡分析法中将滑体视为刚体而过于简化的缺点，使我们能近似地从应力应变去分析边坡的变形破坏机制，分析最先、最容易发生屈服破坏的部位和需要首先进行加固的部位等。可见，有限元法等数值方法与传统的边坡稳定分析方法相比有如下优点：①考虑了岩体的本构关系以及变形对应力的影响；② 能够对具有复杂地貌和地质条件的边坡进行计算；③求解安全系数时，可以不需要假定滑移面的形状，也无须进行条分，也不需要假定分条之间的相互作用力。尽管数值计算分析方法存在不少优点，但其结果不能直接与稳定性建立联系，需要根据破坏准则制定合理的安全系数。另外，数值方法的计算工作量也比较大。尽管如此，随着计算机技术的发展，上述问题将会得到逐步解决，因此，采用数值方法将是岩质边坡稳定分析研究的发展发向。从以上分析可以发现，采用数值计算的最大问题就是岩质边坡的破坏准则问题，为了解决这个问题，尽管近年来已有人进行了一些研究[129]，但离真正解决问题尚有较大的距离。

综上所述，迄今为止，岩质边坡稳定性的评价分析没有完善的办法，存在的问题也较多。传统的极限平衡分析法采用刚体处理，计算假设太多，无法得到节理岩质边坡的准确滑裂面及稳定安全系数，而各种数值模拟分析方法依赖软件及参数输入，只能算出应力、位移、塑性区等。这些方法都是通过宏观角度来研究岩质边坡的稳定性，未能从根本上揭示岩质边坡破坏的实质。

1.3.3　岩质边坡稳定性分析细观方法研究

实际上，边坡岩体作为一种经历长期地质作用形成的地质体，各种地质结构对边坡的失稳具有决定性的影响[130]。一般情况下，大的构造，如断层、层理等，对边坡岩体的切割很明显，都会造成边坡沿断层和层理的失稳。而小的构造，如裂隙等，对边坡岩体的整体性破坏不明显，其对失稳的影响相对较复杂。实际上，工程中小构造要比大构造更常见。因此，研究岩质边坡破坏，首先要弄清楚岩石的变形和破坏过程。岩石的变形和破坏研究历来是学术界和工程界十分重视的问题。作为一种非均质的多相复合结构材料，在长期的地质构造运动中，岩石内部形成了大量微裂隙、微空洞等天然缺陷[1]。当受到外力作用时，岩石要经过微裂纹闭合、弹性变形、微缺陷演化扩展、灾变破坏等阶段，微裂隙的扩展和演化对岩石及其相关的工程产生了重要的影响，深入合理地研究岩石中的微裂隙对岩石破坏的影响及岩质边坡破坏过程中微缺陷等的影响效应具有重要的理论意义和现实意义。

实际上，20 世纪 90 年代开始就有研究人员意识到，岩土边坡并不是瞬间便发生整体破坏，而是一个由局部破坏逐渐扩展以至贯通形成滑动面的渐进过程，此现象被称为“边坡的渐进破坏”[131,132]。其机理为，由于坡体材料本身的不均匀性，在外界荷载作用下，坡体中的应力不可能均匀分布，而呈现出局域性的应力集中。当该局域内的应力超过材料强度时，就会导致局部性破坏，而一旦发生局部性破坏，必然在其邻近区域内发生应力释放、转移和重新调整，因此，该邻近区域内材料的应力可能会增大而超过极限强度，进而再次发生局部破坏，并再次进行应力的释放和转移，把多余的荷载转加到其他邻域。因此，在边坡体内应力的不断调整过程中，破坏区域不断扩大和延伸。根据此机理，只要边坡材料不均匀，均会发生渐进破坏，由于实际岩土体都存在材料的不均匀性，因此，所有边坡的破坏失稳均具有渐进性。由于土体一般比较均匀，土质边坡的渐进破坏特性通常表现不明显，只有由结构性土体形成的土质边坡会表现比较明显的渐进破坏[132]。相比土体，岩体由于长期的地质作用，内部存在大量不连续结构面，如节理和裂隙等，其不均匀性更加明显，因此，裂隙岩质边坡的渐进破坏特性非常突出。

目前对岩质边坡渐进破坏的研究主要有宏观和微观两种方法。其中，宏观研究是此方面研究的主流，成果较多，这些成果可以分为三类：①采用物理模型试验对岩体边坡的渐进破坏过程进行模拟[133−135]。这类研究首先根据边坡岩体的地质特性制作相似材料模型，并进行加载，监测并分析岩体边坡的渐进破坏过程。物理模型试验的结果直观，能较好地反映实际工程情况，但试验花费高，不能进行多次重复试验，且结果受试验过程和操作的影响较大，目前的研究成果不多。②考虑渐进破坏特性的理论研究[136−138]。这类研究一般根据边坡渐进破坏的特性，对边坡岩体强度参数进行退化处理或者采用损伤概念进行处理，提出参数的变化公式，基于此公式，采用不平衡推力法等计算边坡稳定性。这类研究可以对渐进破坏机理进行简单分析，并提出渐进破坏稳定计算公式。而且，可以考虑震动、地下水等的影响，计算方便简单，但其对参数的退化处理等受一定人为影响，且无法具体分析边坡渐进破坏的过程。③采用数值模拟方法研究岩质边坡的渐进破坏，此类方法是关于岩质边坡渐进破坏宏观研究的最主要方法，研究成果较多[139]。主要成果按应用的数值方法可以分为：①基于有限元方法的研究，主要有程谦恭等[140]采用节理单元和黏弹塑性有限元软件对岩体高边坡的渐进破坏进行了模拟；朱典文等[141]采用接触摩擦单元和弹塑性有限元软件对岩质边坡渐进破坏进行了分析；王庚荪等[142]采用剪切带单元和弹塑性有限元软件对岩质边坡渐进破坏进行了分析；徐奴文等[143]采用有限元软件 (RFPA) 对岩质边坡的失稳过程进行了研究。②基于离散元方法的研究，主要有 Huang 等[144]采用 PFC2D 软件对初始节理的不同阶梯状滑移模式及其对岩质边坡渐进破坏的影响进行了分析；陈亚军和王家臣[145]采用 UDEC 软件对节理岩体边坡的渐进破坏过程进行了模拟；魏东等[146]同样采用 UDEC 软件对爆破荷载作用下岩体边坡的渐进破坏模式进行了分析；Scholtès 和 Donzé[147]采用自己编制的三维离散元程序对裂隙岩体边坡的渐进失稳过程进行了模拟分析，着重分析了断续裂隙阶梯状滑移模式形成的机理。③采用有限差分软件 (FLAC) 对岩体边坡渐进破坏过程进行了研究[133]。④采用连续和非连续耦合数值软件对岩质边坡的渐进破坏过程进行了研究[148]。此外，一些新的数值分析方法也被用于模拟岩质边坡的渐进破坏过程，如数值流形法[149]、无网格法[150]等。数值模拟分析方法能够较好地直观描述边坡的渐进破坏失稳过程，且可以考虑地下水、震动等的环境影响，并对不同的地质条件都可以进行较好的模拟。但有限元法和有限差分法对地质不连续面的模拟较差，离散元法的节理参数等不易确定，连续和非连续耦合方法的参数多，操作不便，而数值流形法等新方法的软件实现较困难，因此，目前关于数值分析方法的各种研究均有自己的一些问题。然而，只要使用者有足够的经验和技巧，采用数值分析方法都能得到相对较好的计算结果，因此，数值分析方法是进行岩质边坡渐进破坏宏观研究的较理想方法。

以上研究仅对岩质边坡渐进破坏宏观规律进行了分析，无法较好地揭示岩质边坡渐进破坏失稳的力学机理。实际上，岩质边坡的渐进破坏失稳过程可以表述为[151]工程活动导致边坡体内应力重新分布，使边坡岩体变形在某些裂隙面的薄弱部位增长，或者由于地质条件的恶化，导致边坡岩体中的断续裂隙面不断演化，进而引起岩体中的裂隙开裂，并逐渐扩展，最终贯通造成岩体的宏观断裂，演变为岩质边坡的整体滑移失稳。简言之，此过程就是岩体中的裂隙开裂、逐渐扩展，并最终贯通形成宏观破坏滑动面的过程，如图 1.10 所示。

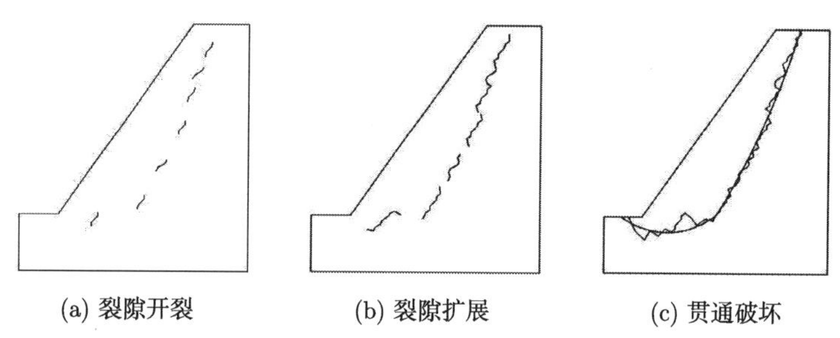

图 1.10　裂隙岩质边坡的渐进失稳过程示意图

由以上分析可以发现，从裂隙开裂、扩展和贯通的角度可以较好地揭示岩质边坡渐进破坏失稳的细观机理，因此，采用断裂力学基本理论对此问题进行分析是细观研究的主要方法。此方法目前成果不多，仅有一些初步的研究，简述如下：

此方面最早的研究是 Cai 等[152]基于断裂力学基本理论，结合有限元法对直立边坡顶部张拉裂隙扩展导致的边坡失稳进行的研究。但该研究比较简单，仅局限于边坡顶部张拉裂隙的扩展，且仅对直立边坡进行了分析。另一个早期的代表性研究是 Scavia 的工作[153]，该研究基于断裂力学基本理论，采用位移不连续数值分析方法对直立岩体边坡中一组共线裂隙的开裂对边坡稳定性的影响进行了分析。尽管该研究也很简单，仅局限于直立边坡的分析及内部裂隙的开裂影响，但其研究对象是坡体内部的裂隙，因此，该研究是一个较有意义的工作。此外，早期的代表性研究还包括 Liu 等[154]的工作，该研究在岩石断裂力学基本理论基础上，提出了新的岩体断裂准则，基于该准则，采用有限元法对岩体边坡中一条主裂隙的开裂对边坡稳定性的影响进行了研究。尽管此研究较简单，仅分析了一条主裂隙开裂的影响，但研究对象也是坡体内部的裂隙，因此，研究也具有一定意义。以上这些 2000 年以前的早期研究都比较简单，仅研究了裂隙开裂对边坡稳定性的影响，几乎没有涉及失稳过程的研究。近年来，此方面的研究有了一些新的进展，如 Aliha 等[155]基于断裂力学基本理论，采用有限元软件 (ABAQUS) 对 I–II 型复合裂纹的开裂和扩展进行了研究。在此基础上，对岩质边坡顶部裂隙的扩展导致的边坡失稳过程进行了分析。该研究尽管分析了裂隙扩展导致的边坡失稳过程，但也仅分析了边坡顶部裂隙，没有对内部裂隙进行研究。李佳壕[156]在其学位论文中也基于断裂力学理论，同样采用 ABAQUS 软件对 I 型、II 型及 I–II 型复合裂纹的开裂进行了研究，建立了裂隙岩体边坡稳定性分析方法，对裂隙开裂下的稳定分析进行了系统的探讨。但该研究没有涉及裂隙开裂、扩展导致边坡失稳过程的研究，仅研究了裂隙开裂对稳定性的影响。Haeri 等[157]基于断裂力学基本理论，采用位移不连续数值分析方法研究了岩体边坡顶部裂隙开裂、扩展并导致边坡失稳的过程，并对边坡体内浅部裂隙的开裂和扩展进行了简单分析。同以前的研究类似，该研究也重点分析了边坡顶部裂隙的扩展过程，但对内部裂隙的扩展有了一些简单研究。Zhang[158]采用 FLAC 软件及位移不连续分析数值方法，在断裂力学基本框架下，模拟了岩质边坡内部一条大节理的开裂、扩展导致边坡失稳的整个过程，并采用强度折减法给出了边坡的稳定安全系数。另外，针对一个具体库区高边坡，他们也采用同样方法分析了风化对岩质边坡渐进破坏的影响[159]。该类研究针对边坡岩体内部裂隙进行分析，且能模拟边坡的渐进失稳过程，但研究也相对较简单，仅针对一条主裂隙进行了分析。

由以上分析可以发现，尽管近期的一些相关研究能够分析边坡岩体裂隙开裂、扩展导致边坡失稳的过程，但这些研究都比较简单，大多研究的对象为边坡顶部裂隙或者内部大裂隙，针对边坡岩体内部裂隙组的开裂、扩展过程的研究尚不多。

因此，研究岩质边坡破坏，首先要弄清楚岩石的变形和破坏过程。岩石的变形和破坏研究历来是学术界和工程界十分重视的问题。作为一种非均质的多相复合结构材料，在长期的地质构造运动中，岩石内部形成了大量微裂隙、微空洞等天然缺陷[1]。当受到外力作用时，岩石要经过微裂纹闭合、弹性变形、微缺陷演化扩展、灾变破坏等阶段，微裂隙的扩展和演化对岩石及其相关的工程产生了重要的影响，深入合理地研究岩石中的微裂隙对岩石破坏的影响及岩质边坡破坏过程中微缺陷等的影响效应具有重要的理论意义和现实意义。同时，在岩石破坏的各个阶段，岩石始终和外界进行能量交换，将外部的机械能转变为应变能、热能存储为自身的内能，同时又将应变能转化为塑性能、表面能等，并以电磁辐射、声发射、动能等形式向外界释放能量[160,161]。为此可以认为 “能量” 这一参数贯穿于岩石变形破坏的整个过程中。

由于岩质边坡主要由岩石组成，岩石漫长的形成过程决定了其内部结构和力学特性的复杂性，对于这样一种材料，应该用新的观点和新的方法去研究其变形的力学行为。而能量是材料破坏的原动力，岩质边坡的破坏是能量耗散和能量释放共同作用的结果。岩石变形破坏过程中能量耗散、能量释放与岩石强度和整体破坏是紧密联系的。能量耗散使岩石产生损伤，并导致岩性劣化、强度降低甚至丧失；能量释放则是引发岩石整体突然破坏的内在原因。为此，从能量的角度进行研究，就有可能发现岩石破坏的机理，建立不同尺度下岩石破坏的统一模型，求解岩质边坡的稳定安全系数，更好地反映边坡失稳的难易程度，在此基础上研究岩质边坡的稳定性。

1.4　本书主要内容

(1) 从最小耗能原理和内变量的概念来建立损伤材料本构关系式和损伤演化方程。针对前人模型中存在的问题，以岩石的各向同性弹性损伤为例，根据最小耗能原理，在应变等效原理前提下提出了一种新的损伤演变模型，克服了以前模型存在的问题，同时也给出了岩块损伤临界值的计算公式。采用试验和岩石失稳工程分析软件 (RFPA) 分析花岗岩块从细观损伤到宏观破坏的整个过程，并得出了在整个过程中的轴向应力应变曲线图，用数学分析软件 MATLAB 得出了基于最小耗能原理的单轴压缩下应力应变关系图，并且将其与经典的 Mazars 损伤理论模拟曲线进行比较。通过研究得出了基于能量原理的单轴压缩条件下岩块的损伤演变方程，其结果可为以后研究更复杂的三维损伤演变关系打下坚实的基础。

(2) 从岩石中存在的裂纹等微缺陷入手，对岩石中裂纹的扩展规律进行研究。通过最小耗能原理建立了岩石的整体破坏准则，并通过岩石单轴和双轴压缩试验验证了岩石整体破坏准则的正确性。对于内部含有裂隙等微缺陷的岩石，针对岩石的压剪断裂情况，基于最小耗能原理，建立了压剪断裂的起裂准则及断裂破坏准则，并分析了岩石中含裂纹时裂纹尖端的应力状态，并对含裂纹岩石的断裂破坏过程进行了研究。在上述岩体断裂破坏机理研究的基础上，通过对损伤变量和裂纹强度因子的分析，对复杂环境——化学腐蚀环境下裂纹岩体的破坏机理进行了较系统的研究，建立了裂纹岩体的损伤演化方程及断裂准则，并对裂纹的扩展、贯通进行研究。通过与化学腐蚀环境下多裂纹岩石压缩破裂试验结果的对比分析，验证了理论研究成果的有效性。

(3) 以岩质边坡工程中裂纹的扩展为例，模拟计算了岩体中裂纹的扩展过程，并分析了多裂纹逐渐发展成贯通裂缝并导致岩质边坡破坏的过程，详细说明了各个阶段的计算方法。通过岩石破坏过程数值分析软件 RFPA，分别模拟了岩质边坡内部翼裂纹的起裂和扩展过程以及裂纹扩展过程中声发射能量的发生变化过程，通过比较对照，所得到的结论与前述提出的基于最小耗能原理的岩石断裂破坏过程相一致，进一步证明理论研究的正确性。通过 FLAC 软件模拟了含原生裂纹的岩质边坡的破坏过程，对单一裂纹和多个裂纹的岩质边坡的破坏过程进行了模拟研究，通过分析认为裂纹对岩质边坡破坏过程存在重要影响，这与已有的断裂力学理论及岩质边坡破坏理论相吻合。同时证明了在岩质边坡破坏过程中，裂纹的扩展是沿着一定的开裂角并扩展相应的长度，这与所建立的基于最小耗能原理的岩质边坡破坏理论是一致的，最后，对含裂隙的岩质边坡稳定性进行综合评价。通过对 FLAC 软件的二次开发，提出了以最小耗能率度量的安全系数计算方法，通过编制程序建立了相应计算模型。基于该计算模型和数值方法，对一个岩质边坡工程的破坏失稳过程进行了模拟研究，并计算得到了相应安全系数。通过与强度折减法的对比研究，证明了基于能量方法的边坡稳定分析方法不但能对边坡失稳过程进行模拟，而且其计算得到的稳定安全系数更加合理、有效，是一种较好的岩质边坡稳定分析新方法。

(4) 针对岩质边坡稳定评价的定性分析中应用最广泛的工程类比法进行研究，从其机理 (聚类分析) 入手，引入蚁群聚类算法进行研究，提出了一种性能良好的新算法——筛选蚁群聚类算法，通过多个典型分类数据集对该算法的良好性能 (计算效率及计算精度) 进行了详细研究，并进行了新算法和前人提出的其他聚类算法的比较研究。另外，为了更好地应用筛选蚁群聚类算法，从计算效率及计算精度出发，对传统蚁群聚类算法及筛选蚁群聚类算法两种算法的主要参数的敏感性进行了系统研究，得到了一些很有价值的结论。最后，采用筛选蚁群聚类算法进行了岩质边坡稳定评价，基于多个不同复杂度的边坡工程案例数据集对新方法的应用效果进行了分析，验证了新算法处理各种复杂度问题时具有的良好性能。

参 考 文 献

[1] 高玮. 岩石力学. 北京: 北京大学出版社, 2010.

[2] 谢和平. 岩石混凝土损伤力学. 北京: 中国矿业大学出版社, 1998.

[3] Kachanov L. On the time to failure under creep condition. Izv ANSSR Otd Tekhn Nauk, 1958, (8): 26-31.

[4] Lemaitre J. Micro-mechanics of crack initiation. International Journal of Fracture, 1990, 42(1): 87-99.

[5] Lemaitre J. How to use damage mechanics. Nuclear Engineering and Design, 1984, 80(2): 233-245.

[6] Chaboche J. A tool to describe phenomena before crack initiation. Nuclear Engineering and Design, 1981, 64(2): 233-247.

[7] Rousselier G. A numerical approach for stable crack growth and fracture criteria. Engineering Fracture Mechanics, 1987, (3): 1-6.
[8] Lemaitre J. Local approach of fracture. Engineering Fracture Mechanics, 1986, 25(5): 523-537.
[9] Valliappan S, Zhang W H, Murti V. Finite element analysis of anisotropic damage mechanics problems. Engineering Fracture Mechanics, 1990, 35(6): 1061-1076.
[10] 陈德华, 席道瑛. 岩石连续损伤本构方程. 岩石力学与工程学报, 1995, 4(3): 23-26.
[11] 卓卫东. 岩石类介质的弹塑性损伤本构模型. 福州大学学报 (自然科学版), 1995, (1): 53-59.
[12] Krajcinovic D. Constitutive theory for solids with defective microstructure. Damage Mechanics and Continuum Models, 1985, 32: 39-56.
[13] 余寿文, 冯西桥. 损伤力学. 北京: 清华大学出版社, 1997.
[14] Chaboche J. Continuum damage mechanics: Part II—damage growth, crack initiation, and crack growth. Journal of Applied Mechanics, 1988, 55(1): 65-72.
[15] Hult J. Continuum damage mechanics-capabilities limitations and promises. Mechanisms of Deformation and Fracture, 1979, 5: 233-347.
[16] 张我华, 金荑, 陈云敏. 损伤材料的动力响应特性. 振动工程学报, 2000, 13(3): 413-425.
[17] Rabotnov Y N. Creep Problems in Structural Members. New York: Wiley, 1969.
[18] Gurson A L. Continuum theory of ductile rupture by void nucleation and growth: Part Ⅰ—yield criteria and flow rules for porous ductile media. Journal of Engineering Materials & Technology, 1977, 99(1): 297-300.
[19] 谢里阳, 于凡. 疲劳损伤临界值分析. 应用力学学报, 1994, (3): 14-17.
[20] 李灏. 损伤力学基础. 济南: 山东科学技术出版社, 1992.
[21] 张行, 赵军. 金属材料应用疲劳损伤力学. 北京: 国防工业出版社, 1998.
[22] 谢兴华, 速宝玉, 詹美礼. 基于应变的脆性岩石破坏强度研究. 岩石力学与工程学报, 2004, 23(7): 1087-1090.
[23] Loland K E. Continuum damage model for load response estimation of concrete. Cement and Concrete Research, 1980, 10: 395-402.
[24] Mazars J, Pijaudier-Cabot G. Continuum damage theory-application to concrete. Journal of Engineering Mechanics, 1989, 115(2): 345-365.
[25] 李兆霞. 损伤力学及其应用. 北京: 科学出版社, 2002.
[26] Supartono F, Sidoroff F. Anisotropic damage modeling for brittle elastic materials. Archives of Mechanics, 1985, 37(4-5): 521-534.
[27] 于晓中, 谁常忻, 周群力. 岩石和混凝土断裂力学. 长沙: 中南工业大学出版社, 1991.
[28] Griffith A A. The phenomena of rupture and flow in solids. Philosophical Transactions of the Royal Society of London, 1921, 221: 163-198.
[29] Irwin G R. Fracture dynemics. Fracturing of Metals, American Society for Metals, Cleveland, 1948: 147-166.

[30] Irwin G R. Fracture. Encyclopaedia of Physics, Springer Veriag, Berlin, 1958: 551-589.

[31] Wells A A. Unstable crack propagation in metals. Cleavage and fast fracture, The Crack Propagation Symposium, Cranfield, 1961: 210-230.

[32] Wells A A. Application of fracture mechanics at and beyond general yield. British Welding Journal, 1963, 10: 563-570.

[33] Rice J R. A path independent integral and the approximate analysis of strain concentrations by notches and cracks. Journal of Applied Mechanics, 1968, 35(2): 379-386.

[34] Sneddon I N, Lowengrub M. Crack problems in the classical theory of elasticity. New York: Wiley, 1969.

[35] Kachanov M. Elastic solids with many cracks: A simple method of analysis. International Journal of Solids and Structures, 1987, 23(1): 23-43.

[36] Li Y P, Tham L G, Wang Y H. A modified Kachanov method for analysis of solids with multiple cracks. Engineering Fracture Mechanics, 2003, 70(9): 1115-1129.

[37] 李银平, 王元汉, 肖四喜. 岩石类材料压剪裂纹的相互作用分析. 岩石力学与工程学报, 2003, 22(4): 552-555.

[38] 朱维申, 李术才, 陈卫忠. 节理岩体破坏机理和锚固效应及工程应用. 北京: 科学出版社, 2002.

[39] 陈卫忠, 伍国强, 杨建平. 裂隙岩体地下工程稳定性分析理论与工程应用. 北京: 科学出版社, 2002.

[40] Qing H, Yang W. Characterization of strongly interacted multiple cracks in an infinite plate. Theoretical and Applied Fracture Mechanics, 2006, 46(3): 209-216.

[41] Erdogan F. On the stress distribution in plates with collinear cuts under arbitrary loads. Proceedings, 4th U.S. National Congress of Applied Mechanics, American Society of Mechanical Engineers, 1962: 547-553.

[42] 朱哲明, 汪元, 周章涛. 脆性材料在压缩荷载作用下的断裂破坏准则. 四川大学学报 (工程科学版), 2008, 40(5): 13-21.

[43] 席婧仪, 陈忠辉, 张伟. 单轴拉伸作用下不等长裂纹相互作用的断裂力学分析. 岩石力学与工程学报, 2014, 33(增 2): 3625-3630.

[44] 席婧仪, 陈忠辉, 朱帝节, 等. 拉、压剪作用下煤岩不等长共线裂纹相互作用. 辽宁工程技术大学学报 (自然科学版), 2015, 34(4): 474-479.

[45] Chudnovsky A, Dolgopolsky A, Kachanov M. Elastic interaction of a crack with a microcrack array-I. Foemulation of the problem and general form of the solution. International Journal of Solids and Structures, 1987, 23(1): 1-10.

[46] Chudnovsky A, Dolgopolsky A, Kachanov M. Elastic interaction of a crack with a microcrack arry-II. Elastic solution for two crack configurations (piecewise constant and linear approximations). International Journal of Solids and Structures, 1987, 23(1): 11-21.

[47] Wang X M, Gao S, Chen Y H. Further investigation for the macro-micro-crack interaction in the infinite isotropic body. International Journal of Solids and Structures, 1996, 33(27): 4051-4063.

[48] Kachanov M. Elastic solids with many cracks and relate problems. Advances in Applied Mechanics, 1993, 30: 259-445.

[49] Feng X Q, Li J Y, Yu S W. A simple method for calculating interaction of numerous micro-cracks and its applications. International Journal of Solids and Structures, 2003, 40(2): 447-464.

[50] Brace W F, Pauliding B W, Scholz C. Dilatancy in the fracture of crystalline rock. Geophysics Res, 1996, 71: 3939-3952.

[51] Kachanov M L. A microcrack model for rock inelasticity Part I: Frictional sliding on microcracks. Mechanics of Materials, 1982: 19-27.

[52] Fanella D, Krajacinovic D. A micromechanical model for concrete in compression. Engineering Fracture Mechanics, 1988, 29(1): 49-66.

[53] Horri H, Newmat-Nasser S. Brittle failure in compression: Splitting, faulting and brittle-ductile transition. Philosophical Transactions of the Royal Society of London, 1986, 319: 337-347.

[54] 王庚荪, 袁建新. 多裂纹材料单轴压缩破坏机制与强度. 力学学报, 1995, 27: 37-48.

[55] Eberhardt E, Stead D, Stimpson B, et al. The effect of neighboring cracks on elliptical crack initiation and propagation in uniaxial and triaxial stress fields. Engineering Fracture Mechanics, 1998, 59(2): 103-115.

[56] Kuntz M, Lavallee P, Mareschal J C. Steady-state flow experiments to visualise the stress field and potential crack trajectoriesin 2D elastic-brittle cracked media in uniaxial compression. International Journal of Fracture, 1998, 92: 349-357.

[57] Park C H, Bobet A. Crack initiation, propagation and coalescence from frictional flaws in uniaxial compression. Engineering Fracture Mechanics, 2010, 77(14): 2727-2748.

[58] Mughied O, Karasneh I. Coalescence of offset rock joints under biaxial loading. Geotechnical and Geological Engineering, 2006, 24: 985-999.

[59] Haeri H, Shahriar K, Marji M, et al. Experimental and numerical study of crack propagation and coalescence in pre-cracked rock-like disks. International Journal of Rock Mechanics and Mining Sciences, 2014, 67(4): 20-28.

[60] 赵明阶, 吴德伦. 单轴受荷条件下岩石的声学特性模型与实验研究. 岩土工程学报, 1999, 21(5): 540-545.

[61] 刘冬梅, 谢锦平. 单轴受压岩石破裂过程的双曝光全息干涉法实验研究. 赣南师范学院学报, 2000, (6): 41-44.

[62] 赵明阶, 徐蓉. 裂隙岩体在受荷条件下的变形特性分析. 岩土工程学报, 2000, 22(4): 465-470.

[63] 杨更社, 刘慧. 基于 CT 图像处理技术的岩石损伤特性研究. 煤炭学报, 2007, 32 (5): 463-468.

[64] 冯夏庭, 赖户政宏. 化学环境侵蚀下的岩石破裂特性——第一部分: 试验研究. 岩石力学与工程学报, 2000, 19(4): 403-407.

[65] 陈四利. 化学腐蚀下岩石细观损伤破裂机理及其本构模型. 沈阳: 东北大学, 2003.

[66] 丁悟秀. 水化学作用下岩石变形破裂全过程实验与理论分析. 武汉: 中国科学院武汉岩土力学研究所, 2005.

[67] 王泳嘉, 冯夏庭. 化学环境侵蚀下的岩石破裂特性——第二部分: 时间分形分析. 岩石力学与工程学报, 2000, 19(5): 551-556.

[68] Atkinson B, Meredith P G. Stress corrosion cracking of quartz: a note on the influence of chemical environment. Tectonophysics, 1981, 77: 1-11.

[69] Dunning J, Douglas B, Millar M, et al. The role of the chemical environment in frictional deformation: Stress corrosion cracking and comminution. Pure and Applied Geophysics, 1994, 143(1): 151-178.

[70] 沈聚敏, 王传志, 江见鲸. 钢筋混凝土有限元与板壳极限分析. 北京: 清华大学出版社, 1997.

[71] Bazant Z P, Oh B H. Crack band theory for fracture of concrete. Materials and Structures, 1983, 16(3): 155-177.

[72] Bazant Z P. Nonlocal damage theory based on micromechanics crack interactions. Journal of Engineering Mechanics, 1994, 120: 593-671.

[73] 杨庆生, 杨卫. 断裂过程的有限元模拟. 计算力学学报, 1997, 14(4): 407-412.

[74] 刘莎, 张芳. 基于 ANSYS 有限元软件裂纹扩展模拟. 化工装备技术, 2006, 27(1): 54-57.

[75] Lucy L B. A numerical approach to the testing of the fission hypothesis. The Astronomical Journal, 1977, 8: 1013-1024.

[76] Libersky L D, Petschek A G. Smooththed particle hydrodynamics with strength of materials. The Next Free Lagrange Conference, Berlin: Springer, 1991: 248-257.

[77] Nayroles B, Touzot G, Villon P. Generalizing the finite element method: Diffuse approximation and diffuse element. Computational Mechanics, 1992, 10: 307-318.

[78] Belytschko T, Lu Y Y, Gu L. Element-free Galerkin method. International Journal for Numerical Methods in Engineering, 1994, 37: 229-256.

[79] Belytschko T, Krongauz Y. Smoothing and accelerated computations in the element free Galerkin method. Journal of Computational and Applied Mathematics, 1996, 74: 111-126.

[80] Lu Y Y, Belytschko T. Element-free Galerkin methods for wave propagation and dynamic fracture. Computer Methods in Applied Mechanics and Engineering, 1995, 125: 131-153.

[81] 李卧东, 王元汉, 陈晓波. 无网格法在断裂力学中的应用. 岩石力学与工程学报, 2001, 28(11): 79-82.

[82] 袁振, 李子然, 吴长春. 无网格发模拟符合疲劳裂纹的扩张. 工程力学, 2002, 19(1): 25-28.
[83] Moes N, Dollow J, Belytschkl T. A finite element method for crack growth without remeshing. International Journal for Numerical Methods in Engineering, 1999, 46: 131-150.
[84] Nagashima T, Omoto Y, Tani S. Stress intensity factor analysis of interface cracks using XFEM. International Journal for Numerical Methods in Engineering, 2003, 56: 1151-1173.
[85] Sukumar N, Moes N, Moran B, et al. Extended finite element method for three-dimensional crack modeling. International Journal for Numerical Methods in Engineering, 2000, 48: 1549-1570.
[86] Sukumar N, Srolovitz D J, Baker T J, et al. Brittle fracture in polycrystalline microstructure with the extended finite element method. International Journal for Numerical Methods in Engineering, 2003, 56: 2015-2037.
[87] Dolbow J, Moes N, Belytschko T. An extended finite element method for modeling crack growth with frictional contact. Computer Methods in Applied Mechanics and Engineering, 2001, 190: 6825-6846.
[88] 黄润秋, 张倬元, 王士天. 高边坡稳定性的系统工程地质研究. 成都: 成都科技大学出版社, 1991.
[89] 刘钧, 曹京. 不连续滑动面演化过程的力学分析. 工程地质学报, 1998, 16(6): 333-339.
[90] 张发明, 汪小刚, 贾志欣. 三维结构而连通率的随机模拟计算. 岩石力学与工程学报, 2004, 23(9): 1486-1490.
[91] 黄昌乾, 丁恩保. 边坡工程常用稳定性分析方法. 水电站计, 1999, 15(1): 53-58.
[92] 陈祖煜, 汪小刚. 岩质边坡稳定性分析. 北京: 中国水利水电出版社, 2005.
[93] 孙玉科, 牟会宠, 姚宝魁. 边坡岩石稳定性分析. 北京: 科学出版社, 1998.
[94] 夏元友, 朱瑞赓. 边坡稳定分析专家系统研制. 灾害学, 1997, 12(4): 10-14.
[95] 张有天, 周维垣. 岩石高边坡的变形与稳定. 北京: 中国水利水电出版社, 1999.
[96] 陈祖煜, 邵长明. 最优化方法在确定边坡最小安全系数方面的应用. 岩土工程学报, 1988, 10(4): 1-14.
[97] Chen Z. Random trials used in determining global minimum factors of safety of slopes. Canadian Geotechnical Journal, 1992, 29(2): 225-233.
[98] 莫海鸿, 唐超宏. 应用模式搜索法寻找最危险滑动圆弧. 岩土工程学报, 1999, 21(6): 696-699.
[99] Husein M A I, Hassen W F, Sarma S K. A global search method for locating general slip surface using Monte-Carlo techniques. Geotechnical and Geoenvironmental Journal, 2002, 127(8): 688-698.
[100] Greco V R. Efficient Monte Carlo technique for locating critical slip surface. Journal of Geotechnical Engineering, 1996, 122(7): 517-525.

[101] Zolfaghari A R, Heath A C, McCombie P F. Simple genetic algorithm search for critical non-circular failure surface in slope stability analysis. Computers and Geotechnics, 2005, 32: 139-152.

[102] McCombie P, Wilkinson P. The use of simple genetic algorithm in finding the critical factor of safety in slope stability analysis. Computers and Geotechnics, 2002, 29: 699-714.

[103] Goh A T C. Genetic algorithm search for critical slip surface in multiple-wedge stability analysis. Canadian Geotechnical Journal, 1999, 36: 382-391.

[104] 张保渠, 周春茗, 杨建贵. 进化策略在边坡稳定分析中的应用. 南京建筑工程学院学报, 2001, (2): 14-18.

[105] Gao W. Forecasting of landslide disaster based on bionics algorithm(Part 1 Searching Critical Slip Surface). Computers and Geotechnics, 2014, 61: 370-377.

[106] 陈昌富, 谢学斌. 露天采矿边坡临界滑动面搜索蚊群算法研究. 湘潭矿业学院学报, 2002, 17(1): 62-64.

[107] Gao W. Determination of non-circular critical slip surface in slope stability analysis by meeting ant colony optimization. Journal of Computing in Civil Engineering, ASCE, 2016, 30(2): 06015001(10).

[108] Gao W. Premium-penalty ant colony optimization and its application in slope stability analysis. Applied Soft Computing, 2016, 43: 480-488.

[109] 李守巨, 刘迎曦, 何翔, 等. 基于模拟退火算法的边坡最小安全系数全局搜索方法. 岩石力学与工程学报, 2003, 22(2): 236-240.

[110] Cheng Y M. Location of critical failure surface and some further studies on slope stability analysis. Computers and Geotechnics, 2003, 30: 255-267.

[111] 陈云敏, 魏新江, 李育超. 边坡非圆弧临界滑动面的粒子群优化算法. 岩石力学与工程学报, 2006, 25(7): 1443-1449.

[112] Cheng Y M, Li L, Chi S C, et al. Particle swarm optimization algorithm for the location of the critical non-circular failure surface in two-dimensional slope stability analysis. Computers and Geotechnics, 2007, 34: 92-103.

[113] Cheng Y M, Li L, Chi S C. Performance studies on six heuristic global optimization methods in the location of critical slip surface. Computers and Geotechnics, 2007, 34: 462-484.

[114] 朱大勇. 极限平衡法的显式解与统一格式. 南京: 河海大学, 2002.

[115] Grenon M, Hadjigeorgiou J. A design methodology for rock slopes susceptible to wedge failure using fracture system modelling. Engineering Geology, 2008, 96: 78-93.

[116] Liua C H, Jaksab M B, Meyers A G. Improved analytical solution for toppling stability analysis of rock slopes. International Journal of Rock Mechanics & Mining Sciences, 2008, 45(8): 1361-1372.

[117] Doug S, Erik E, John C, et al. Advanced numerical techniques in rock slope stability analysis- applications and limitations. Landslides, 2001: 615-624.

[118] Griffiths D V, Lane P A. Slope stability analysis by finite elements. Geotechnique, 1999, 49(3): 387-403.

[119] Duncan J M. State of the art: Limit equilibrium and finite element analysis of slopes. Journal of Geotechnical Engineering, 1996, 122(7): 577-596.

[120] 宋国新, 孔繁友, 杨子荣. 巴山水电站大坝溢洪道高边坡稳定性的 FLAC3D 程序分析. 岩土工程界, 2005, 8(8): 60-64.

[121] Dawson E M, Roth W H, Drescher A. Slope stability analysis by strength reducation. Geotechnique, 1999, 49(6): 835-840.

[122] Matsui T, San K C. Finite element slope stability analysis by shear strength reduction technique. Soils and foundations, 1992, 32(1): 59-70.

[123] 郑颖人, 赵尚毅, 邓卫东. 岩质边坡破坏机制有限元数值模拟分析. 岩石力学与工程学报, 2003, 22(12): 1943-1952.

[124] 刘明维, 郑颖人. 基于有限元强度折减法确定滑坡多滑动面方法. 岩石力学与工程学报, 2006, 25(8): 1544-1549.

[125] 赵尚毅, 郑颖人. 用有限元强度折减法进行节理岩质边坡稳定性分析. 岩石力学与工程学报, 2003, 22(2): 254-260.

[126] 刘祚秋, 周翠英. 边坡稳定及加固分析的有限元强度折减法. 岩土力学, 2005, 26(4): 558-561.

[127] 栾茂田, 武亚军, 年廷凯. 强度折减有限元法中边坡失稳的塑性区判据及其应用. 防灾减灾工程学报, 2003, 23(3): 1-8.

[128] 邓建辉, 张嘉翔. 基于强度折减概念的滑坡稳定性三维分析方法. 岩土力学, 2004, 25(6): 871-875.

[129] Li X. Finite element analysis of slope stability using a nonlinear failure criterion. Computers and Geotechnics, 2007, 34: 127-136.

[130] Stead D, Wolter A. A critical review of rock slope failure mechanisms: The importance of structural geology. Journal of Structural Geology, 2015, 74: 1-23.

[131] 王庚荪. 边坡的渐进破坏和稳定性分析. 岩石力学与工程学报, 2000, 19(1): 29-33.

[132] 王志伟. 议边坡破坏的渐进性. 路基工程, 2013, (6): 67-69.

[133] 谭文辉, 王家臣, 周汝弟. 岩体边坡渐进破坏的物理模拟和数值模拟研究. 中国矿业, 2000, 9(5): 56-58.

[134] 陈亚军, 王家臣, 常来山, 等. 节理岩体边坡渐进破坏的试验研究. 金属矿山, 2005, (8): 11-13.

[135] 徐前卫, 朱合华, 丁文其, 等. 直立岩质边坡的渐进性破坏模型试验研究. 地下空间与工程学报, 2010, 6(1): 33-37.

[136] 邹宗兴, 唐辉明, 熊承仁, 等. 大型顺层岩质滑坡渐进破坏地质力学模型与稳定性分析. 岩石力学与工程学报, 2012, 31(11): 2222-2231.

[137] 韩流, 舒继森, 周伟, 等. 边坡渐进破坏过程中力学机理及稳定性分析. 华中科技大学学报(自然科学版), 2014, 42(8): 128-132.

[138] 卢应发, 刘德富, 石峻峰. 边坡渐进破坏机理及稳定性分析. 工程地质学报, 2015, 23(s1): 452-464.

[139] Stead D, Eberhardt E, Coggan J S. Developments in the characterization of complex rock slope deformation and failure using numerical modelling techniques. Engineering Geology, 2006, 83: 217-235.

[140] 程谦恭, 胡厚田, 彭建兵, 等. 高边坡岩体渐进破坏黏弹塑性有限元数值模拟. 工程地质学报, 2000, 8(1): 25-30.

[141] 朱典文, 唐小兵, 谢支钢. 边坡稳定性分析的数值解研究. 武汉理工大学学报, 2003, 27(6): 856-859.

[142] 王庚荪, 孔令伟, 郭爱国, 等. 含剪切带单元模型及其在边坡渐进破坏分析中的应用. 岩石力学与工程学报, 2005, 24(21): 3852-3857.

[143] 徐奴文, 唐春安, 周钟, 等. 基于三维数值模拟和微震监测的水工岩质边坡稳定性分析. 岩石力学与工程学报, 2013, 32(7): 1373-1381.

[144] Huang D, Cen D F, Ma G W, et al. Step-path failure of rock slopes with intermittent joints. Landslides, 2015, 12: 911-926.

[145] 陈亚军, 王家臣. 节理岩体边坡渐进破坏的数值模拟研究. 有色金属, 2006, 58(2): 28-31.

[146] 魏东, 苗现国, 阴飞. 爆破荷载作用下边坡渐进破坏模式的 UDEC 模拟研究. 土工基础, 2009, 23(5): 59-61.

[147] Scholtès L, Donzé F V. Modelling progressive failure in fractured rock masses using a 3D discrete element method. International Journal of Rock Mechanics and Mining Sciences, 2012, 52: 18-30.

[148] Eberhardt E, Stead D, Coggan J S. Numerical analysis of initiation and progressive failure in natural rock slopes-the 1991 Randa rockslide. International Journal of Rock Mechanics and Mining Sciences, 2004, 41: 69-87.

[149] Ngai L, Wong Y, Wu Z J. Application of the numerical manifold method to model progressive failure in rock slopes. Engineering Fracture Mechanics, 2014, 119: 1-20.

[150] Zhao Y, Zhou X P, Qian Q H. Progressive failure processes of reinforced slopes based on general particle dynamic method. Journal of Central South University of Technology, 2015, 22: 4049-4055.

[151] Brideau M A, Yan M, Stead D. The role of tectonic damage and brittle rock fracture in the development of large rock slope failures. Geomorphology, 2009, 103: 30-49.

[152] Cai W M, Murti V, Valliapan S. Slope stability analysis using fracture mechanics approach. Theoretical and Applied Fracture Mechanics, 1990, 12: 261-281.

[153] Scavia C. Fracture mechanics approach to stability analysis of rock slopes. Engineering Fracture Mechanics, 1990, 35: 899-910.

[154] Liu D A, Wang S J, Li L Y. Investigation of fracture behaviour during rock mass failure. International Journal of Rock Mechanics and Mining Sciences, 2000, 37: 489-497.

[155] Aliha M R M, Mousavi M, Ayatollahi M R. Mixed mode I/II fracture path simulation in a typical jointed rock slope // Proc. of The 4th International Conference on "Crack Paths" (CP 2012), Gaeta, Italy, 19-21 September, 2012: 627-634.

[156] 李佳壕. 裂隙岩石边坡的裂纹扩展与稳定性研究. 成都: 成都理工大学, 2014.

[157] Haeri H, Khaloo A, Marji M F. A coupled experimental and numerical simulation of rock slope joints behavior. Arabian Journal of Geosciences, 2015, 8: 7297-7308.

[158] Zhang K, Cao P, Meng J J, et al. Modeling the progressive failure of jointed rock slope using fracture mechanics and the strength reduction method. Rock Mechanics and Rock Engineering, 2015, 48: 771-785.

[159] Zhang K, Tan P, Ma G W, et al. Modeling of the progressive failure of an overhang slope subject to differential weathering in Three Gorges Reservoir, China. Landslides, 2016, 13: 1303-1313.

[160] Bernabe Y, Revil A. Pore-cale heterogeneity, energy dissipation and the transport properties of rocks. Geophysical Research Letters, 1995, 22(12): 1529-1532.

[161] Sujatha V, Chandra Kishen J M. Energy release rate due to friction atbi-material interface in dams. Journal of Engineering Mechanics, ASCE, 2003, 129(7): 793-800.

第2章　基于最小耗能原理的岩石破坏机理研究

2.1　最小耗能原理及其基本方法

2.1.1　最小耗能原理介绍

关于最小耗能原理的研究，如果从 1882 年 Helmholtz 针对不可压缩黏性流体提出的最小耗能原理算起已有 100 多年的历史。亥姆霍兹 (Helmholtz) 于 1882 年提出适用于缓慢黏性流动的“最小能耗率原理”。其基本观点是，在质量力场中，如果不可压缩黏性流体运动方程中的惯性项可以忽略，则实际流体运动所消散的能量比在同体积和同流速分布情况下的其他任意形式的运动所消散的能量要小[1]。以后众多的学者都对类似的问题作过进一步的研究，但他们的研究或者只是针对某种特定的耗能形式，或者虽然讨论的是一般情况，但却需加上“平衡态”或“稳定态”的限制条件，即认为只有当系统处于平衡态或稳定态时，其能量或其耗能率才取与施加于该系统的约束条件相适应的最小值。在引入瞬时稳定态的概念之后，分别在线性非平衡态及非线性非平衡态的条件下，证明了在任何耗能过程的每一瞬时，系统都将在与其相应的约束条件下取当时所有可能耗能率的最小值。

非平衡态热力学中的最小熵产生原理指出：线性非平衡区中的系统，随着时间的进行，其总熵产生将朝着减少的方向发展，直到达到一个稳定态，并且在此稳定态总熵产生将达到最小值。由于具体的稳定态总是和具体的约束条件有关，因此最小熵产生原理表明，线性非平衡系统，在稳定态其总熵产生具有与某些具体约束条件相适应的最小值。考虑一连续的微系统，由于连续性假设允许我们把此微系统极小化，因此微系统的耗能率可用耗散函数表示为[2]

$$\varphi = TP = T\sum_{K=1}^{n} J_K X_K \tag{2.1}$$

式中，T 为微系统的绝对温度；P 为微系统的熵产生；J_K 为第 K 种不可逆过程的热力学流；X_K 为第 K 种不可逆过程的热力学力，它们一般都是时间 t 的函数。

如果此微系统处于线性非平衡定态，且唯象系数可视为常数并满足 Onsager 倒易关系，则由最小熵产生原理及式 (2.1) 可以推知，此微系统的耗能率将是该微系统在相应约束条件下的极小值。由文献 [2]可知，在线性非平衡区中与任何耗能过程相对应的熵产生，其随时间 t 的变化关系都可在熵产生 P 和时间 t 的坐标平面内，用图 2.1 所示的以某一 $P = P_0$ 为渐近线的连续曲线表示。通常此连续曲线总可被一阶梯形折线以任意精度逼近。由于组成此阶梯形折线的任一微小水平线段的纵坐标 (熵产生 P) 与时间 t 无关，因此，它们都可视为此线性非平衡区中的一种瞬时定态。这样一来，整个耗能过程就可以被认为是被上述一系列具有不同纵坐标，但是每一瞬时段内纵坐标 (即熵产生) 值却保持不变的非平衡定态组合而成的。

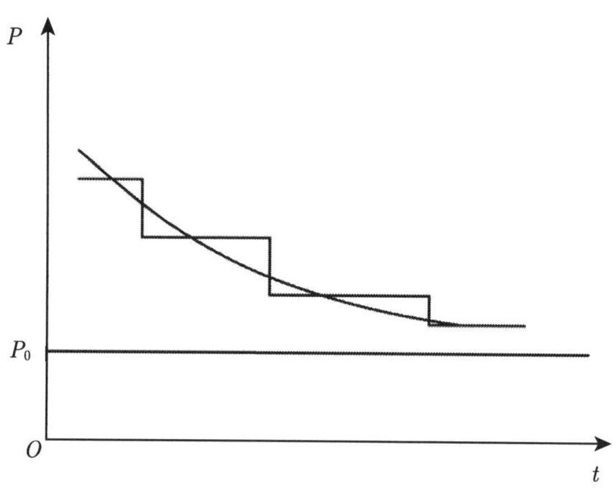

图 2.1　总熵产生 P 与时间 t 的关系

由最小熵产生原理的证明[3,4]可知，当唯象系数可当作常数处理且具有对称性时，只要满足 “线性”(即 J_K 与 X_K 呈线性关系) 和 “定态”(即熵产生 P 与时间 t 无关) 两个条件，就可证明熵产生取极小值。例如，考虑一个包含两种组分的体系，让体系两端维持一个恒定的温差。由于热扩散现象，这种温度差会引起一个浓度差，于是体系中同时有一个引起热导的力 X_1 和一个引起扩散的力 X_2，以及相应的热导流 J_1 和扩散流 J_2，于是有

$$P = J_1X_1 + J_2X_2 \tag{2.2}$$

设 “线性” 条件满足，则有

$$\begin{cases} J_1 = L_{11}X_1 + L_{12}X_2 \\ J_2 = L_{21}X_1 + L_{22}X_2 \end{cases} \tag{2.3}$$

若线性唯象系数具有对称性 (即 $L_{12} = L_{21}$)，则将式 (2.3) 代入式 (2.2) 得

$$P = L_{11}X_1^2 + 2L_{21}X_1X_2 + L_{22}X_2^2 \tag{2.4}$$

由于 X_1 是强加的恒定值，并且已设唯象系数可视为常数，所以 $\dfrac{\partial P}{\partial X_2} = 2(L_{21}X_1 + L_{22}X_2) = 2J_2$。设 “定态” 条件满足，则有 $J_2 = 0$，故上式变为 $\dfrac{\partial P}{\partial X_2} = 0$。

由于 $\dfrac{\partial^2 P}{\partial X_2^2} = 2L_{22}$，且因受热力学第二定律的限制，有 $L_{22} > 0$，这说明唯象系数可当作常数处理且具有对称性时，只要满足“线性”和“定态”两条件，就有熵产生取极小值成立。对图 2.1 阶梯形折线中的一系列水平线段所表示的瞬时线性非平衡定态而言，由于它们的瞬时性，还由于讨论的是微系统，所以在此瞬时段内的唯象系数可当作常数处理，因为瞬时性和微系统两个条件使得唯象系数就空间或时间两方面而言均无发生变化的余地。另外，由于受到微观可逆性原理的限制，唯象系数应具有对称性[2]，再注意到式 (2.1) 及最小熵产生原理，则上述由一系列水平线段所表示的瞬时线性非平衡定态也就必将在与其相应的约束条件下，取此微系统在当时耗能率的极小值。这样就得到如下重要结论：对线性非平衡区中的微系统而言，它在整个耗能过程中都将在与其相应的约束条件下，以最小耗能的方式进行。

对于非线性非平衡态微系统的整个耗能过程而言，其在任一时刻 t 的耗能率依然可表示为 $\varphi(t) = T(t)\sum\limits_{K=1}^{n} J_K(t)X_K(t)$，只是此时的 $J_K(t)$ 在一般情况下应是所有 $X_K(t)$ 的非线性函数。由于在整个耗能过程的任一充分微小时段 $\mathrm{d}t$ 内，$J_K(t)$ 与所有 $X_K(t)$ 之间的非线性关系 $J_K = J_K(X_1, X_2, \cdots, X_n)$ 总可用某一适当形式的 $J_K(t)$ 与所有 $X_K(t)$ 之间的线性关系来表示，并可达到足够的精度要求。

图 2.2 显示了最简单的非线性关系 $J(t) = J[X(t)]$ 在 t_0 至 $t_0 + \mathrm{d}t$ 这一微小时段内的情况，其中，横坐标 $X_0 = X_0(t_0)$，$X_0 + \mathrm{d}X = X(t_0 + \mathrm{d}t)$。由图 2.2 可见，区间 $[X_0, X_0 + \mathrm{d}X]$ 中的 J 与 X 的关系显然可用一简单的直线关系来近似，并能达到足够的精度要求，这就是说在上述耗能过程的任一充分微小的时段内，热力学流与热力学力的非线性关系可足够精确地视为线性关系，即在此 $\mathrm{d}t$ 时段内上述非线性非平衡态问题可视为线性非平衡态问题。另外，虽然对非线性非平衡态的耗能过程而言，其熵产生随时间的变化曲线与图 2.1 的变化曲线不同，但这并不妨碍它也总是以如图 2.1 那样被某阶梯形折线以任意精度逼近。因此，只要将折线水平段取得充分小，就总可以使得在此折线水平段所代表的“瞬时”定态时段内，J_K 与所有 X_K 的非线性关系能用它们之间的线性关系取代，并满足任意的精度要求。这样在以折线水平段代表的“瞬时”定态中，非线性非平衡态问题就化为线性非平衡定态的问题，由于上述“瞬时”定态可以被认为是整个耗能过程中的任意时刻，因此，对非线性非平衡态而言，前面关于线性非平衡区中微系统所得到的重要结论仍然成立，即对非线性非平衡区中的微系统而言，它在整个耗能过程中都将在与其相应的约束条件下，以最小耗能方式进行。

鉴于耗能率 φ 与熵产生 P 一样也是一个广延量，上述重要结论就可以从微系统推广到一般系统，因为一般系统总可以被看作是由一些微系统相加而成。这样我们也就在非线性非平衡态的一般情况下得到如下重要结论[1]：任何耗能过程都将在与其相应的约束条件下，以最小耗能的方式进行。

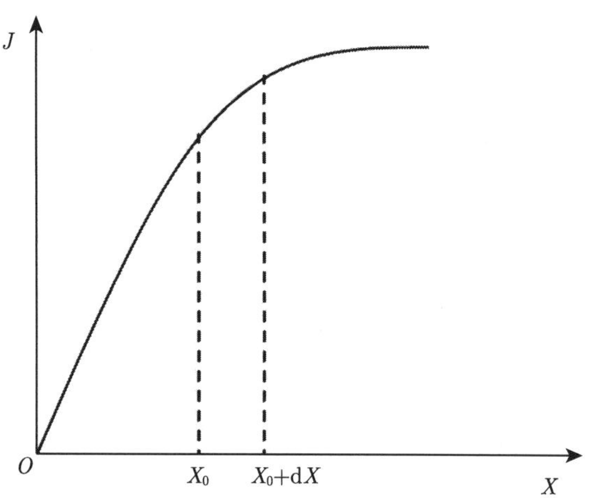

图 2.2　最简单的非线性关系

2.1.2　最小耗能原理与最小熵产生原理的区别

在 2.1.1 节中对最小耗能原理的证明过程中，似乎有将只适用于线性非平衡定态的最小熵产生原理应用到非线性非平衡态之嫌。其实并非如此，由上面对最小耗能原理的证明过程可见，我们是把所考虑的微系统与其耗能过程相对应的熵产生 P 随时间 t 变化的曲线以一折线来代替，并将此折线的所有水平段都取得充分小，这样折线的每一水平段 (在此水平段内 P 与 t 无关) 就代表着一种瞬时定态，并且在此 “瞬时” 段内，热力学流与热力学力的非线性关系可化作线性关系处理，同时唯象系数在此 “瞬时” 段内可作为常数处理。再加上微观可逆性原理的限制，这样就使得在每一 “瞬时” 段内都能满足最小熵产生原理关于 “线性” “定态”“唯象系数可设为常数且满足 Onsager 倒易关系” 的要求，因而在该 “瞬时” 段内最小熵产生原理成立。再注意到式 (2.1)，则在该 “瞬时” 段所代表的当时，应有耗能率最小的结论。由于该 “瞬时” 段可代表整个耗能过程中的任意时刻，这就最终证明了整个耗能过程应按最小耗能方式进行的结论。由此可见，在对最小耗能原理的证明过程中，并没有放宽最小熵产生原理的适用范围，而是两者存在着一定的区别，最小耗能原理与最小熵产生原理的主要区别如下：

(1) 最小耗能原理讨论的是系统 V 的耗能率 $\varPhi=\int_V T\rho\dfrac{\mathrm{d}_i s}{\mathrm{d}t}\mathrm{d}V$ (式中，$\dfrac{\mathrm{d}_i s}{\mathrm{d}t}$ 是单位质量的熵产生；ρ 为容重)；最小熵产生原理讨论的则是系统的熵产生 $P=\int_V \rho\dfrac{\mathrm{d}_i s}{\mathrm{d}t}\mathrm{d}V$。显然，当绝对温度 T 在 V 中为非均匀时，$\varPhi$ 表达式中的 T 不能移到

积分号外，因此对系统 V 而言，在一般情况下由 P 最小并不能直接得到 Φ 应该是最小的结论。

(2) 最小耗能原理可以讨论线性或非线性非平衡态问题，并且适用于耗能过程的任意时刻。最小熵产生原理则只讨论线性非平衡态问题，并且只适用于过程的平衡态或稳定态。

(3) 在通常情况下，根据最小熵产生原理及热力学第二定律可以得到 “线性非平衡定态应是稳定的” 重要结论，这对最小耗能原理所讨论的 “瞬时定态” 是不成立的。这是因为由于过程中的涨落所导致的对 “瞬时定态” 的任何偏离，都会因超出折线微小水平段所代表的 “瞬时” 段范围而进入另一 “瞬时定态” 的范围[1]，故在整个耗能过程达到真正的定态之前，这种 “瞬时定态” 并不具有稳定性而只具有瞬时性。

2.1.3 最小耗能原理解决问题的三种途径

根据非平衡态热力学的理论，任一微系统的耗能率均可以用耗散函数表示为 $\varphi = TP = T\sum\limits_{K=1}^{n} J_K X_K$ 的形式。由于在一般情况下 J_K 可视为所有 X_K 的线性函数，故有 $J_K = J_K(X_1, X_2, \cdots, X_n)$。当把 P 取为单位体积中产生熵的速率时，则系统 V 的总耗能率为

$$\phi = \iiint_V \varphi \mathrm{d}V = \iiint_V T\sum_{K=1}^{n} J_K X_K \mathrm{d}V \tag{2.5}$$

设系统 V 在耗能过程中受到的约束条件为

$$\begin{cases} f_1(X_1, \cdots, X_n) = 0 \\ \\ f_m(X_1, \cdots, X_n) = 0 \end{cases} \tag{2.6}$$

根据最小耗能原理，式 (2.5) 应在满足式 (2.6) 的条件下取驻值，于是有

$$\begin{cases} \dfrac{\partial\left(T\sum\limits_{K=1}^{n} J_K X_K + \sum\limits_{i=1}^{m} \lambda_i f_i\right)}{\partial X_1} = 0 \\ \dfrac{\partial\left(T\sum\limits_{K=1}^{n} J_K X_K + \sum\limits_{i=1}^{m} \lambda_i f_i\right)}{\partial X_n} = 0 \end{cases} \tag{2.7}$$

根据不同情况，式 (2.7) 有以下三种情况。

(1) 如果 J_K 与所有 X_K 之间的关系表达式已知，而式 (2.6) 中除某个具体表达式 (如 f_i) 待定之外，其余均已知，则由式 (2.7) 有

$$\begin{cases} \dfrac{\partial f_i}{\partial X_1} = F_1(X_1,\cdots,X_n,\lambda_1,\cdots,\lambda_m) \\ \dfrac{\partial f_i}{\partial X_n} = F_1(X_1,\cdots,X_n,\lambda_1,\cdots,\lambda_m) \end{cases} \tag{2.8}$$

且其中的 $F_1(X_1,\cdots,X_n,\lambda_1,\cdots,\lambda_m)(i=1,\cdots,n)$ 均为已知函数，于是将式 (2.8) 代入其中，则有

$$\mathrm{d}f_i = \frac{\partial f_i}{\partial X_1}\mathrm{d}X_1 + \cdots + \frac{\partial f_i}{\partial X_n}\mathrm{d}X_n \tag{2.9}$$

对式 (2.9) 积分，则可确定函数 f_i 的表达式。

(2) 如果式 (2.6) 中的所有 $f_i(i=1,\cdots,m)$ 的表达式均为已知，但 $J_K(K=1,\cdots,n)$ 与所有 X_K 之间的关系表达式待定，则由式 (2.7) 可得到 $J_K(K=1,\cdots,n)$ 所应满足的一阶偏微分方程组为

$$\begin{cases} T\left(J_1 + \displaystyle\sum_{K=1}^{n} X_K \frac{\partial J_K}{\partial X_1}\right) + \displaystyle\sum_{i=1}^{m} \lambda_i \frac{\partial f_i}{\partial X_1} = 0 \\ T\left(J_n + \displaystyle\sum_{K=1}^{n} X_K \frac{\partial J_K}{\partial X_n}\right) + \displaystyle\sum_{i=1}^{m} \lambda_i \frac{\partial f_i}{\partial X_n} = 0 \end{cases} \tag{2.10}$$

式 (2.10) 有 n 个方程，待定的未知函数 $J_K(K=1,\cdots,n)$ 也是 n 个，因此，可以由式 (2.10) 得到 J_K 与所有 X_K 及 λ_i 之间的关系表达式。

(3) 如果 $J_K(K=1,\cdots,n)$ 与所有 X_K 之间的关系表达式及式 (2.6) 中的所有 f_i 的具体表达式均为已知，则式 (2.6) 及式 (2.7) 组成关于 $X_K(K=1,\cdots,n)$ 及 $\lambda_i(i=1,\cdots,m)$ 的封闭方程组，对其求解则可以确定 $X_K(K=1,\cdots,n)$。

2.2　基于最小耗能原理的岩石损伤研究

2.2.1　基于最小耗能原理的损伤及其本构理论

内变量的概念是由 Einstein 在研究量子力学的基础上提出的，内变量又称内部状态量，是用试验方法无法观测到的一些物理量。对耗散型材料来讲，应力来自于变形的过程和温度变化的历史，同一应变或温度值因其 “历史” 的不同可以对应于不同的应力。因此，对于耗散型材料，仅仅由可测量的外变量是不能确定材料的本构关系的，还必须补充一些反映变形过程中材料内部结构变化的内变量，才能形成材料的状态方程。

根据确定性原理、局部作用原理、客观性原理，如果引入反映物质内部结构变化的 k 个内变量 $\gamma_a(a=1,\cdots,k)$，假定可以给出如下形式的简单材料本构关系[1,5]：

$$\left\{\begin{array}{l}\sigma=\sigma\left(\varepsilon,T,g,\gamma_1,\cdots,\gamma_k\right)\\ S=S\left(\varepsilon,T,g,\gamma_1,\cdots,\gamma_k\right)\\ W=W\left(\varepsilon,T,g,\gamma_1,\cdots,\gamma_k\right)\\ q=q\left(\varepsilon,T,g,\gamma_1,\cdots,\gamma_k\right)\\ \gamma_1=f_1\left(\varepsilon,T,g,\gamma_1,\cdots,\gamma_k\right)\\ \qquad\cdots\\ \gamma_k=f_k\left(\varepsilon,T,g,\gamma_1,\cdots,\gamma_k\right)\end{array}\right. \tag{2.11}$$

式中，σ 为材料的广义应力；S 为材料的熵；W 为材料的自由能；q 为材料的热流密度；$\varepsilon,T,g,\gamma_1,\cdots,\gamma_k$ 分别为材料的广义应变、温度、温度梯度以及引入的 k 个内变量。

公理化体系中的许可性原理，要求所有的本构关系必须和自然界的一些普适性定律不发生矛盾，如能量守恒定律、动量守恒定律、热力学第二定律等。由热力学第二定律有

$$-\dot{W}-\dot{T}S+\frac{1}{\rho_0}\mathrm{tr}\left(\sigma\dot{\varepsilon}\right)-\frac{1}{\rho_0 T}q\cdot g\geqslant 0 \tag{2.12}$$

式中，ρ_0为物质密度。

将式 (2.11) 中的第三式对时间求导数，得

$$\dot{W}=\mathrm{tr}\left(\frac{\partial W}{\partial\varepsilon}\dot{\varepsilon}\right)+\frac{\partial W}{\partial T}\cdot\dot{T}+\frac{\partial W}{\partial g}\cdot\dot{g}+\frac{\partial W}{\partial\gamma_i}\cdot\dot{\gamma}_i \tag{2.13}$$

将式 (2.13) 代入式 (2.12) 可得

$$\frac{1}{\rho_0}\mathrm{tr}\left[\left(\sigma-\rho_0\frac{\partial W}{\partial\varepsilon}\right)\dot{\varepsilon}\right]-\left(S+\frac{\partial W}{\partial T}\right)\dot{T}-\frac{\partial W}{\partial g}\cdot\dot{g}-\frac{\partial W}{\partial\gamma_i}\dot{\gamma}_i-\frac{1}{\rho_0 T}q\cdot g\geqslant 0 \tag{2.14}$$

由于式 (2.14) 中 $\dot{\varepsilon}$、$\dot{T}$、$\dot{g}$ 可以任意选择，故有

$$\frac{\partial W}{\partial g}=0,\quad \sigma-\rho_0\frac{\partial W}{\partial\varepsilon}=0,\quad S+\frac{\partial W}{\partial T}=0 \tag{2.15}$$

于是以式 (2.11) 表示的本构关系根据式 (2.15) 则可以化为

$$\begin{cases} W = W(\varepsilon, T, \gamma_1, \cdots, \gamma_k) \\ \sigma = \rho_0 \dfrac{\partial W}{\partial \varepsilon} \\ S = -\dfrac{\partial W}{\partial T} \\ q = q(\varepsilon, T, \gamma_1, \cdots, \gamma_k) \\ \dot{\gamma}_1 = f_1(\varepsilon, T, \gamma_1, \cdots, \gamma_k) \\ \qquad \cdots \\ \dot{\gamma}_k = f_k(\varepsilon, T, \gamma_1, \cdots, \gamma_k) \end{cases} \tag{2.16}$$

如果将损伤变量 D 以及不可逆的非弹性应变 ε^{N} 视为材料的内变量，于是式 (2.16) 可以改写为

$$\begin{cases} W = W\left(\varepsilon, T, D, \varepsilon^{\mathrm{N}}, \gamma_1, \cdots, \gamma_k\right) \\ \sigma = \rho_0 \dfrac{\partial W}{\partial \varepsilon} \\ S = -\dfrac{\partial W}{\partial T} \\ q = q\left(\varepsilon, T, D, \varepsilon^{\mathrm{N}}, \gamma_1, \cdots, \gamma_k\right) \\ \dot{D} = f_D\left(\varepsilon, T, D, \varepsilon^{\mathrm{N}}, \gamma_1, \cdots, \gamma_k\right) \\ \dot{\varepsilon}^{\mathrm{N}} = f_\varepsilon\left(\varepsilon, T, D, \varepsilon^{\mathrm{N}}, \gamma_1, \cdots, \gamma_k\right) \\ \dot{\gamma}_1 = f_1\left(\varepsilon, T, D, \varepsilon^{\mathrm{N}}, \gamma_1, \cdots, \gamma_k\right) \\ \qquad \cdots \\ \dot{\gamma}_k = f_k\left(\varepsilon, T, D, \varepsilon^{\mathrm{N}}, \gamma_1, \cdots, \gamma_k\right) \end{cases} \tag{2.17}$$

根据内变量理论[6−8]，任一微小单位体积的耗散型材料的耗能率表达式为

$$\rho_0 \varphi = \sigma : \dot{\varepsilon}^{\mathrm{N}} + Y : \dot{D} + \sum_{i=1}^{k} R_i \dot{\gamma}^k - q\frac{g}{T} \tag{2.18}$$

式中，ρ_0 为容重；φ 为单位质量的耗能率；Y 为 D 对应的伴随 (对耦) 变量；R_i 为 γ_i 对应的伴随 (对耦) 变量。

一般情况下，可假设耗能过程中应当受到的约束条件如下：

$$\begin{cases} F_1\left(\sigma, Y, R_1, \cdots, R_k, -\dfrac{g}{T}\right) = 0 \\ F_m\left(\sigma, Y, R_1, \cdots, R_k, -\dfrac{g}{T}\right) = 0 \end{cases} \tag{2.19}$$

根据最小耗能原理，式 (2.18) 应在满足式 (2.19) 的条件下取驻值，即

$$\frac{\partial\left(\varphi+\lambda_i F_i\right)}{\partial \xi_i}=0 \quad (i=1,\cdots,m) \tag{2.20}$$

式中，ξ_i 分别取为 $\sigma, Y, R_1, \cdots, R_k, -\dfrac{g}{T}$。

引入 Lagrange 乘子 $\lambda_i(i=1,\cdots,m)$，由式 (2.19) 可得

$$\left\{\begin{array}{l}
\dot{\varepsilon}^{\mathrm{N}}+\sigma: \dfrac{\partial \dot{\sigma}^{\mathrm{N}}}{\partial \sigma}+\displaystyle\sum_{i=1}^{m} \lambda_i \dfrac{\partial F_i}{\partial \sigma}=0 \\
\dot{D}+Y: \dfrac{\partial \dot{D}}{\partial Y}+\displaystyle\sum_{i=1}^{m} \lambda_i \dfrac{\partial F_i}{\partial Y}=0 \\
\dot{\gamma}_i+R_1: \dfrac{\partial \dot{\gamma}_1}{\partial R_1}+\displaystyle\sum_{i=1}^{m} \lambda_i \dfrac{\partial F_i}{\partial R_1}=0 \\
\qquad\cdots \\
\dot{\gamma}_k+R_k: \dfrac{\partial \dot{\gamma}_k}{\partial R_k}+\displaystyle\sum_{i=1}^{m} \lambda_i \dfrac{\partial F_i}{\partial R_k}=0 \\
q-\dfrac{g}{T} \dfrac{\partial q}{\partial(-g / T)}+\displaystyle\sum_{i=1}^{m} \lambda_i \dfrac{\partial F_i}{\partial(-g / T)}=0
\end{array}\right. \tag{2.21}$$

显然，只要知道材料耗能过程所应受到的约束条件式 (2.19) 中的 F_i 的具体表达式，则式 (2.21) 中的 q 和所有内变量演化方程均能确定。因此，式 (2.21) 即为内变量理论，由最小耗能原理确定的损伤材料本构关系表达式的通用形式。

若不考虑热耗散，则在研究耗散型材料时，只需要关心式 (2.21) 中涉及内变量耗散的部分，则可以得到下式:

$$\left\{\begin{array}{l}
\dot{\varepsilon}^{\mathrm{N}}+\sigma: \dfrac{\partial \dot{\varepsilon}^{\mathrm{N}}}{\partial \sigma}+\displaystyle\sum_{i=1}^{m} \lambda_i \dfrac{\partial F_i}{\partial \sigma}=0 \\
\dot{D}+Y: \dfrac{\partial \dot{D}}{\partial Y}+\displaystyle\sum_{i=1}^{m} \lambda_i \dfrac{\partial F_i}{\partial Y}=0 \\
\dot{\gamma}_1+R_1: \dfrac{\partial \dot{\gamma}_1}{\partial R_1}+\displaystyle\sum_{i=1}^{m} \lambda_i \dfrac{\partial F_i}{\partial R_1}=0 \\
\qquad\cdots \\
\dot{\gamma}_k+R_k: \dfrac{\partial \dot{\gamma}_k}{\partial R_k}+\displaystyle\sum_{i=1}^{m} \lambda_i \dfrac{\partial F_i}{\partial R_k}=0
\end{array}\right. \tag{2.22}$$

由于不考虑热耗散，式 (2.18) 中就不考虑 $-q\dfrac{g}{T}$ 这一项，其可简化为

$$\rho_0 \varphi=\sigma: \dot{\varepsilon}^{\mathrm{N}}+Y: \dot{D}+\sum_{i=1}^{k} R_i \dot{\gamma}^k \tag{2.23}$$

如果式 (2.23) 左边项为一位势函数，则式 (2.22) 可以化为

$$\begin{cases} \dot{\varepsilon}^{\mathrm{N}} + \sum_{i=1}^{m} \lambda_i \dfrac{\partial F_i}{\partial \sigma} = 0 \\ \dot{D} + \sum_{i=1}^{m} \lambda_i \dfrac{\partial F_i}{\partial Y} = 0 \\ \dot{\gamma}_1 + \sum_{i=1}^{m} \lambda_i \dfrac{\partial F_i}{\partial R_1} = 0 \\ \cdots \\ \dot{\gamma}_k + \sum_{i=1}^{m} \lambda_i \dfrac{\partial F_i}{\partial R_k} = 0 \end{cases} \tag{2.24}$$

可见，式 (2.24) 即为根据最小耗能原理的本构关系理论的一般表达式推出来的广义规范材料的内变量演化方程，其前提为不考虑热耗散，$\rho_0\varphi$ 是位势函数，且整个耗能过程受一个约束条件 F_i 的约束。

2.2.2 基于最小耗能原理的岩块损伤演变研究

损伤力学中，为描述岩石损伤的发展，最重要的是建立岩石损伤演变方程。目前，建立岩石损伤演变方程的方法主要有两种[9]：一种方法是研究者根据不同问题的试验现象而提出的 (实际上是假设的) 包含某些特定参数的描写、损伤演变规律的数学表达式等，其中待定参数通过拟合试验结果来确定，该法被称为试验方法。显然，这种方法不具有普适性。另一种方法是从岩石微元强度随机分布的事实出发，建立损伤变量和损伤演变方程，从而建立岩石损伤本构关系，并用它来模拟试验结果，该法被称为损伤统计方法。实际上，岩石的损伤不仅受岩石内部随机分布的缺陷支配，还要受岩石内部应力–应变状态所控制。因此，实际应用中前述两种方法均存在一定的问题，本书将以最简单的岩石各向同性弹性损伤为例，提出一种运用最小耗能原理建立损伤演变方程的新方法，该模型简单实用，并具有较高的精度。

最小耗能原理指出：任何耗能过程，都将在与其相应的约束条件下以最小耗能的方式进行。其中，“与其相应的约束条件” 是指在该耗能过程的耗能率表达式中包含的物理量所应满足的控制方程及定解条件；“以最小耗能的方式进行” 是指在耗能过程中的任意时刻，其耗能率都取所有耗能率的最小值[5]。

2.2.2.1 基于最小耗能原理的岩块损伤演变方程

实质上，损伤过程就是一种耗能过程，因此，也应受到最小耗能原理的规范。如果把岩块因荷载因素产生的不可恢复主应变 $\varepsilon_i^{\mathrm{N}}(t)(i=1,2,3)$ 视为岩块在破坏过

程中的唯一耗能机制 (式中，t 为表示破坏耗能过程的时间参数)，则可将岩块在破坏开始时刻代表某点单元体的耗能率 $\varphi(t)|_{t=0}$ 表示为

$$\varphi(t)\,|_{t=0}=\sigma_i\dot{\varepsilon}_i^{\mathrm{N}}(t)\,|_{t=0} \tag{2.25}$$

式中，$\sigma_i(i=1,2,3)$ 为破坏刚开始时该点的名义主应力；$\dot{\varepsilon}_i^{\mathrm{N}}(t)(i=1,2,3)$ 为 t 时刻的不可恢复主应变率。

若设 E、μ 为岩块在发生破坏耗能之前的名义弹性模量及泊松比，则在发生破坏耗能之前，其本构关系为

$$\begin{cases}\varepsilon_1=\dfrac{1}{E}\left[\sigma_1-\mu(\sigma_2+\sigma_3)\right]\\ \varepsilon_2=\dfrac{1}{E}\left[\sigma_2-\mu(\sigma_1+\sigma_3)\right]\\ \varepsilon_3=\dfrac{1}{E}\left[\sigma_3-\mu(\sigma_1+\sigma_2)\right]\end{cases} \tag{2.26}$$

由损伤力学知[10]，当代表某点的脆性试件在给定的外荷载作用下发生破坏耗能时，可以认为在该点发生破坏耗能过程，实际上就是该点的损伤变量 D 由 0 逐渐增到 1 的过程。对于因各向同性损伤而引起的破坏而言，在该点发生破坏耗能过程中的任一时刻 t 的应变，可根据应变等效原理由式 (2.26) 表示为

$$\begin{cases}\varepsilon_1(t)=\dfrac{1}{\left[1-D(t)\right]E}\left[\sigma_1-\mu(\sigma_2+\sigma_3)\right]\\ \varepsilon_2(t)=\dfrac{1}{\left[1-D(t)\right]E}\left[\sigma_2-\mu(\sigma_1+\sigma_3)\right]\\ \varepsilon_3(t)=\dfrac{1}{\left[1-D(t)\right]E}\left[\sigma_3-\mu(\sigma_1+\sigma_2)\right]\end{cases} \tag{2.27}$$

该点在因 σ_i 所导致的破坏过程中，由损伤变量 $D(t)$ 所引起的耗能率可以表示为

$$\varphi(t)=\sigma_i\dot{\varepsilon}_i^{\mathrm{N}}(t) \tag{2.28}$$

式中，$\dot{\varepsilon}_i^{\mathrm{N}}(t)$ 为由 $D(t)$ 引起的不可逆应变率；t 为表示损伤破坏过程的时间参数。于是由式 (2.27) 有

$$\begin{cases}\dot{\varepsilon}_1(t)=\dfrac{-\dot{D}(t)}{\left[1-D(t)\right]E}\left[\sigma_1-\mu(\sigma_2+\sigma_3)\right]\\ \dot{\varepsilon}_2(t)=\dfrac{-\dot{D}(t)}{\left[1-D(t)\right]E}\left[\sigma_2-\mu(\sigma_1+\sigma_3)\right]\\ \dot{\varepsilon}_3(t)=\dfrac{-\dot{D}(t)}{\left[1-D(t)\right]E}\left[\sigma_3-\mu(\sigma_1+\sigma_2)\right]\end{cases} \tag{2.29}$$

将式 (2.29) 代入式 (2.28) 可得

$$\varphi(t) = -\frac{\dot{D}(t)}{[1-D(t)]^2 E}\left[\sigma_1^2+\sigma_2^2+\sigma_3^2-2\mu(\sigma_1\sigma_2+\sigma_2\sigma_3+\sigma_3\sigma_1)\right] \tag{2.30}$$

岩块单向压缩时，$\sigma_1=\sigma$，$\sigma_2=\sigma_3=0$，则耗能率为

$$\varphi(t) = -\frac{\dot{D}(t)}{[1-D(t)]^2 E}\sigma^2 \tag{2.31}$$

岩块在耗能过程中受到的最大正应力理论的约束条件可以表示为

$$F(\sigma)=\sigma-R_{\mathrm{c}}=0 \tag{2.32}$$

式中，R_{c} 为岩块的单轴抗压强度。

根据最小耗能原理，式 (2.31) 应满足在式 (2.32) 的条件下取驻值的限制，于是有

$$\frac{\partial\left[\varphi(t)+\lambda F\right]}{\partial\sigma}=0 \tag{2.33}$$

根据连续损伤力学的基本关系式有

$$\sigma=E(1-D)\varepsilon \tag{2.34}$$

由式 (2.31)~式 (2.34) 经整理计算，可得到单轴压缩情况下岩石损伤演变的方程如下：

$$D(t)=1-\mathrm{e}^{\left(\frac{\lambda}{2\varepsilon}+c\right)} \tag{2.35}$$

式中，c、λ 为只与岩性有关的常数，由岩块单轴压缩试验获得。

2.2.2.2　确定常数及损伤断裂临界值

1) 确定常数 λ、c

将式 (2.35) 代入式 (2.33)，有

$$\sigma=E\varepsilon\exp\left(\frac{\lambda}{2\varepsilon}+c\right) \tag{2.36}$$

由图 1.9 可知有如下几何关系：

(1) $\varepsilon=\varepsilon_{\mathrm{p}}$，$\sigma=\sigma_{\max}$；

(2) $\varepsilon=\varepsilon_{\mathrm{p}}$，$\mathrm{d}\sigma/\mathrm{d}\varepsilon=0$，

式中，ε_{p} 为峰荷应变值；$\sigma_{\max}$ 为峰荷应力值。

对式 (2.36) 的应变求导数，有

$$\mathrm{d}\sigma/\mathrm{d}\varepsilon = E\exp\left(\frac{\lambda}{2\varepsilon}+c\right)\left(1-\frac{\lambda}{2\varepsilon}\right) \tag{2.37}$$

由条件 (1) 和式 (2.36) 可以得到下式：

$$\frac{\sigma_{\max}}{E\varepsilon_{\mathrm{p}}} = \exp\left(\frac{\lambda}{2\varepsilon_{\mathrm{p}}}+c\right) \tag{2.38}$$

两边取自然对数，并整理得

$$\ln\frac{\sigma_{\max}}{E\varepsilon_{\mathrm{p}}} = \frac{\lambda}{2\varepsilon_{\mathrm{p}}}+c \tag{2.39}$$

由条件 (2) 和式 (2.37) 有

$$1-\frac{\lambda}{2\varepsilon_{\mathrm{p}}}=0 \tag{2.40}$$

由式 (2.39) 和式 (2.40) 可以得到下式：

$$\lambda = 2\varepsilon_{\mathrm{p}} \tag{2.41}$$

$$c = \ln\sigma_{\max} - \ln E\mathrm{e}\varepsilon_{\mathrm{p}} \tag{2.42}$$

将式 (2.41) 和式 (2.42) 代入式 (2.35) 则得到单轴压缩情况下岩石损伤演变的方程。

2) 确定损伤断裂临界值

由式(2.35)$D(t)=1-\mathrm{e}^{\left(\frac{\lambda}{2\varepsilon}+c\right)}=0$ 可知，损伤阈值$\varepsilon_0=-\dfrac{\lambda}{2c}=\dfrac{2\varepsilon_{\mathrm{p}}}{2(\ln E\mathrm{e}\varepsilon_{\mathrm{p}}-\ln\sigma_{\max})}<\varepsilon_{\mathrm{p}}$，则可知岩块在塑性区内发生损伤变化。弹性极限强度在压应力与体应变关系图上反映为岩石受压缩达到最大点，过该点以后岩石体积不再减小反而增大即膨胀。在压应力和压应变关系图上反映材料由弹性阶段进入塑性阶段。因而弹性极限强度的物理意义是材料弹性的极限点，也可以说是材料弹、塑性的分界点。因此，损伤阈值的物理意义为弹、塑性损伤的分界点。

当某点处的体元产生损伤后，随着外荷载的增加，损伤将发展直至体元完全断裂，从理论上说，$D=1$ 时体元完全断裂。但很多试验表明，当 $D<1$ 时，体元已完全断裂，而破坏的部分仍然承担一部分荷载，因而在整个破裂过程中存在一个损伤临界值。由式 (2.35) 可知，当 $\varepsilon\to\infty$ 时，$D=1-\mathrm{e}^{c}$，此为损伤临界值D_{c}。由此可知，损伤临界值只与材料的弹性模量、强度和峰荷应变有关，并且是三者特性的综合指标。

2.2.2.3　损伤应变能密度释放率

设自由能函数为 $\varphi(\varepsilon_{ij}, D)$，由热力学第一定律和第二定律可以推得

$$\sigma_{ij} = \rho \frac{\partial \varphi}{\partial \varepsilon_{ij}} \tag{2.43}$$

式中，σ_{ij}、ε_{ij} 分别为应力、应变；ρ 为材料的密度。

对于各向同性材料，选择自由能函数为

$$\varphi = \frac{1}{\rho}\left[\frac{1}{2}a_{ijkl}\varepsilon_{ij}\varepsilon_{kl}(1-D)\right] \tag{2.44}$$

式中，a_{ijkl} 为四阶弹性刚度张量。

由式 (2.43)，有

$$\sigma_{ij} = \frac{1}{2}a_{ijkl}\varepsilon_{kl}(1-D) \tag{2.45}$$

或

$$\varepsilon_{ij} = \frac{1+D}{E_0}\frac{\sigma_{ij}}{1-D} - \frac{\mu}{E_0}\frac{\sigma_{kk}}{1-D}\delta_{ij} \tag{2.46}$$

式中，μ 为泊松比；δ_{ij} 为克罗内克符号。

采用类似于 Lemaitre[11]的推导，用与 D 相应的相伴变量定义损伤模型的弹性损伤应变能密度释放率如下：

$$Y = -\rho \frac{\partial \varphi}{\partial D} \tag{2.47}$$

$$Y = \frac{\sigma_{\mathrm{eq}}}{2\left[1-D(t)^2\right]E}\left[\frac{2}{3}(1+\mu) + 3(1-2\mu)\left(\frac{\sigma_{\mathrm{m}}}{\sigma_{\mathrm{eq}}}\right)^2\right] \tag{2.48}$$

式中，$\sigma_{\mathrm{m}} = \frac{1}{3}(\sigma_1+\sigma_2+\sigma_3)$ 为平均应力；$\sigma_{\mathrm{eq}} = \left(\frac{3}{2}\{S_i\}^{\mathrm{T}}\{S_i\}\right)^{\frac{1}{2}}$ 为等效应力；$\{S\}$ 为应力偏量。

$$\sigma_{\mathrm{m}} = \frac{1}{3}(\sigma_1+\sigma_2+\sigma_3) \tag{2.49}$$

$$\begin{aligned}\sigma_{\mathrm{eq}} &= \left(\frac{3}{2}\{S_i\}^{\mathrm{T}}\{S_i\}\right)^{\frac{1}{2}} = \left\{\frac{3}{2}\left[(\sigma_1-\sigma_{\mathrm{m}})^2 + (\sigma_2-\sigma_{\mathrm{m}})^2 + (\sigma_3-\sigma_{\mathrm{m}})^2\right]\right\}^{\frac{1}{2}} \\ &= \left[\frac{3}{2}\left[\sigma_1^2+\sigma_2^2+\sigma_3^2-3\sigma_{\mathrm{m}}^2\right]\right]^{\frac{1}{2}}\end{aligned} \tag{2.50}$$

将式 (2.49)、式 (2.50) 代入式 (2.48) 可得

$$Y=\frac{1}{2\left[1-D(t)\right]^{2}E}\left[\sigma_1^2+\sigma_2^2+\sigma_3^2-2\mu(\sigma_1\sigma_2+\sigma_2\sigma_3+\sigma_1\sigma_3)\right] \tag{2.51}$$

对于岩块单轴压缩而言：

$$\sigma_{\mathrm{m}}=\frac{1}{3}\sigma_{\mathrm{c}},\quad \sigma_{\mathrm{eq}}=\sigma_{\mathrm{c}} \tag{2.52}$$

此时岩块的损伤应变能密度释放率为

$$Y=\frac{\sigma_{\mathrm{c}}^2}{2\left[1-D(t)\right]^{2}E} \tag{2.53}$$

则 $Y_{\mathrm{c}}=\dfrac{\sigma_{\mathrm{c}}^2}{2\left(1-D_{\mathrm{c}}\right)^{2}E}$，$D_{\mathrm{c}}$ 为导致破坏的损伤临界值。

此模型与 Lemaitre 在文献 [12]中给出的用损伤应变能密度释放率表示的损伤准则是一致的。

2.2.3 三向应力作用下岩石的损伤演化方程

基于可释放应变能原理，岩石的整体破坏准则[13]为：外力对岩体所做的功一部分转化为介质的耗散能，使岩体强度逐步丧失；另一部分转化为逐步增加的可释放应变能。当可释放应变能储存并达到岩体单元的某种表面能时，可释放应变能释放，使岩体单元发生整体破坏。

受压情况下，整体破坏准则为

$$(\sigma_1-\sigma_3)\left[\sigma_1^2+\sigma_2^2+\sigma_3^2-2\mu(\sigma_1\sigma_2+\sigma_2\sigma_3+\sigma_1\sigma_3)\right]=\sigma_{\mathrm{c}}^3 \tag{2.54}$$

受拉情况下，整体破坏准则为

$$\sigma_3\left[\sigma_1^2+\sigma_2^2+\sigma_3^2-2\mu(\sigma_1\sigma_2+\sigma_2\sigma_3+\sigma_1\sigma_3)\right]=\sigma_{\mathrm{t}}^3 \tag{2.55}$$

在损伤是岩石破裂唯一的耗能机制的条件下，由损伤变量引起的总能耗率为

$$\varphi(t)=-\frac{\dot{D}(t)}{\left[1-D(t)\right]^{2}E}\left[\sigma_1^2+\sigma_2^2+\sigma_3^2-2\mu\left(\sigma_1\sigma_2+\sigma_1\sigma_3+\sigma_2\sigma_3\right)\right] \tag{2.56}$$

受压情况下，约束条件为

$$F(\sigma_1,\sigma_2,\sigma_3)=(\sigma_1-\sigma_3)\left[\sigma_1^2+\sigma_2^2+\sigma_3^2-2\mu(\sigma_1\sigma_2+\sigma_2\sigma_3+\sigma_1\sigma_3)\right]-\sigma_{\mathrm{c}}^3=0 \tag{2.57}$$

受拉情况下，约束条件为

$$F(\sigma_1,\sigma_2,\sigma_3)=\sigma_3\left[\sigma_1^2+\sigma_2^2+\sigma_3^2-2\mu(\sigma_1\sigma_2+\sigma_2\sigma_3+\sigma_1\sigma_3)\right]-\sigma_{\mathrm{t}}^3=0 \tag{2.58}$$

根据最小耗能原理应有

$$\frac{\partial\left(\varphi\left(t\right)+\lambda F\right)}{\partial\sigma_i}=0\quad(i=1,2,3)\tag{2.59}$$

对脆性破坏过程而言，可设损伤与时间呈线性关系，因此，$\dot{D}(t)$ 可视为常数，求得损伤演化方程为

受压情况：

$$D_{\mathrm{c}}=1-\sqrt{\frac{1}{C_{\mathrm{c}}+\lambda_{\mathrm{c}}\left[(\sigma_1-\sigma_3)-\dfrac{\sigma_{\mathrm{c}}^3}{\sigma_1^2+\sigma_2^2+\sigma_3^2-2\mu\left(\sigma_1\sigma_2+\sigma_2\sigma_3+\sigma_1\sigma_3\right)}\right]}}\tag{2.60}$$

受拉情况：

$$D_{\mathrm{t}}=1-\sqrt{\frac{1}{C_{\mathrm{t}}+\lambda_{\mathrm{t}}\left[\sigma_3-\dfrac{\sigma_{\mathrm{t}}^3}{\sigma_1^2+\sigma_2^2+\sigma_3^2-2\mu\left(\sigma_1\sigma_2+\sigma_2\sigma_3+\sigma_1\sigma_3\right)}\right]}}\tag{2.61}$$

式中，$C_{\mathrm{c}},\lambda_{\mathrm{c}},C_{\mathrm{t}},\lambda_{\mathrm{t}}$ 为只与岩性有关的常数。由于基于可释放应变能原理建立的整体破坏准则与最小耗能原理有着内在的统一性，其为用最小耗能原理建立三向应力作用下的岩石损伤演化方程提供了可靠的理论依据。

2.3　基于最小耗能原理的岩石断裂研究

2.3.1　基于最小耗能原理的岩石断裂破坏准则研究

岩石在长期的地质变化和构造运动中，其内部存在不同层次随机分布的微裂隙和裂纹。在外部环境的作用下，存在于岩石中的微裂隙或裂纹不断产生、扩展和演化，最终形成贯通的破坏面，从而导致岩石的破坏。为了描述岩石的变形和破坏过程，探讨岩石破坏的真正原因，最重要的就是建立岩石在变形和破坏过程中的破坏准则。目前，建立岩石断裂破坏准则主要从两个角度来进行：应力场观点和能量观点。对于线弹性材料，二者是等效的。而对于像岩石这类非线性、非均质且含有裂隙的复杂材料而言，两者之间不能简单地画等号。经典的关于材料破坏的强度理论，无论是从应力场的观点 (如最大周向应力准则) 还是从能量的观点 (应变能密度因子准则和应变能释放率准则)，实际上都是一些根据观察含裂纹试件在不同荷载作用下的规律后，提出的各种不同假设。因此，目前已经提出的关于岩石类材料的强度理论，都存在一些问题和不足。本书从含初始裂纹的岩石材料出发，从裂纹的扩展演化入手，提出一种基于最小耗能原理的岩石断裂破坏准则。

2.3.1.1 基于最小耗能原理的岩石断裂破坏准则

作为一种非均质的多相复合材料，在长期剧烈的地质变化和构造运动中，岩石内部形成了许多微裂隙和裂纹。在外部荷载的作用下，岩石中的微裂隙不断产生、演化和发展，而在这些阶段中，岩石始终和外界进行着物质和能量的交换。因此可以认为，“能量”贯穿岩石变形和破坏的整个过程。从能量的角度来研究岩石的变形和破坏过程，就有可能揭示岩石破坏的本质。由于岩石中的微裂隙和裂纹在外荷载作用下的扩展需要消耗能量，因此，与裂纹扩展相应的耗能，也应受到最小耗能原理的规范。这就是说，与裂纹扩展相应的耗能，也将在与其相应的约束条件下，以最小耗能的方式进行[14]。

由于岩石内部通常具有初始裂纹，在外荷载的作用下，对于裂纹尖端处的某点，该点在尚未达到完全破坏之前将会产生不可恢复的应变 $\varepsilon_{ij}^{\mathrm{N}}(i,j=1,2,3)$，若将此不可恢复的应变视为岩石破坏耗能过程中的唯一机制[15]，则可将岩石裂纹尖端附近任一点在岩石破坏过程中的任意时刻 t 的耗能率 $\varphi(t)$ 表示为

$$\varphi\left(t\right)=\sigma_{ij}\left(r,\theta\right)\dot{\varepsilon}_{ij}^{\mathrm{N}}\left(r,\theta\right) \tag{2.62}$$

式中，r,θ 为岩石内以裂纹尖端为原点的极坐标；t 为岩石破坏过程中的时间参数；$\sigma_{ij}(r,\theta)$ 为岩石内部裂纹尖端附近的名义应力参数；$\dot{\varepsilon}_{ij}^{\mathrm{N}}(r,\theta)$ 为点 (r,θ) 处 t 时刻的不可恢复应变率。

设 E、μ 为岩石破坏过程中的名义弹性模量和泊松比，则在发生破坏耗能之前有

$$\left\{\begin{aligned}
\varepsilon_x\left(r,\theta\right)&=\frac{1}{E}\left\{\sigma_x\left(r,\theta\right)-\mu\left[\sigma_y\left(r,\theta\right)+\sigma_z\left(r,\theta\right)\right]\right\}\\
\varepsilon_y\left(r,\theta\right)&=\frac{1}{E}\left\{\sigma_y\left(r,\theta\right)-\mu\left[\sigma_z\left(r,\theta\right)+\sigma_x\left(r,\theta\right)\right]\right\}\\
\varepsilon_z\left(r,\theta\right)&=\frac{1}{E}\left\{\sigma_z\left(r,\theta\right)-\mu\left[\sigma_x\left(r,\theta\right)+\sigma_y\left(r,\theta\right)\right]\right\}\\
\gamma_{xy}\left(r,\theta\right)&=\frac{2\left(1+\mu\right)}{E}\tau_{xy}\left(r,\theta\right)\\
\gamma_{yz}\left(r,\theta\right)&=\frac{2\left(1+\mu\right)}{E}\tau_{yz}\left(r,\theta\right)\\
\gamma_{zx}\left(r,\theta\right)&=\frac{2\left(1+\mu\right)}{E}\tau_{zx}\left(r,\theta\right)
\end{aligned}\right. \tag{2.63}$$

由损伤力学可知[10]，当代表某点的脆性材料在给定的外荷载作用下发生破坏耗能时，可以认为此破坏过程实质上就是该点的损伤变量 D 由 0 逐渐增加到 1 的过程。于是根据应变等效原理，由式 (2.63) 可得裂纹尖端的该点在破坏耗能过程

的 t 时刻有

$$\begin{cases}\varepsilon_x(r,\theta)=\dfrac{1}{[1-D(t)]E}\{\sigma_x(r,\theta)-\mu[\sigma_y(r,\theta)+\sigma_z(r,\theta)]\}\\\varepsilon_y(r,\theta)=\dfrac{1}{[1-D(t)]E}\{\sigma_y(r,\theta)-\mu[\sigma_z(r,\theta)+\sigma_x(r,\theta)]\}\\\varepsilon_z(r,\theta)=\dfrac{1}{[1-D(t)]E}\{\sigma_z(r,\theta)-\mu[\sigma_x(r,\theta)+\sigma_y(r,\theta)]\}\\\gamma_{xy}(r,\theta)=\dfrac{2(1+\mu)}{[1-D(t)]E}\tau_{xy}(r,\theta)\\\gamma_{yz}(r,\theta)=\dfrac{2(1+\mu)}{[1-D(t)]E}\tau_{yz}(r,\theta)\\\gamma_{zx}(r,\theta)=\dfrac{2(1+\mu)}{[1-D(t)]E}\tau_{zx}(r,\theta)\end{cases}\tag{2.64}$$

对式 (2.64) 的时间 t 求导，则可得到 $\dot{\varepsilon}_{ij}^{\mathrm{N}}(r,\theta)$ 的表达式为

$$\begin{cases}\dot{\varepsilon}_x(r,\theta)=\dfrac{\dot{D}(t)}{[1-D(t)]^2E}\{\sigma_x(r,\theta)-\mu[\sigma_y(r,\theta)+\sigma_z(r,\theta)]\}\\\dot{\varepsilon}_y(r,\theta)=\dfrac{\dot{D}(t)}{[1-D(t)]^2E}\{\sigma_y(r,\theta)-\mu[\sigma_z(r,\theta)+\sigma_x(r,\theta)]\}\\\dot{\varepsilon}_z(r,\theta)=\dfrac{\dot{D}(t)}{[1-D(t)]^2E}\{\sigma_z(r,\theta)-\mu[\sigma_x(r,\theta)+\sigma_y(r,\theta)]\}\\\dot{\gamma}_{xy}(r,\theta)=\dfrac{2\dot{D}(t)(1+\mu)}{[1-D(t)]^2E}\tau_{xy}(r,\theta)\\\dot{\gamma}_{yz}(r,\theta)=\dfrac{2\dot{D}(t)(1+\mu)}{[1-D(t)]^2E}\tau_{yz}(r,\theta)\\\dot{\gamma}_{zx}(r,\theta)=\dfrac{2\dot{D}(t)(1+\mu)}{[1-D(t)]^2E}\tau_{zx}(r,\theta)\end{cases}\tag{2.65}$$

将式 (2.65) 代入式 (2.62)，可得裂纹尖端附近点在岩石破坏耗能过程中任一时刻 t 的耗能率为

$$\begin{aligned}\varphi(t)=&\sigma_{ij}(r,\theta)\dot{\varepsilon}_{ij}^{\mathrm{N}}(r,\theta)\\=&\frac{\dot{D}(t)}{[1-D(t)]^2E}\{\sigma_x^2(r,\theta)+\sigma_y^2(r,\theta)+\sigma_z^2(r,\theta)-2\mu[\sigma_x(r,\theta)\sigma_y(r,\theta)\\&+\sigma_y(r,\theta)\sigma_z(r,\theta)+\sigma_z(r,\theta)\sigma_x(r,\theta)]\\&+2(1+\mu)\left[\tau_{xy}^2(r,\theta)+\tau_{yz}^2(r,\theta)+\tau_{zx}^2(r,\theta)\right]\}\end{aligned}\tag{2.66}$$

式中，t 为裂纹尖端附近点在破坏耗能过程中的时间参数，当 $t=0$ 时，$D(t)=$

$D(0)=0$；当 $t=t_r$ 时有 $D(t)=D(t_r)=1$，也就是说当 $t=t_r$ 时，该点的破坏耗能结束，该点达到完全破坏状态。

岩石在变形破坏过程中，受到复杂的外部环境的影响和作用。对于经典的强度理论来讲，要么是基于试验的方法，在特定的应力应变条件下得到材料的破坏准则；要么是基于拟合的方法，通过统计试验结果得出的一些缺乏物理意义的经验公式。这些强度准则均具有一定的局限性。

由于岩石材料在破坏过程中，不管外界条件怎么变化，在裂纹尖端的任一点，均受到三个法向应力 $(\sigma_x,\sigma_y,\sigma_z)$ 和三对剪切应力 $(\tau_{xy}=\tau_{yx},\tau_{yz}=\tau_{zy},\tau_{zx}=\tau_{xz})$ 的作用。因此，可以将岩石破坏的准则概括为统一的形式：

$$F\left(\sigma_x,\sigma_y,\sigma_z,\tau_{xy},\tau_{yz},\tau_{zx}\right)=0 \tag{2.67}$$

以式 (2.67) 表示的形式作为岩石裂纹尖端附近 (r,θ) 点发生破坏耗能所必须满足的约束条件，则根据最小耗能原理，在引入 Lagrange 乘子 λ^* 后则有

$$\partial\left[\varphi(t)+\lambda^* F\right]/\partial\sigma_{ij}=0 \tag{2.68}$$

将式 (2.66) 代入式 (2.68) 可得到：

$$\left\{\begin{aligned}
\frac{\partial F}{\partial\sigma_x(r,\theta)}&=\frac{-2\dot{D}(t)}{[1-D(t)]^2\lambda^* E}\left\{\sigma_x(r,\theta)-\mu\left[\sigma_y(r,\theta)+\sigma_z(r,\theta)\right]\right\}\\
\frac{\partial F}{\partial\sigma_y(r,\theta)}&=\frac{-2\dot{D}(t)}{[1-D(t)]^2\lambda^* E}\left\{\sigma_y(r,\theta)-\mu\left[\sigma_z(r,\theta)+\sigma_x(r,\theta)\right]\right\}\\
\frac{\partial F}{\partial\sigma_z(r,\theta)}&=\frac{-2\dot{D}(t)}{[1-D(t)]^2\lambda^* E}\left\{\sigma_z(r,\theta)-\mu\left[\sigma_x(r,\theta)+\sigma_y(r,\theta)\right]\right\}\\
\frac{\partial F}{\partial\tau_{xy}(r,\theta)}&=\frac{-4(1+\mu)\dot{D}(t)}{[1-D(t)]^2\lambda^* E}\tau_{xy}(r,\theta)\\
\frac{\partial F}{\partial\tau_{yz}(r,\theta)}&=\frac{-4(1+\mu)\dot{D}(t)}{[1-D(t)]^2\lambda^* E}\tau_{yz}(r,\theta)\\
\frac{\partial F}{\partial\tau_{zx}(r,\theta)}&=\frac{-4(1+\mu)\dot{D}(t)}{[1-D(t)]^2\lambda^* E}\tau_{zx}(r,\theta)
\end{aligned}\right. \tag{2.69}$$

又由于

$$\begin{aligned}
\mathrm{d}F=&\frac{\partial F}{\partial\sigma_x(r,\theta)}\mathrm{d}\sigma_x(r,\theta)+\frac{\partial F}{\partial\sigma_y(r,\theta)}\mathrm{d}\sigma_y(r,\theta)+\frac{\partial F}{\partial\sigma_z(r,\theta)}\mathrm{d}\sigma_z(r,\theta)\\
&+\frac{\partial F}{\partial\tau_{xy}(r,\theta)}\mathrm{d}\tau_{xy}(r,\theta)+\frac{\partial F}{\partial\tau_{yz}(r,\theta)}\mathrm{d}\tau_{yz}(r,\theta)+\frac{\partial F}{\partial\tau_{zx}(r,\theta)}\mathrm{d}\tau_{zx}(r,\theta)
\end{aligned} \tag{2.70}$$

将式 (2.69) 代入式 (2.70) 并积分，将积分后得到的 $F(\sigma_x,\sigma_y,\sigma_z,\tau_{xy},\tau_{yz},\tau_{zx})$ 代入式 (2.67) 可得

$$\begin{aligned}&\sigma_x^2(r,\theta)+\sigma_y^2(r,\theta)+\sigma_z^2(r,\theta)-2\mu\left[\sigma_x(r,\theta)\sigma_y(r,\theta)\right.\\&\left.+\sigma_y(r,\theta)\sigma_z(r,\theta)+\sigma_z(r,\theta)\sigma_x(r,\theta)\right]\\&+2(1+\mu)\left[\tau_{xy}^2(r,\theta)+\tau_{yz}^2(r,\theta)+\tau_{zx}^2(r,\theta)\right]=C\end{aligned}\tag{2.71}$$

从而得含裂纹岩石的断裂破坏准则为

$$\begin{aligned}&F(\sigma_x,\sigma_y,\sigma_z,\tau_{xy},\tau_{yz},\tau_{zx})\\=&\sigma_x^2(r,\theta)+\sigma_y^2(r,\theta)+\sigma_z^2(r,\theta)-2\mu\left[\sigma_x(r,\theta)\sigma_y(r,\theta)\right.\\&\left.+\sigma_y(r,\theta)\sigma_z(r,\theta)+\sigma_z(r,\theta)\sigma_x(r,\theta)\right]\\&+2(1+\mu)\left[\tau_{xy}^2(r,\theta)+\tau_{yz}^2(r,\theta)+\tau_{zx}^2(r,\theta)\right]-C=0\end{aligned}\tag{2.72}$$

式中，C 为积分常数。

2.3.1.2　常数确定

由断裂力学理论可知[16]，线弹性材料在发生破坏耗能之前，对于 Ⅰ-Ⅱ-Ⅲ复合型裂纹尖端附近的任一点 (r,θ) 而言，裂纹尖端附近应力场的表达式为

$$\left\{\begin{aligned}&\sigma_x(r,\theta)=\frac{K_{\mathrm{I}}}{\sqrt{2\pi r}}\cos\frac{\theta}{2}\left(1-\sin\frac{\theta}{2}\sin\frac{3\theta}{2}\right)-\frac{K_{\mathrm{II}}}{\sqrt{2\pi r}}\sin\frac{\theta}{2}\left(2+\cos\frac{\theta}{2}\cos\frac{3\theta}{2}\right)\\&\sigma_y(r,\theta)=\frac{K_{\mathrm{I}}}{\sqrt{2\pi r}}\cos\frac{\theta}{2}\left(1+\sin\frac{\theta}{2}\sin\frac{3\theta}{2}\right)+\frac{K_{\mathrm{II}}}{\sqrt{2\pi r}}\sin\frac{\theta}{2}\cos\frac{\theta}{2}\cos\frac{3\theta}{2}\\&\sigma_z(r,\theta)=\mu\left[\sigma_x(r,\theta)+\sigma_y(r,\theta)\right]=2\nu\frac{K_{\mathrm{I}}}{\sqrt{2\pi r}}\cos\frac{\theta}{2}-2\nu\frac{K_{\mathrm{II}}}{\sqrt{2\pi r}}\sin\frac{\theta}{2}\\&\tau_{xy}(r,\theta)=\frac{K_{\mathrm{I}}}{\sqrt{2\pi r}}\cos\frac{\theta}{2}\sin\frac{\theta}{2}\cos\frac{3\theta}{2}+\frac{K_{\mathrm{II}}}{\sqrt{2\pi r}}\cos\frac{\theta}{2}\left(1-\sin\frac{\theta}{2}\sin\frac{3\theta}{2}\right)\\&\tau_{yz}(r,\theta)=+\frac{K_{\mathrm{III}}}{\sqrt{2\pi r}}\cos\frac{\theta}{2}\\&\tau_{zx}(r,\theta)=-\frac{K_{\mathrm{III}}}{\sqrt{2\pi r}}\sin\frac{\theta}{2}\end{aligned}\right.\tag{2.73}$$

式中，K_{I}、K_{II}、K_{III} 为相应的应力强度因子。

把裂纹尖端应力场的表达式 (2.73) 代入式 (2.72)，在 Ⅰ 型裂纹的简单情况下，即可确定常数 C 如下：

$$C=\frac{(1+\mu)(1-2\mu)}{\pi r}K_{\mathrm{I}c}^2\tag{2.74}$$

式中，K_{Ic} 为 I 型裂纹尖端的应力强度因子的临界值，是材料常数。

将式 (2.74)、式 (2.73) 代入式 (2.72)，即可得到含裂纹岩石断裂破坏准则为

$$\begin{aligned}&(3-4\mu-\cos\theta)(1+\cos\theta)K_{\mathrm{I}}^2+4\sin\theta(2\mu-1+\cos\theta)K_{\mathrm{I}}K_{\mathrm{II}}\\&+[4(1-\mu)(1-\cos\theta)+(1+\cos\theta)(3\cos\theta-1)]K_{\mathrm{II}}^2\\&+4K_{\mathrm{III}}^2=4(1-2\mu)K_{\mathrm{Ic}}^2\end{aligned} \tag{2.75}$$

2.3.1.3 岩石断裂破坏过程中的起裂准则

将式 (2.73) 代入式 (2.66) 可得

$$\begin{aligned}\varphi(t)=&\sigma_{ij}(r,\theta)\dot{\varepsilon}_{ij}^{\mathrm{N}}(r,\theta)\\=&\frac{1+\mu}{4\pi r}\frac{\dot{D}(t)}{[1-D(t)]^2E}\{(3-4\mu-\cos\theta)(1+\cos\theta)K_{\mathrm{I}}^2\\&+4\sin\theta(2\mu-1+\cos\theta)K_{\mathrm{I}}K_{\mathrm{II}}\\&+[4(1-\mu)(1-\cos\theta)+(1+\cos\theta)(3\cos\theta-1)]K_{\mathrm{II}}^2\\&+4K_{\mathrm{III}}^2\}\end{aligned} \tag{2.76}$$

根据最小耗能原理，岩石中裂纹的扩展方向应该是沿着裂纹尖端附近某点的耗能率最小的方向，也就是裂纹扩展的方向满足以下关系：

$$\begin{cases}\dfrac{\partial\varphi(t)}{\partial\theta}=0\\[2ex]\dfrac{\partial^2\varphi(t)}{\partial\theta^2}>0\end{cases} \tag{2.77}$$

将式 (2.76) 代入式 (2.77)，即可确定岩石中裂纹尖端附近发生破坏耗能时耗能率最小的方向 $\theta_{\min}$，也就是裂纹扩展方向。若将岩石中裂纹起裂时裂尖点的破坏耗能刚开始发生时 (即 $t=0$ 时刻) 的耗能率 $\varphi_{\mathrm{c}}(t)|_{t=0}$ 视为材料常数，则 $\varphi_{\mathrm{c}}(t)|_{t=0}$ 可由简单的断裂试验确定，故有

$$\varphi_{\min}(t)|_{t=0}=\varphi(r,\theta_{\min},t)|_{t=0}=\varphi_{\mathrm{c}}(t)|_{t=0} \tag{2.78}$$

其含义可以表述为，在岩石裂纹尖端附近某点，在耗能率最小的 $\theta_{\min}$ 方向，当其耗能率 $\varphi(t)$ 达到裂纹扩展的临界值 $\varphi_{\mathrm{c}}(t)|_{t=0}$ 时，裂纹开始扩展，也就是裂纹进入起裂状态。因此，也可以称式 (2.78) 为岩石中裂纹的起裂准则。

将式 (2.78) 代入式 (2.77)，并考虑 I 型裂纹时的状况，则可以得到 $\theta_{\min}=0$。将 $\theta_{\min}=0$，$K_{\rm II}=K_{\rm III}=0$，$t=0$ 以及 $K_{\rm I}=K_{\rm Ic}$ 代入式 (2.76) 可得

$$\begin{aligned}\varphi_{\rm c}(t)\left|_{t=0}\right. &= \left.\frac{\dot{D}(t)}{[1-D(t)]^2}\right|_{t=0}\frac{(1+\mu)(1-2\mu)K_{\rm Ic}^2}{\pi r}\\ &= \frac{(1+\mu)(1-2\mu)\dot{D}(t)\left|_{t=0}\right.K_{\rm Ic}^2}{\pi r}\end{aligned} \tag{2.79}$$

式中，$K_{\rm Ic}$ 为 I 型裂纹尖端的应力强度因子的临界值，是材料常数。

2.3.1.4 基于最小耗能原理的岩石断裂破坏准则的验证

令

$$\begin{cases} m_1=(3-4\mu-\cos\theta)(1+\cos\theta)\\ m_2=2\sin\theta(\cos\theta-1+2\mu)\\ m_3=4(1-\mu)(1-\cos\theta)+(1+\cos\theta)(3\cos\theta-1)\\ m_4=4\end{cases}$$

则式 (2.75) 可简化为

$$m_1K_{\rm I}^2+2m_2K_{\rm I}K_{\rm II}+m_3K_{\rm II}^2+m_4K_{\rm III}^2=4(1-2\mu)K_{\rm Ic}^2 \tag{2.80}$$

通过比较式 (2.80) 以及线弹性断裂力学中的 S 准则 (即最小应变能密度因子准则)[16] 可知，基于最小耗能原理的岩石断裂力学准则和复合型能量准则应变能密度因子准则形式一致，由此，可以充分说明基于最小耗能原理的岩石断裂破坏准则在理论上是正确的。然而，S 准则是基于弹性力学的应变能密度公式所得到的，而这里的岩石断裂破坏准则是基于已得到普遍认同的最小耗能原理而得到的，两者虽然出发点不同，但最后的结论是一致的，说明这里建立的岩石断裂破坏准则是有一定依据的。

2.3.2 基于最小耗能原理的岩石整体破坏准则研究

由式 (2.72) 可知：

$$\begin{aligned}F(\sigma_x,\sigma_y,\sigma_z,\tau_{xy},\tau_{yz},\tau_{zx}) =& \sigma_x^2+\sigma_y^2+\sigma_z^2-2\mu(\sigma_x\sigma_y+\sigma_y\sigma_z+\sigma_z\sigma_x)\\ &+2(1+\nu)\left(\tau_{xy}^2+\tau_{yz}^2+\tau_{zx}^2\right)-C=0\end{aligned} \tag{2.81}$$

式中，C 为积分常数。

又由弹性力学理论可知[17]：

$$\begin{cases}\sigma_1+\sigma_2+\sigma_3=\sigma_x+\sigma_y+\sigma_z\\ \sigma_1\sigma_2+\sigma_2\sigma_3+\sigma_3\sigma_1=\sigma_x\sigma_y+\sigma_y\sigma_z+\sigma_z\sigma_x-\tau_{xy}^2-\tau_{yz}^2-\tau_{zx}^2\end{cases} \tag{2.82}$$

将式 (2.82) 代入式 (2.81) 即可得基于最小耗能原理的岩石断裂破坏准则为

$$F(\sigma_1,\sigma_2,\sigma_3)=\sigma_1^2+\sigma_2^2+\sigma_3^2-2\nu(\sigma_1\sigma_2+\sigma_2\sigma_3+\sigma_3\sigma_1)-C=0 \tag{2.83}$$

1) 岩石受压情况

当岩块单向压缩时，$\sigma_1=\sigma_{\mathrm{c}},\sigma_2=\sigma_3=0$，代入式 (2.83) 可得

$$C=\sigma_{\mathrm{c}}^2 \tag{2.84}$$

式中，σ_{c} 为岩石的单轴抗压强度值。

由式 (2.81) 可得到岩体受压时的整体破坏准则为

$$F(\sigma_1,\sigma_2,\sigma_3)=\sigma_1^2+\sigma_2^2+\sigma_3^2-2\nu(\sigma_1\sigma_2+\sigma_2\sigma_3+\sigma_3\sigma_1)-\sigma_{\mathrm{c}}^2=0 \tag{2.85}$$

2) 岩石受拉情况

当岩块单向拉伸时，$\sigma_1=\sigma_{\mathrm{t}},\sigma_2=\sigma_3=0$，代入式 (2.83) 可得

$$C=\sigma_{\mathrm{t}}^2 \tag{2.86}$$

式中，σ_{t} 为岩石的单轴抗拉强度值。

同理，可得到岩体受拉时的整体破坏准则为

$$F(\sigma_1,\sigma_2,\sigma_3)=\sigma_1^2+\sigma_2^2+\sigma_3^2-2\nu(\sigma_1\sigma_2+\sigma_2\sigma_3+\sigma_3\sigma_1)-\sigma_{\mathrm{t}}^2=0 \tag{2.87}$$

为了验证这里提出的整体破坏准则，借用文献 [18] 中对白色大理岩进行的系列单向及双向压缩试验进行研究。试件尺寸为 50mm×50mm×18mm (长 × 宽 × 厚)，抗压强度为 40.58MPa。部分试件及试验照片如图 2.3 及图 2.4 所示，理论值与试验平均值的比较见表 2.1。

(a) 加载前

(b) 破坏后

图 2.3 岩石压缩加载试验

图 2.4　双向压缩破坏后的大理石试件

表 2.1　双向压缩下理论值与试验平均值的比较

水平应力 σ_2/ MPa	卸荷泊松比	竖向破坏应力 σ_1/MPa		相对误差
		试验平均值	理论值	
0.00		40.58	40.58	0.0000
7.78	0.16	58.28	40.70	−0.3016
13.90	0.23	33.09	41.45	0.2526
17.00	0.14	48.08	39.31	−0.1824
23.50	0.28	47.53	40.31	−0.1519
28.80	0.19	39.03	34.58	−0.1140

将试验所得应力值代入本书提出的岩石破坏准则表达式，若准则精确满足则上述表达式成立，但由于试验数据的离散性，一般不能精确满足，此时表达式左边将不等于 0，而是存在一定误差。

通过试验值与理论值的比较，竖向破坏应力值的变化如图 2.5 所示。除个别值偏差相对较大外，其他值均基本相当，这说明理论推导与实际基本符合。双向压缩下的理论值与试验所得值的比较如图 2.6 所示，从图中可以看出，试验点与理论曲线也符合得较好。另外，从图 2.6 中可知，试验值基本均匀地分布于理论曲线的两侧，该准则按主应力排序进行计算，所以在图 2.6 中 $\sigma_1=\sigma_2$ 线的右下方，属 $\sigma_1<\sigma_2$ 的区域，不再绘出理论曲线与试验点。在双向压缩空间，$\sigma_1=\sigma_2$ 线左上方的理论曲线就已涵盖了所有可能的双向压缩应力组合。

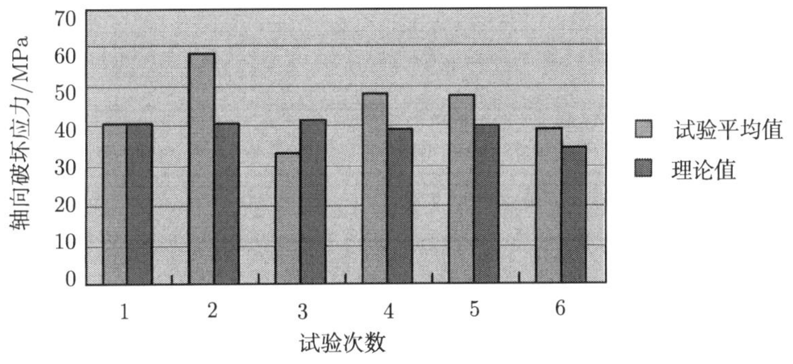

图 2.5 竖向破坏应力值比较图

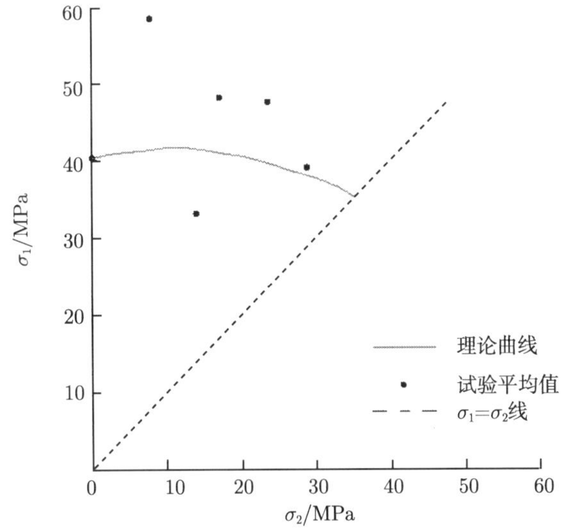

图 2.6 双向压缩下理论曲线与试验平均值的比较

2.4 本章小结

岩石的变形与破坏过程是一个与外界产生能量和物质交换的过程，能量耗散导致岩石强度降低，而能量释放则是导致岩石最终破坏的决定因素。由于能量是一个贯穿不同结构层次的通用物理量，因此，从能量的角度来建立岩石变形和破坏的准则与理论具有非常明显的优势。本章基于能量原理从最小耗能的方式出发建立了岩石损伤和断裂破坏的相关准则，主要完成了以下工作。

(1) 给出了最小耗能原理的定义，并证明该理论在线性非平衡和非线性非平衡态均适用，同时给出了最小耗能原理与最小熵产生原理的区别和用最小耗能原理处理问题的三种方法。

(2) 以岩石的各向同性弹性损伤为例，根据最小耗能原理在应变等效原理前提下提出了一种新的损伤演变模型，同时也给出了岩块损伤临界值的计算公式。该模型也符合以损伤应变能密度释放率表示的损伤破坏准则并以可释放应变能原理建立的整体破坏准则为约束条件建立了三向应力作用下发生岩石损伤演化的方程。

(3) 建立了岩石断裂破坏准则，并与经典的断裂破坏准则 S 准则进行对比，验证了该准则的正确性。

(4) 基于最小耗能原理建立了岩石整体破坏准则，通过岩石单轴抗拉试验研究，将试验数据与理论值进行对比，得出的试验点与理论曲线符合较好，从而验证了该准则的正确性。

参考文献

[1] 周筑宝. 最小耗能原理及其应用. 北京: 科学出版社, 2001.

[2] 李如生. 非平衡态热力学和耗散结构. 北京: 清华大学出版社, 1986.

[3] 德格鲁脱, 梅休尔. 非平衡态热力学. 陆全康, 译. 上海: 上海科技出版社, 1981.

[4] 湛垦华. 普利高津与耗散结构理论. 西安: 陕西科技出版社, 1982.

[5] 周筑宝. 最小耗能原理及其在固体力学中的某些应用. 湘潭大学学报 (自然科学版), 1993, 15(4): 33-36.

[6] 赵阳升, 冯增朝, 万志军. 岩石动力破坏的最小能量原理. 岩石力学与工程学报, 2003, 22(11): 1781-1783.

[7] 赵阳升, 冯增朝. 试论岩石动力破坏的最小能量原理. 岩石力学与工程学报, 2002, 21(6): 1931-1933.

[8] 王仁. 塑性力学进展. 北京: 中国铁道出版社, 1988.

[9] 沈为. 损伤力学. 武汉: 华中理工大学出版社, 1995.

[10] 李兆霞. 损伤力学及其应用. 北京: 科学出版社, 2002.

[11] Lemaitre J. A course on damage mechanics. International Journal of Solids and Structures, 1992, 29(11): 299-329.

[12] 勒迈特. 预估结构中的塑性破坏或蠕变疲劳破坏的损伤模型. 固体力学学报, 1981, (1): 1-24.

[13] Voyiadjis G Z, Park T. The kinematics of damage for finite-strain elastic-plastic solids. International Journal of Engineering Science, 1999, 37(7): 803-830.

[14] 谢和平. 岩石变形破坏过程中的能量耗散分析. 岩石力学与工程学报, 2004, 23(21): 3565-3570.

[15] 戚承志, 钱七虎. 岩石等脆性材料动力强度依赖应变率的物理机制. 岩石力学与工程学报, 2003, 22(2): 177-181.

[16] Gross D, Seelig T. Fracture Mechanics. Berlin: Springer Heidelberg, 2011.

[17] 徐芝纶. 弹性力学. 北京: 高等教育出版社, 2006.

[18] 谢和平, 鞠杨, 黎立云. 岩体变形破坏过程的能量机制. 岩石力学与工程学报, 2008, 27(9): 1729-1740.

第 3 章　裂纹岩体破坏过程理论研究

3.1　一般环境下岩体的破坏过程分析

作为一种非常典型的含有许多微裂隙和裂纹的脆性材料，岩石的变形破坏过程实质上就是裂纹不断产生、演化和扩展，并最终形成连通面导致其破坏失稳的过程。因此，在研究岩石以及岩质边坡等的变形和破坏过程中有必要引进断裂力学的相关理论和方法。近几十年来，在岩石断裂力学的研究方面已经取得了很多富有成效的成果。特别是在岩体这类非均匀性、各向异性、非线性和非连续性的材料研究领域方面，断裂力学改变了传统的强度理论认为材料不存在缺陷 (裂纹) 的假设，发现材料中存在裂缝是不可避免的。因此，如何正确地认识裂纹对材料的强度和使用寿命的影响程度，研究裂纹如何扩展并建立相应的判据，具有非常重要的理论意义和现实意义。

3.1.1　岩石断裂破坏的力学机制

岩体中存在着大量的微裂隙和裂纹，因此，岩石断裂破坏过程中最主要的就是裂纹的产生、扩展和贯通过程。断裂力学中将裂纹分为三种基本类型，Ⅰ型裂纹为张开型裂纹，裂纹面上点的位移与裂纹面垂直，由于法向位移造成上下表面张开；Ⅱ型裂纹为滑开型裂纹，裂纹受平行于裂纹面并且垂直于裂纹前沿的剪应力作用，使裂纹在平面内相对滑开；Ⅲ型裂纹为撕开型裂纹，既受平行于裂纹面又平行于裂纹前沿的剪应力作用。

三种裂纹在 Y 平面上有如下受力特点：

$$
\begin{aligned}
&\text{Ⅰ型} \quad \tau_{xy}=0\\
&\text{Ⅱ型} \quad \sigma_y=0\\
&\text{Ⅲ型} \quad \sigma_y=0 \quad \tau_{xy}=0
\end{aligned}
$$

裂纹尖端一般由于应力集中都会产生非线性效应区，严格地讲，处理带裂纹构件的力学行为时，应该考虑这种非线性效应。但当非线性区的尺寸较小，相对于裂纹的长度和材料的尺度而言要小得多时，裂纹尖端的各应力分量均正比于 $r^{-\frac{1}{2}}$，r 为距离裂纹端点的长度，这时就可以把这种材料介质当成是线弹性材料考虑，此时断裂力学称为线弹性断裂力学，在线弹性断裂力学中，可以认为材料是线弹性的，不考虑裂纹尖端极小范围的非线性问题。

无限大薄板上长度为 $2a$ 的穿透裂纹，在远场受均匀分布的拉应力 σ 的作用时，属于 I 型裂纹。在直角坐标系中，按弹性力学计算[1]，可得

$$\begin{cases}\sigma_x=\dfrac{Y\sigma\sqrt{a}}{\sqrt{2\pi r}}\left[\cos\dfrac{\theta}{2}\left(1-\sin\dfrac{\theta}{2}\sin\dfrac{3\theta}{2}\right)\right]\\ \quad=\dfrac{Y\sigma\sqrt{a}}{\sqrt{2\pi r}}f_x(\theta)\\ \sigma_y=\dfrac{Y\sigma\sqrt{a}}{\sqrt{2\pi r}}\left[\cos\dfrac{\theta}{2}\left(1+\sin\dfrac{\theta}{2}\sin\dfrac{3\theta}{2}\right)\right]\\ \quad=\dfrac{Y\sigma\sqrt{a}}{\sqrt{2\pi r}}f_y(\theta)\\ \tau_{xy}=\dfrac{Y\sigma\sqrt{a}}{\sqrt{2\pi r}}\sin\dfrac{\theta}{2}\cos\dfrac{\theta}{2}\cos\dfrac{3\theta}{2}\\ \quad=\dfrac{Y\sigma\sqrt{a}}{\sqrt{2\pi r}}f_{xy}(\theta)\end{cases}\tag{3.1}$$

或写成统一的形式：

$$\sigma_{ij}=\frac{K_{\mathrm{I}}}{\sqrt{2\pi r}}f_{ij}(\theta)\tag{3.2}$$

式中，a 为裂纹尺寸；σ 为裂纹位置上按无裂纹计算时的应力，称为名义应力；Y 为与构件形状有关的一个量，称为形状系数；参量 $K_{\mathrm{I}}=Y\sigma\sqrt{a}$ 是与位置坐标 r、θ 无关的常数；r、θ 为极坐标。

由应力场公式 (3.1) 可以看出，该公式有如下特点。

(1) 应力与 $r^{-\frac{1}{2}}$ 成正比。在裂纹尖端处 (r,θ)，应力为无限大，即在裂纹尖端应力出现奇点，应力场具有 $r^{-\frac{1}{2}}$ 的奇异性。只要存在裂纹，不管外载荷多么小，裂纹尖端应力总是无穷大，按照传统的观点，就应该发生破坏，然而，这与事实不符。这就意味着，不能再用应力的大小来判断裂纹是否扩展，破坏是否发生。

(2) 应力与参量 K_{I} 成正比。在同一变形状态下，不论其他条件怎样不同，只要 K_{I} 值相同，则裂纹尖端邻域的应力强度完全相同，所以 K_{I} 反映了裂纹尖端邻域的应力场强度，称为裂纹尖端应力场强度因子，简称应力强度因子。其下标 I 表示 I 型裂纹的应力强度因子，同理，K_{II} 为 II 型裂纹的应力强度因子，K_{III} 为III型裂纹的应力强度因子。

(3) 由 $K_{\mathrm{I}}=Y\sigma\sqrt{a}$ 可见，对于给定的 a,Y，随着 σ 的增加 (或给定 Y 和 σ，而 a 增加)，则 K_{I} 也会增加。当 K_{I} 增加到一定值时，构件就会发生断裂破坏，此时的 K_{I} 值用 K_{Ic} 表示，称为材料的断裂韧性 (或断裂韧度)，是材料的常数。同理有 II 型裂纹的断裂韧性 K_{IIc} 和III型裂纹的断裂韧性 K_{IIIc}。

(4) 由上述可见，应力强度因子 K_{I} 与材料的断裂韧性 K_{Ic} 之间的关系，类似于材料力学中的工作应力 σ 与材料的极限应力 σ_{s} 之间的关系。

岩石宏观断裂破坏是一个微裂纹形成、扩展直至断裂的过程，因此，从断裂力学的角度来研究岩石的断裂破坏过程更具有实际意义。如同材料力学的应力和极限强度关系一样，线弹性断裂力学有相应的应力强度因子 K_{I} 和断裂韧度 K_{Ic}。当 $K_{\mathrm{I}} \geqslant K_{\mathrm{Ic}}$ 时，裂纹就起裂扩展；当裂纹长度扩展到一定长度时使得 $K_{\mathrm{I}} < K_{\mathrm{Ic}}$，裂纹就停止扩展，处于稳定状态。

由于岩体内存在着大量的缺陷或微细裂纹，同时由于岩体周围的应力环境等的影响，岩体有可能处于多种不同的状态，包括受拉、压、剪以及两种或多种组合状况。在各种状态下，岩体中裂纹的扩展方式是不一样的。在最简单的受拉状态下，裂纹最容易沿垂直于拉应力的方向产生和扩展，这就类同于 I 型裂纹的扩展过程。在持续受力的情况下，这种裂纹的扩展是不稳定的，裂纹将不断扩展直至岩体的破坏。在受压状态下，在裂纹尖端往往首先以某一角度产生翼裂纹。翼裂纹为张拉破坏，其扩展方向发生变化并逐渐接近与最大主应力平行的方向，裂纹的扩展造成岩体的最终破坏。岩体中更多出现的是综合拉剪与综合压剪状态，处于综合拉剪状态下的裂纹尖端将在其最大拉应力的方向发生破坏，其方向将逐渐与最大拉应力方向垂直。而处于综合压剪状态下的裂纹尖端，有可能出现翼裂纹或次生裂纹。而岩体在受压状态下，在裂纹尖端往往首先以某一角度产生翼裂纹，其扩展方向发生变化并逐渐接近与最大主应力平行的方向。裂纹的扩展、贯通最终造成岩体的破坏。可见，张应力集中是造成非贯通裂隙岩体裂纹扩展及产生裂纹破坏的内在力学机制，不稳定扩展是导致非贯通裂隙岩体破坏的直接原因。应力分布的调整变化是裂纹产生分级现象的原因，贯通性破裂面的形成是非贯通裂隙岩体破坏的宏观标志，边界条件将对破坏过程起控制作用。

3.1.2　压剪作用下岩石裂纹扩展研究

在岩石工程特别是岩质边坡工程的实践中，经常遇到的裂纹是 II 型裂纹或 III 型裂纹，通称为剪切型裂纹[2]。迄今为止，对于拉剪判据的研究比较多，得出的各种拉剪判据也比较完善。然而处于拉剪状态的岩石工程相比于处于压剪状态的要少得多，压缩条件下岩石断裂力学的研究和运用一直是岩石工程界研究的重点内容之一。

岩石压缩条件下断裂破坏准则的研究相对于拉伸条件滞后的原因主要有这样几个因素：首先，经典的断裂力学中关于压缩破坏的模型比较少，没有太多可供借鉴的试验模型；其次，岩石受压断裂的试验研究与现有的理论之间还存在较大的差异。通过已有的工程实践及相关理论可知[2,3]，断裂力学中的复合裂纹判据准则，如最大周向拉应力准则 ($\sigma_{\theta\max}$)、最大能量释放率准则 ($G_{\max}$) 以及最小应变能准

则 ($S_{\min}$) 基本上适合岩石中拉剪型断裂过程的判断。当把这些理论用于岩石的压剪型断裂判断时，通常会出现比较大的出入。Sih 曾指出，在压缩条件下 $S_{\min}$ 准则与试验测值之间存在不一致性[4]。Lajtal 指出，现有的能量判据不能反映拉应力应用于压应力的数学差别，只能适用于断裂开始阶段[5]。周群力指出，岩石是一种典型的含有初始缺陷的脆性材料，其中的裂隙在不同应力状态下的扩展效应是完全不同的[6]。

岩石在压剪条件下的断裂与拉剪条件下的断裂存在很大的不同，这使得压剪条件下断裂力学的有些概念与经典的断裂力学概念存在不同。当前关于岩石压剪条件方面的研究成果主要有:

(1) 试验中发现岩石中的斜裂纹在压缩条件下会产生翼型断裂裂纹，同时发现这种裂纹模式为 I 型张拉机制的破坏[7]；

(2) 从试验中观察到II型加载并不是导致II型裂纹 (剪切破坏) 现象的原因[8]。

3.1.2.1 *岩石压缩状态下的裂纹扩展过程*

岩石中的原生裂隙一般都是随机分布的，当岩石受压时，并非所有的裂隙都参与扩展。试验表明，某些方向的裂隙在较小的荷载作用下就发生扩展现象。在试验时，首先出现许多垂直于初始裂纹面的小裂纹，应力增加，裂纹数量也增多，当应力增加到一定程度时，只有接近于初始裂纹尖端的垂直短裂纹还在延伸扩展，其他裂纹就停止扩展。其扩展长度取决于主应力之比，扩展方向逐渐变为平行于最大主应力方向，这个阶段就是裂纹扩展阶段。如果进一步增加荷载，裂纹就进入非稳定扩展阶段。此时，除主裂纹继续扩展外，在它的相反方向会出现次生裂纹，接着又会出现分支裂纹。伴随着次生裂纹和分支裂纹的出现，岩石也就失去了承载能力。综上所述，岩石的压缩断裂破坏一般也经历裂纹的起裂、稳定扩展和失稳扩展三个阶段。

岩石在压剪条件下的断裂判据近年来得到了较大的发展，周群力采用大理岩对岩石试件压剪微破裂区的形状进行了进一步观察，他通过试验研究提出了岩石压剪断裂判据[9]，其表达式如下:

$$\lambda\sum K_{\mathrm{I}}+|K_{\mathrm{II}}|=K_{\mathrm{II}c} \tag{3.3}$$

式中，λ 为压剪系数，其他符号含义同前。

这一判据已为试验资料所证实，并成功地应用于工程实践中。但该式的缺点是系数 λ 的物理意义不是很明确，与试验特定条件有关，不能进一步地推广应用；另外，该判据的理论依据不充分。

尽管岩石在压剪作用下的断裂破坏过程研究已经取得了一些进展，但仍然需要继续结合裂隙岩体受压的特点，在现有理论的基础上建立岩石压剪条件下的断裂判据。

3.1.2.2　压剪条件下岩石裂纹的起裂判断

如图 3.1 所示，倾角为 β 的闭合裂纹上作用的法向应力与切向应力及主应力之间的关系为

$$
\begin{cases}
\sigma_x = \dfrac{\sigma_1 + \sigma_2}{2} + \dfrac{\sigma_1 - \sigma_2}{2}\cos 2\beta \\
\sigma_y = \dfrac{\sigma_1 + \sigma_2}{2} - \dfrac{\sigma_1 - \sigma_2}{2}\cos 2\beta \\
\tau_{xy} = \dfrac{\sigma_1 - \sigma_2}{2}\sin 2\beta
\end{cases}
\tag{3.4}
$$

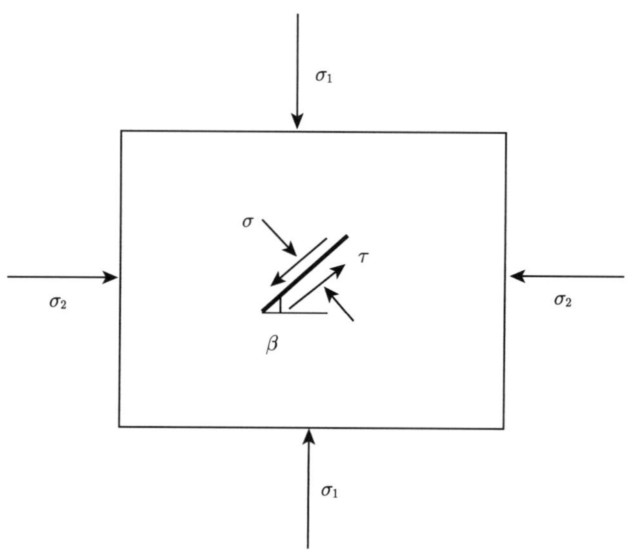

图 3.1　受压剪作用的裂纹

设主应力作用下主裂纹面闭合，由于摩擦力的作用，裂纹面上的有效剪应力可以表示为

$$
\tau_{\text{eff}} = \tau - \mu\sigma_n \tag{3.5}
$$

将式 (3.4) 代入式 (3.5) 可得

$$
\begin{aligned}
\tau_{\text{eff}} =& \frac{\sigma_1 - \sigma_2}{2}\sin 2\beta - \mu\left(\frac{\sigma_1 + \sigma_2}{2} + \frac{\sigma_1 - \sigma_2}{2}\cos 2\beta\right) \\
=& \frac{\sigma_1 - \sigma_2}{2}\left(\sin 2\beta - \mu\cos 2\beta\right) - \frac{\mu\left(\sigma_1 + \sigma_2\right)}{2}
\end{aligned}
\tag{3.6}
$$

对于岩石裂纹尖端附近应力与应变场中的某一点 A，其应力场可以表示为

$$\left\{\begin{aligned}&\sigma_x(r,\theta)=\frac{K_{\mathrm{I}}}{\sqrt{2\pi r}}\cos\frac{\theta}{2}\left(1-\sin\frac{\theta}{2}\sin\frac{3\theta}{2}\right)-\frac{K_{\mathrm{II}}}{\sqrt{2\pi r}}\sin\frac{\theta}{2}\left(2+\cos\frac{\theta}{2}\cos\frac{3\theta}{2}\right)\\&\sigma_y(r,\theta)=\frac{K_{\mathrm{I}}}{\sqrt{2\pi r}}\cos\frac{\theta}{2}\left(1+\sin\frac{\theta}{2}\sin\frac{3\theta}{2}\right)+\frac{K_{\mathrm{II}}}{\sqrt{2\pi r}}\sin\frac{\theta}{2}\cos\frac{\theta}{2}\cos\frac{3\theta}{2}\\&\tau_{xy}(r,\theta)=\frac{K_{\mathrm{I}}}{\sqrt{2\pi r}}\cos\frac{\theta}{2}\sin\frac{\theta}{2}\cos\frac{3\theta}{2}+\frac{K_{\mathrm{II}}}{\sqrt{2\pi r}}\cos\frac{\theta}{2}(1-\sin\frac{\theta}{2}\sin\frac{3\theta}{2})\end{aligned}\right.\tag{3.7}$$

式中，r 为 A 点到裂纹尖端的距离；θ 为裂纹尖端和 A 点连线与 x 轴的夹角；K_{I}、K_{II} 为相应的应力强度因子。

上式转化为极坐标，可以表示为

$$\left\{\begin{aligned}&\sigma_r=\frac{\sigma_x+\sigma_y}{2}+\frac{\sigma_x-\sigma_y}{2}\cos2\theta+\tau_{xy}\sin2\theta\\&\sigma_\theta=\frac{\sigma_x+\sigma_y}{2}-\frac{\sigma_x-\sigma_y}{2}\cos2\theta-\tau_{xy}\sin2\theta\\&\tau_{r\theta}=\tau_{xy}\cos2\theta-\frac{\sigma_x-\sigma_y}{2}\sin2\theta\end{aligned}\right.\tag{3.8}$$

将式 (3.7) 代入式 (3.8) 即可得到：

$$\left\{\begin{aligned}&\sigma_r=\frac{1}{2\sqrt{2\pi r}}\left[K_{\mathrm{I}}(3-\cos\theta)\cos\frac{\theta}{2}+K_{\mathrm{II}}(3\cos\theta-1)\sin\frac{\theta}{2}\right]\\&\sigma_\theta=\frac{1}{2\sqrt{2\pi r}}\cos\frac{\theta}{2}\left[K_{\mathrm{I}}(1+\cos\theta)-3K_{\mathrm{II}}\sin\theta\right]\\&\tau_{r\theta}=\frac{1}{2\sqrt{2\pi r}}\cos\frac{\theta}{2}\left[K_{\mathrm{I}}\sin\theta+K_{\mathrm{II}}(3\cos\theta-1)\right]\end{aligned}\right.\tag{3.9}$$

由于在原始裂纹尖端形成拉伸型翼裂纹，则此时采用最大拉应力准则来分析压剪裂纹的起裂及扩展过程较好。根据最大周向正应力理论，开裂角θ_0 由下述方程决定：

$$K_{\mathrm{I}}\sin\theta_0+K_{\mathrm{II}}(3\cos\theta_0-1)=0\tag{3.10}$$

将 θ_0 代入式 (2.75) 并令 $K_{\mathrm{III}}=0$，则可得压剪条件下岩石裂纹的起裂条件：

$$\begin{aligned}&(3-4\mu-\cos\theta_0)(1+\cos\theta_0)K_{\mathrm{I}}^2+4\sin\theta_0(2\mu-1+\cos\theta_0)K_{\mathrm{I}}K_{\mathrm{II}}\\&+[4(1-\mu)(1-\cos\theta_0)+(1+\cos\theta_0)(3\cos\theta_0-1)]K_{\mathrm{II}}^2=4(1-2\mu)K_{\mathrm{I}c}^2\end{aligned}\tag{3.11}$$

式中，

$$\left\{\begin{aligned}&K_{\mathrm{I}}=\sigma\sqrt{\pi c}=\left(\frac{\sigma_1+\sigma_2}{2}+\frac{\sigma_1-\sigma_2}{2}\cos2\beta\right)\sqrt{\pi c}\\&K_{\mathrm{II}}=\tau\sqrt{\pi c}=\left[\frac{\sigma_1-\sigma_2}{2}\sin2\beta-\mu\left(\frac{\sigma_1+\sigma_2}{2}+\frac{\sigma_1-\sigma_2}{2}\cos2\beta\right)\right]\sqrt{\pi c}\end{aligned}\right.\tag{3.12}$$

3.1.2.3　压剪条件下翼裂纹的扩展条件

关于压剪裂纹的扩展，Horii 和 Nemat-Nasser[10]进行了大量研究，其结果表明，当裂纹起裂后，将在原始裂纹的尖端形成拉伸型翼裂纹，由于翼裂纹尖端存在 II 型应力强度因子，这样使得翼裂纹偏离原来的起裂方向，最终发展成与最大压应力方向平行。同时，许多研究[11,12]也能够证明，随着轴向应力地不断增加，与轴向应力方向成较小角度的微裂纹数目增加速度较之与轴向应力方向成较大角度的微裂纹数目增加的速度要快得多。由此可以推论，随着轴向应力地增加，其内部所产生的大量裂纹微孔隙几乎都是近乎平行于轴向应力方向的。

翼裂纹形成后，翼裂纹尖端的应力强度因子的计算方法有很多种，如 Horii 和 Nemat-Nasser[13]以及 M.F.Ashby 和 S.D.Hallam[14]提出的滑移型裂纹模型，如图 3.2 所示，该模型被广泛用来研究岩石类材料的非弹性膨胀和破坏机制。假设受压材料内压剪裂纹的裂纹面间存在摩擦力，摩擦力和正应力满足莫尔–库仑定理。当沿主裂纹的剪应力超过两裂纹面间的摩擦阻力时，裂纹面将发生滑动，从而导致翼型裂纹的萌生和发展。随着翼裂纹的发展，其裂尖的应力强度因子将同时减小，此时，若外加荷载不再增加，则裂纹将达到稳定状态；若外荷载持续增加，则裂纹尖端的应力强度因子将增大，当达到或大于临界值 K_1 时，裂纹将继续扩展，并且将逐渐与主压应力方向平行。

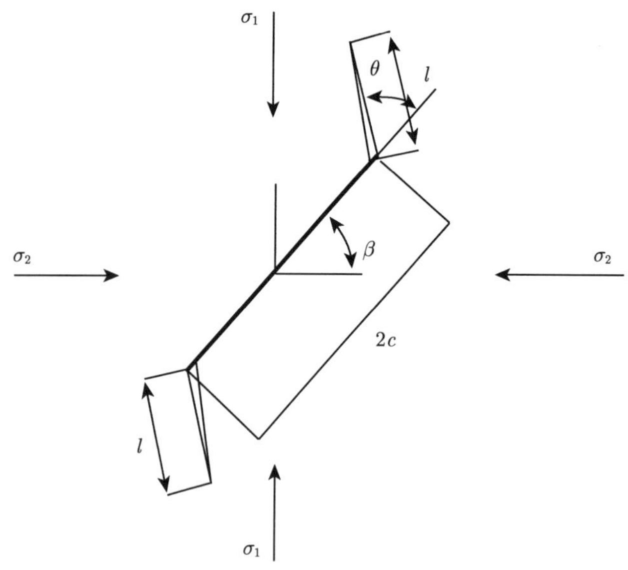

图 3.2　滑动裂纹模型

上述滑移型裂纹尖端模型能较好地描述岩石类材料在试验中观测到的现象，因此被广泛地应用于岩石的压剪断裂分析过程。根据 Horii 和 Nemat-Nasser 的复变函数解析方法[15]，在分析翼裂纹的应力强度因子及其扩展过程时，可以采用以下计算应力因子的近似公式：

$$\begin{cases} K_{\mathrm{I}} = \dfrac{2c\tau_{\mathrm{eff}}\sin\theta}{\sqrt{\pi(l+l^*)}} - \sigma_n'\sqrt{\pi l} \\ K_{\mathrm{II}} = \dfrac{2c\tau_{\mathrm{eff}}\sin\theta}{\sqrt{\pi(l+l^*)}} - \tau_n'\sqrt{\pi l} \end{cases} \tag{3.13}$$

式中，l^* 是为拟合解析解而引入的当量裂纹长度，$l^*=0.27c$；τ_{eff} 为主裂纹面上的等效剪应力，由式 (3.5) 确定；σ_n' 和 τ_n' 分别是主裂纹面上的法向应力和剪切应力，且有

$$\begin{cases} \sigma_n = \dfrac{1}{2}\left[(\sigma_1+\sigma_2)+(\sigma_1-\sigma_2)\cos 2\beta\right] \\ \sigma_n' = \dfrac{1}{2}\left[(\sigma_1+\sigma_2)+(\sigma_1-\sigma_2)\cos 2(\theta+\beta)\right] \\ \tau_n = \dfrac{1}{2}\left[(\sigma_1+\sigma_2)\cos 2\beta\right] \\ \tau_n' = \dfrac{1}{2}\left[(\sigma_1+\sigma_2)\cos 2(\theta+\beta)\right] \end{cases} \tag{3.14}$$

从而，岩石裂纹扩展破坏准则为

$$\begin{aligned} &(3-4\mu-\cos\theta)(1+\cos\theta)K_{\mathrm{I}}^2 + 4\sin\theta(2\mu-1+\cos\theta)K_{\mathrm{I}}K_{\mathrm{II}} \\ &+\left[4(1-\mu)(1-\cos\theta)+(1+\cos\theta)(3\cos\theta-1)\right]K_{\mathrm{II}}^2 = 4(1-2\mu)K_{\mathrm{I}c}^2 \end{aligned} \tag{3.15}$$

3.1.3 岩石断裂过程中裂纹间相互作用分析

实际工程中，岩石内部往往都是成组裂纹或几组裂纹同时存在。关于岩石内部多裂纹相互作用影响的分析，国内外学者提出了很多分析方法，在少量裂纹情况下可以采用近似等效方法，视为共线裂纹来研究。对于岩石内部有多条裂纹的情况，Kachanov 提出了一种简化方法来计算裂纹应力强度因子[16]，并建立了含裂纹弹性体的应力应变方程和位移场。这里首先分析多裂纹岩体的裂纹尖端应力分布、贯通模式，进而分析裂纹间的相互作用。

3.1.3.1 裂纹扩展近似等效方法

对于原始裂纹及翼裂纹，随着荷载的增加，裂纹扩展方向逐渐与主压应力方向趋于一致。当翼裂纹扩展的长度较长，即 $l/c \geqslant 1$ 时，可将图 3.3(a) 的滑移型模型系统用图 3.3(b) 的等效模型来代替[17]，也就是将两条翼型裂纹作为一条平行于最大主应力方向的共线裂纹来研究。

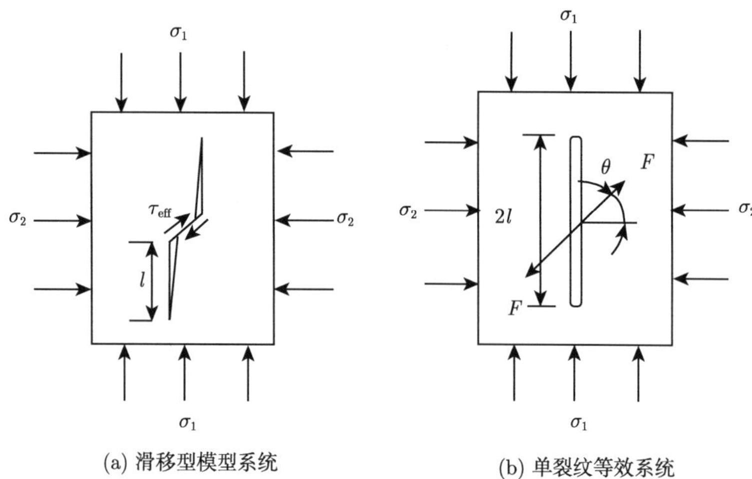

(a) 滑移型模型系统　　(b) 单裂纹等效系统

图 3.3　滑移型模型系统与单裂纹等效系统示意图

这时，对于主裂纹的影响可以用一对作用在等效裂纹上的共线集中剪力来代替，其中，该集中剪力 $F = 2c\tau_{\text{eff}}$。

等效裂纹尖端的 I 型应力强度因子可由下式求得

$$K_{\text{I}} = \frac{F\sin\theta}{\sqrt{\pi l}} - \sigma_2\sqrt{\pi l} \tag{3.16}$$

而对于多裂纹的情况，由于裂纹之间的相互影响等作用，迄今为止，仍没有非常合适的关于应力强度因子的计算方法，只能采用上述的近似等效方法来处理，如图 3.4 所示是多裂纹的等效示意图。

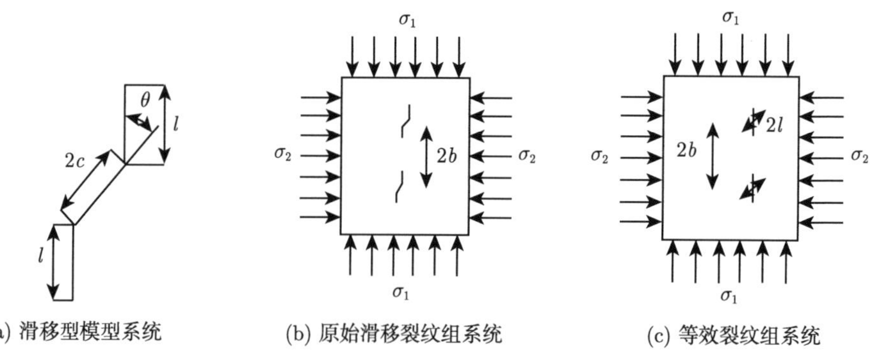

(a) 滑移型模型系统　　(b) 原始滑移裂纹组系统　　(c) 等效裂纹组系统

图 3.4　滑移裂纹组模型示意图

对于上述等效滑移裂纹组，可用下式计算其应力强度因子[16]：

$$K_{\text{I}} = \frac{F\sin\theta}{\sqrt{b\sin(\pi l/b)}} - \sigma_2\sqrt{2b\tan(\pi l/2b)} \tag{3.17}$$

由式 (3.16) 及式 (3.17) 可以比较单裂纹及多裂纹时的应力强度因子之间的相互关系。如图 3.5 所示，对于单裂纹而言，在主应力及其他相关条件确定的情况下，其应力强度因子是固定的。而对于多裂纹而言，随着 l/b 的变化，其值是不断发生变化的。当 l/b 趋近于 1 时，也即两条裂纹之间的距离非常小时，单裂纹和多裂纹的应力强度因子的差别比较大；而当 $l/b<0.5$ 时，也即两条裂纹之间的距离大于等效裂纹的长度 $(2b-2l\geqslant 2l)$ 时，多裂纹每条裂纹尖端的应力强度因子与单裂纹的应力强度因子之间的差距变小，而且随着两裂纹之间距离地增大，这种差距会不断地减小。因此，在考虑多裂纹之间的应力强度因子时，当裂纹之间的距离较大时，可以当作是单一裂纹的情况来处理。

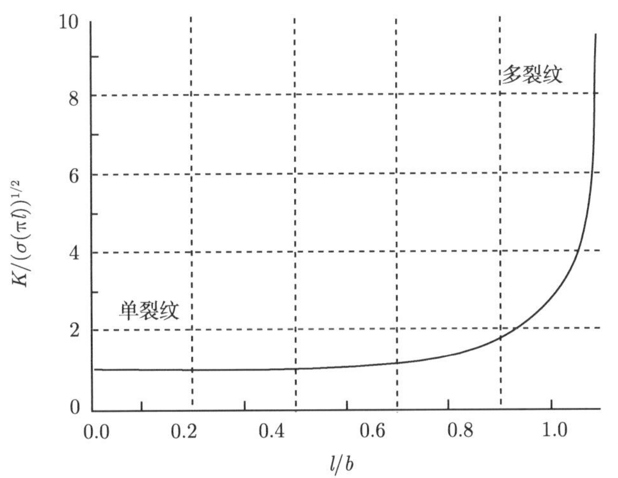

图 3.5　多裂纹与单裂纹的应力强度因子的比较

根据岩石等材料脆性断裂的 K 准则，当应力强度因子 $K_{\mathrm{I}}=K_{\mathrm{Ic}}$ 时，使长为 $2l$ 的裂纹开裂的主应力 σ_1 可由式 (3.6) 及式 (3.17) 联立解得

$$\sigma_1=\frac{\sqrt{b\sin(\pi l/b)}\left[K_{\mathrm{Ic}}+\sigma_2\sqrt{2b\tan(\pi l/2b)}\right]}{\sin\theta\left[c(\sin 2\theta-\mu\cos 2\theta)-\mu/2\right]}+\frac{\sigma_2\left[c(\sin 2\theta-\mu\cos 2\theta)+\mu/2\right]}{c(\sin 2\theta-\mu\cos 2\theta)-\mu/2} \tag{3.18}$$

在自由边界附近，可以近似取 $\sigma_2=0$，则式 (3.18) 可以改写为下式:

$$\sigma_1=\frac{\sqrt{b\sin(\pi l/b)}K_{\mathrm{Ic}}}{\sin\theta\left[c(\sin 2\theta-\mu\cos 2\theta)-\mu/2\right]} \tag{3.19}$$

当岩石中由于主应力作用达到裂纹开裂条件后，由式 (3.19) 可以求解得到岩

石中裂纹扩展的临界长度为

$$l' = \frac{b}{\pi} \arcsin \left\{ \frac{1}{b} \left[\frac{\sigma_1^2 \sin^2 \theta \left[c \left(\sin 2\theta - \mu \cos 2\theta \right) - \mu/2 \right]^2}{K_{\rm Ic}^2} \right] \right\} \tag{3.20}$$

由上式可知，在轴向应力 σ_1 作用下，当 σ_1 达到使裂纹开裂的临界值 σ_{1c} 时，岩石中裂纹尖端的应力达到使裂纹起裂的状态，这时裂纹将稳定扩展，直至扩展到临界长度。由式 (3.20) 可得裂纹临界扩展长度与两裂纹之间距离的关系曲线如图 3.6 所示。当满足裂纹扩展条件后，各裂纹迅速扩展，则同一裂纹面内多裂纹之间就可能扩展至贯通，从而导致岩石的破坏。

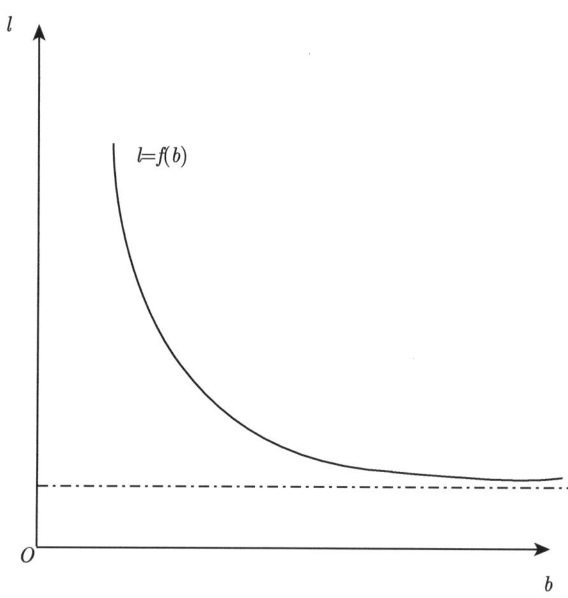

图 3.6　裂纹临界扩展长度与两裂纹之间距离的关系

3.1.3.2　多裂纹相互作用的 Kachanov 法

1) 经典 Kachanov 法

Kachanov 法将裂纹面的张力分为不均匀部分和均匀部分，均布面力和平均面力相等，假设计算裂纹相互作用时只考虑其他裂纹面上均布面力的影响，而忽略高阶不均匀部分面力的影响。这样便大大简化了计算，当物体中裂纹稀松分布的时候，误差便很小。

如图 3.7 所示，考虑无限平面板 x-O-y 中含有 N 个裂纹，裂纹线和 x 轴的夹角为 $a_i(i = 1, 2, 3, \cdots, N)$，远场应力为 σ_x^∞ 和 σ_y^∞。

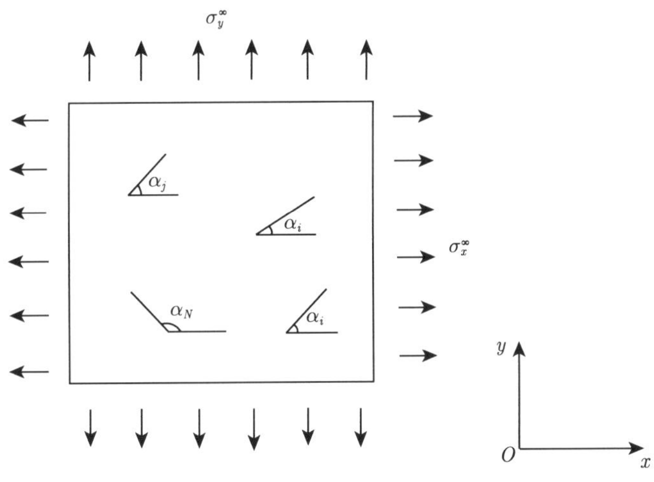

图 3.7 含 N 个裂纹的无限板

远场应力在裂纹线上可分解为法向应力和切向应力，分别为

$$\sigma_{ni} = \frac{1}{2}(\sigma_x^\infty + \sigma_y^\infty) - \frac{1}{2}(\sigma_x^\infty - \sigma_y^\infty)\cos 2a_i \tag{3.21}$$

$$\sigma_{ti} = -\frac{1}{2}(\sigma_x^\infty - \sigma_y^\infty)\sin 2a_i \quad (i = 1, 2, 3, \cdots, N) \tag{3.22}$$

式中，σ_{ni} 为法向应力；σ_{ti} 为切向应力；a_i 为第 i 个裂纹与 x 轴的夹角。

这样，等效问题中裂纹面上的伪面力 P_i^∞ 可以表示为

$$P_i^\infty = \begin{Bmatrix} -\sigma_{ni}^\infty \\ -\sigma_{ti}^\infty \end{Bmatrix} = \begin{bmatrix} -\frac{1}{2}(1-\cos 2a_i) & -\frac{1}{2}(1+\cos 2a_i) \\ \frac{1}{2}\sin 2a_i & -\frac{1}{2}\sin 2a_i \end{bmatrix} \begin{Bmatrix} \sigma_x^\infty \\ \sigma_y^\infty \end{Bmatrix} \quad (i = 1, 2, 3, \cdots, N) \tag{3.23}$$

上面的问题可分成 N 个子问题，第 i 个子问题只含一个裂纹——i 裂纹，该裂纹面上的面力可以假定为远场的应力引起面力 P_i^∞ 和由于其他 $N-1$ 个裂纹存在而导致出现的面力，即裂纹之间相互的作用引起面力：

$$P_i(\xi_i)\begin{Bmatrix} \sigma_{ni}(\xi_i) \\ \sigma_{ti}(\xi_i) \end{Bmatrix} = P_i^\infty + \sum_{j=1, j\neq i}^{N} \Delta P_{ij}(\xi_i) \quad (i = 1, 2, 3, \cdots, N) \tag{3.24}$$

式中，ΔP_{ij}（$i, j = 1, 2, \cdots, N; i \neq j$）为第 j 个裂纹在第 i 个裂纹面上引发的附加面力；ξ_i 为固定在第 i 个裂纹面上的局部坐标值 (原点处在裂纹线的中点)。

Kachanov 首先假设附加面力只由其他裂纹面上的平均应力引起，得

$$\Delta P_{ij}(\xi_i)=\left\{\begin{array}{c}\Delta\sigma_{ni}(\xi_i)\\ \Delta\sigma_{ti}(\xi_i)\end{array}\right\}=\left[\begin{array}{cc}f_{ij}^{nn} & f_{ij}^{nl}\\ f_{ij}^{tn} & f_{ij}^{tl}\end{array}\right]\left\{\begin{array}{c}\langle\sigma_{nj}(\xi_j)\rangle\\ \langle\sigma_{tj}(\xi_j)\rangle\end{array}\right\}\quad(i,j=1,2,\cdots,N;i\neq j) \tag{3.25}$$

式中，$\Delta\sigma_{ni}(\xi_i)$ 和 $\Delta\sigma_{ti}(\xi_i)$ 分别为因为相互作用而引起的第 i 个裂纹面上的法向、切向面力的附加值；$\langle\sigma_{nj}(\xi_i)\rangle$ 和 $\langle\sigma_{ti}(\xi_i)\rangle$ 为第 i 个裂纹面上法向面力、切向面力；$f_{ij}^{kl}(k,l=n,t)$ 为相互作用的系数，是 ξ_i 的函数。

对式 (3.25) 两边求平均，有

$$\langle P_i(\xi_i)\rangle=\left\{\begin{array}{c}\langle\sigma_{ni}(\xi_i)\rangle\\ \langle\sigma_{ti}(\xi_i)\rangle\end{array}\right\}=\left\{\begin{array}{c}-\sigma_{ni}^{\infty}\\ -\sigma_{ti}^{\infty}\end{array}\right\}+\sum_{j=1,j\neq i}^{N}\left[\begin{array}{cc}\wedge_{ij}^{nn} & \wedge_{ij}^{nl}\\ \wedge_{ij}^{tn} & \wedge_{ij}^{tl}\end{array}\right]\left\{\begin{array}{c}\langle\sigma_{nj}(\xi_j)\rangle\\ \langle\sigma_{tj}(\xi_j)\rangle\end{array}\right\} \tag{3.26}$$

上式中的相互作用因子 $\wedge_{ij}^{kl}(i,j=1,2,\cdots,N;j\neq i;k,l=n,t)$ 是其他裂纹面上的单位面力引起的平均面力，对每一个子问题都可以建立上述方程，这样可以得到以平均面力为未知变量的 $2N$ 个方程，求解该线性组，可以得到单个裂纹的平均面力，然后利用式 (3.23) 可以求出 ΔP_{ij}，再代入式 (3.22) 便可以求出每一个裂纹面上的法向面力和切向面力。

2) 裂纹相互影响因子的确定

弹性力学中的复变函数方法认为[1]，平面内任意一点的位移以及应力均可用两个复应力函数 $\phi(z)$，$\Omega(z)$ 以及它们的导数表示：

$$\sigma_{zz}+\sigma_{xx}=4\mathrm{Re}\phi(z) \tag{3.27}$$

$$\sigma_{yy}-\mathrm{i}\tau_{xy}=\phi(z)+\Omega(\overline{z})+(z-\overline{z})\overline{\phi'(z)} \tag{3.28}$$

在裂纹上的一点 $(\xi_j，0)$ 处作用的两对集中力，应力函数 $\phi(z)$，$\Omega(z)$ 可以用下式表示：

$$\phi(z)=\Omega(z)=-\frac{P-\mathrm{i}Q}{2\pi\mathrm{i}}\frac{X(\xi_j)}{X(z)(z-\xi_j)} \tag{3.29}$$

式中，$X(z)=\sqrt{z^2-a_j^2}$。

根据弹性理论[1]，式 (3.29) 中的应力函数可以满足平衡方程以及位移单值的条件，z 处的正应力、剪应力可以求得

$$\begin{aligned}\sigma_{y'y'}-\mathrm{i}\tau_{x'y'}=&-\frac{P-\mathrm{i}Q}{2\pi\mathrm{i}}X(\xi_j)\left[G(z)+\mathrm{e}^{-2\mathrm{i}a_\mathrm{i}}\overline{G(z)}\right]\\&-\frac{P-\mathrm{i}Q}{2\pi\mathrm{i}}X(\xi_j)\left[\overline{G(z)}(1-\mathrm{e}^{-2\mathrm{i}a_\mathrm{i}})+\mathrm{e}^{-2\mathrm{i}a}(z-\overline{z})\overline{G'(z)}\right]\end{aligned} \tag{3.30}$$

式中，$G(z)=\dfrac{1}{X(z)(z-\xi_j)}$；$G'(z)=\dfrac{a_j^2+\xi_j z-2z^2}{(z-s)^2\left[X(z)\right]^3}$。

下面考虑两类特殊的情形。

首先，$P=1$ 和 $Q=1$，这时候相应的正应力、剪应力表述为

$$\sigma_{y'y'}-\mathrm{i}\tau_{x'y'}=\overline{f}_{ij}^{nn}-\mathrm{i}\overline{f}_{ij}^{nl}=\frac{\sqrt{a_j^2-\xi_j^2}}{2\pi}\left[G(z)+\overline{G(z)}+\mathrm{e}^{-2\mathrm{i}a_i}(z-\overline{z})\overline{G'(z)}\right] \tag{3.31}$$

上式中，$\overline{f}_{ij}^{nn}$ 和 $\overline{f}_{ij}^{nl}$ 中第一个上标 n 可以表示为该应力是由一对法向力而引起的，第二个上标则表示此应力是关于 $o'x'$ 轴的法向应力 (n) 和切向应力 (t)。

考虑另外一种情况。$P=0$ 和 $Q=1$，相对应的正应力、剪应力为

$$\sigma_{y'y'}-\mathrm{i}\tau_{x'y'}=\overline{f}_{ij}^{nn}-\mathrm{i}\overline{f}_{ij}^{nl}=-\frac{\sqrt{a_j^2-\xi_j^2}}{2\pi\mathrm{i}}\left[\overline{G(z)}(1-2\mathrm{e}^{2\mathrm{i}a_i})-G(z)+\mathrm{e}^{-2\mathrm{i}a_i}(z-\overline{z})\overline{G'(z)}\right] \tag{3.32}$$

同样，第一个上标 t 为此应力是由一对切向力引起的，此时利用沿裂纹线积分求其相互影响因子：

$$f_{ij}^{nn}-\mathrm{i}f_{ij}^{nl}=\int_{-a_j}^{a_j}(\overline{f}_{ij}^{nn}-\mathrm{i}\overline{f}_{ij}^{nl})\mathrm{d}\xi_j \tag{3.33}$$

$$f_{ij}^{tn}-\mathrm{i}f_{ij}^{tl}=\int_{-a_j}^{a_j}(\overline{f}_{ij}^{tn}-\mathrm{i}\overline{f}_{ij}^{tl})\mathrm{d}\xi_j \tag{3.34}$$

$$\wedge_{ij}^{kl}=\frac{1}{2a_i}\int_{-a_i}^{a_i}f_{ij}^{kl}\mathrm{d}\xi_i\quad(k,l=n,l) \tag{3.35}$$

$$\widehat{f}_{ij}^{nn}-\mathrm{i}\widehat{f}_{ij}^{n}=\int_{-a_j}^{a_j}(\widehat{f}_{ij}^{nn}-\mathrm{i}\widehat{f}_{ij}^{tl})(1+T_{nj}\xi_j)\mathrm{d}\xi_j \tag{3.36}$$

$$\widehat{f}_{ij}^{tn}-\mathrm{i}\widehat{f}_{ij}^{tl}=\int_{-a_j}^{a_j}(\widehat{f}_{ij}^{tn}-\mathrm{i}\widehat{f}_{ij}{}^{tl})(1+T_{tj}\xi_j)\mathrm{d}\xi_j \tag{3.37}$$

$$\widehat{\wedge}_{ij}^{kl}=\frac{1}{2a_i}\int_{-a_i}^{a_i}\widehat{f}_{ij}^{kl}\mathrm{d}\xi_i\quad(k,l=n,t) \tag{3.38}$$

对于简单的问题，比如两个共线的平行裂纹，可以得到影响因子的显式结果，但是对较复杂的情形，则只能得到数值积分的结果。

3.1.3.3 多裂纹岩石中压剪裂纹相互作用分析

这里结合莫尔–库仑定律将 Kachanov 方法运用到计算裂纹的相互作用上来，并验证其有效性。

如图 3.8(a) 所示，压剪应力场中有两裂纹，其裂纹面上的面力为 τ_{xyi}、σ_{yi}，下标 i 取 1 和 2 时表示裂纹 1 和裂纹 2，假设裂纹在压剪应力作用下发生滑动，且面力满足莫尔–库仑定律：

$$\tau_{xyi} = \mp(\tau_c - \mu\sigma_{yi}) \tag{3.39}$$

式中，τ_c 和 μ 分别为黏阻和裂纹面的摩擦系数，若 $0 < \varphi < \pi/2$，则式 (3.39) 取负号，若 $\pi/2 < \varphi < \pi$，上式取正号，这里假设 $0 < \varphi < \pi/2$，这也等效于图 3.8(b) 所示的问题，裂纹 i 的裂纹面上分别受切向面力 $\tau_{xyi} - \tau_{xyi}^{\infty}$ 和法向面力 $\sigma_{xyi} - \sigma_{yi}^{\infty}$ 的作用，其中，σ_{xyi}^{∞}、σ_{yi}^{∞} 为连续体中远场应力在裂纹面处的分量，且

$$\tau_{xyi}^{\infty} = \frac{1}{2}(\sigma_1 - \sigma_2)\sin 2\varphi_i \tag{3.40}$$

$$\sigma_{yi}^{\infty} = \frac{1}{2}(\sigma_1 + \sigma_2) + \frac{1}{2}(\sigma_1 - \sigma_2)\cos 2\varphi_i \quad (i = 1, 2) \tag{3.41}$$

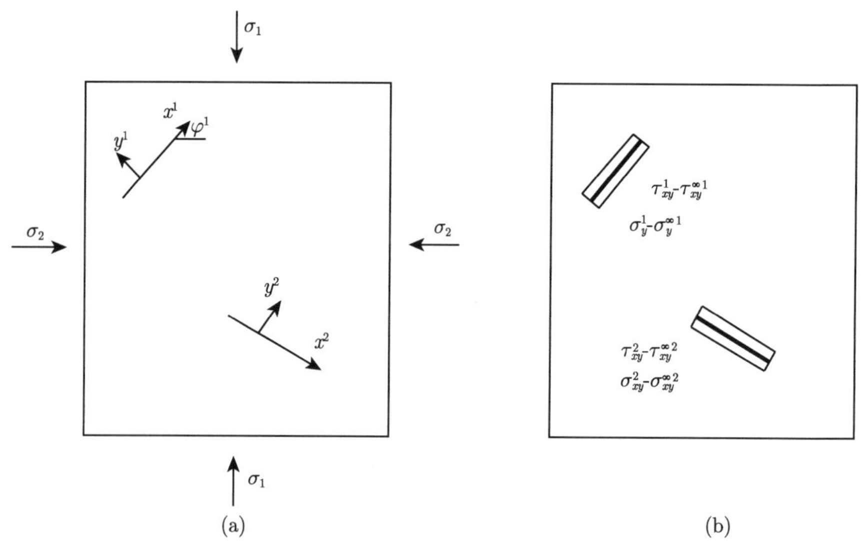

图 3.8　无限板中的两压剪裂纹

此问题又可以分解为两个子问题，每个子问题只含有一个受到未知面力 τ_{xyi}^*、σ_{yi}^* 的裂纹，可表示为

$$\tau_{xyi}^* = (\tau_{xyi} - \tau_{xyi}^{\infty}) - \Delta\tau_{xyi} \tag{3.42}$$

$$\sigma_{yi}^* = (\sigma_{yi} - \sigma_{yi}^{\infty}) - \Delta\sigma_{yi} \tag{3.43}$$

式中，$\Delta\tau_{xyi}$，$\Delta\sigma_{yi}(i{=}1，2)$ 为相互影响项。

对于闭合的滑动裂纹，有 $\sigma_{yi}^{*}=0$，则由式 (3.42) 可得

$$\tau_{xyi}^{*}=-\tau_{\mathrm{c}}+\mu\sigma_{yi}^{\infty}-\tau_{xyi}^{\infty}+\mu\Delta\sigma_{yi}-\Delta\tau_{xyi} \tag{3.44}$$

由 Kachanov 计算可得线性方程组：

$$(\delta_{ij}-\mu\wedge_{ij}^{12}+\wedge_{ij}^{22})\left\langle\tau_{xyi}^{*}\right\rangle=-\tau_{\mathrm{c}}+\mu\sigma_{yj}^{\infty}-\tau_{xyi}^{\infty}\quad(i,j=1,2) \tag{3.45}$$

式中，$\left\langle\tau_{xyi}^{*}\right\rangle$ 为裂纹面上的平均伪剪应力；$\wedge_{ij}^{mn}$ 为相互影响因子，其中，$\mu\wedge_{ij}^{12}$ 项为此裂纹对另一裂纹面的摩擦力影响项，平均伪剪应力 $\left\langle\tau_{xyi}^{*}\right\rangle$ 得到后，便得到了线性分布的面力。然后可由此面力引起的标准应力场来计算相互影响项 $\Delta\tau_{xyi}$，$\Delta\sigma_{yi}$，求出剪应力 τ_{xyi}^{*}，裂纹尖端的Ⅱ型应力强度因子便可由下式计算：

$$K_{\mathrm{II}}(\pm a_i)=\frac{1}{\sqrt{\pi a_i}}\int_{-a_i}^{a_i}\sqrt{\frac{a_i\pm\xi_i}{a_i\mp\xi_i}}(-\tau_{xyi}^{*})\mathrm{d}\xi_i\quad(i=1,2) \tag{3.46}$$

式中，a_i 为裂纹 i 的半长。

3.2 复杂环境下岩体的破坏过程分析

岩体受各种水化学环境如酸雨、被周围环境因素污染的地表水和地下水等的腐蚀破坏现象已越来越多。岩体受水化学溶液腐蚀溶解后，由于水–岩相互作用减弱了岩石矿物颗粒之间的联结，导致颗粒晶格变化从而使岩石的物理力学性质发生变异，同时水化学溶液通过腐蚀岩石并带走溶蚀物质，使岩石的性状变差，从而引发工程事故，产生了岩土类工程的长期稳定性威胁。由于化学溶液广泛地存在于岩体工程中，因此，对岩石破裂过程的化学腐蚀损伤机理和分析的方法研究，掌握不同种类化学溶液引起岩石腐蚀破坏的机理、规律，裂隙的形成和裂隙的发展速度，化学环境影响下裂隙岩石的断裂准则，在岩体工程研究中意义重大。这里主要基于化学腐蚀的复杂环境，研究裂纹岩体的断裂机理。

3.2.1 化学腐蚀环境下岩石的损伤研究

岩石的物理力学性质主要取决于岩石所含矿物成分和矿物颗粒间的联结，以及存在于岩石内部的微小裂纹。外观相对完整的岩石从细微观方面看也存在许多结构面，即岩石内部存在许多微裂隙等缺陷。而水化学腐蚀对岩石的损伤[18,19]，可以导致岩石颗粒骨架部分性质地劣化损伤和空隙地进一步扩大，从而引起岩石物理力学性质的改变，反映在岩石物理力学参数上则为弹性模量的下降和空隙的增大。本节从弹性模量降低这方面来考虑，引入损伤变量，建立化学腐蚀条件下岩石的破坏准则。

3.2.1.1 自然条件下岩石的损伤变量 D

根据应变等效公式得

$$\varepsilon_{\mathrm{e}} = \frac{\tilde{\sigma}}{E} = \frac{\sigma}{E(1-D)} \tag{3.47}$$

式中，ε_{e} 为弹性应变；$\tilde{\sigma}$ 为有效应力；E 为弹性模量；D 为损伤变量；σ 为应力。

当岩石受到的实际荷载超过弹性极限的时候，就会发生一部分不可逆的变形，这时候应变 ε 包含不可逆变形 ε_{p} 和可逆变形 ε_{e} 两个部分。

正常环境荷载作用下的岩石应力应变本构方程为

$$\sigma = E\varepsilon \tag{3.48}$$

假设岩石由于荷载施加产生岩石内部损伤，而引入损伤变量 D，且 D 为小于 1 的百分量，由等效应变假设，可以得到正常环境下岩石应力应变本构方程为

$$\sigma = (1-D)E\varepsilon \tag{3.49}$$

式中，D 表示正常环境荷载作用下岩石的损伤变量；E 表示岩石的弹性模量；ε 表示弹性应变；σ 表示应力。

由式 (3.49) 变换得

$$D = 1 - \sigma/E\varepsilon = (E - \sigma/\varepsilon)/E = (E - E_{\mathrm{s}})/E \tag{3.50}$$

式中，$E_{\mathrm{s}} = \sigma/\varepsilon$ 为割线模量，表示试件超过弹性极限时，弹性模量降低的程度。

根据文献 [20]的试验结果可以将荷载作用下岩石的损伤变量 D 的演化方程表示为

$$D = \exp\left[a + b\exp(-\varepsilon)\right] \tag{3.51}$$

式中，a、b 为材料参数，由试验决定。

式 (3.51) 中所含参数由下述方法确定。

当 $\varepsilon = \varepsilon_{\mathrm{p}}$ 时，由式 (3.51) 得

$$D_{\mathrm{p}} = 1 - \sigma_{\mathrm{p}}/E\varepsilon_{\mathrm{p}} \tag{3.52}$$

当 $\varepsilon = \varepsilon_{\mathrm{r}}$ 时，由式 (3.51) 得

$$D_{\mathrm{r}} = 1 - \sigma_{\mathrm{r}}/E\varepsilon_{\mathrm{r}} \tag{3.53}$$

式中，ε_{p}、σ_{p} 和 ε_{r}、σ_{r} 分别表示经过压轴试验后岩石试件的峰值应变、峰值强度和残余应变、残余强度。

将 D_{p}、ε_{p} 和 D_{r}、ε_{r} 代入式 (3.51) 就可以得到损伤变量 D 的表达式。

3.2.1.2 化学腐蚀作用下岩石的损伤变量 D'

式 (3.47)~式 (3.53) 中的损伤变量是荷载作用引起的材料损伤，同理，在化学溶液浸泡后，岩石已经产生了化学腐蚀损伤。通常所讲的损伤是指材料受到荷载或者其他因素的作用产生微裂隙和空洞等从而使材料性质发生劣化，但是基体的性质不发生变化。而当岩石受到化学溶液的腐蚀后，不仅其空隙变大，同时，岩石矿物颗粒与化学溶液发生化学反应，导致岩石矿物的成分、胶结物的成分等发生一些变化，也就是基体材料的性质发生变化，从而导致弹性模量的降低，因此，受腐蚀后的岩石的应力应变可以用弹性模量的损伤来解释。

结合式 (3.49) 可得化学腐蚀作用下岩石的本构方程为

$$\sigma=(1-D)E'\varepsilon=(1-D)(1-D_0')E\varepsilon \tag{3.54}$$

式中，D 为正常环境荷载作用下试件的损伤变量；D_0' 为化学腐蚀环境下试件的损伤变量；E 为岩石的弹性模量；E' 为化学腐蚀下试件的弹性模量；ε 为弹性应变；σ 为应力。

根据式 (3.51) 得荷载作用和化学腐蚀作用共同作用下岩石的损伤变量演化方程为

$$D'=\exp\left[a'+b'\exp(-\varepsilon)\right] \tag{3.55}$$

式中，a'、b' 为材料参数，由试验决定。

由式 (3.54) 可得

$$D'=1-\frac{\sigma'}{E'\varepsilon}=\frac{E'-\sigma'/\varepsilon}{E'}=\frac{E'-E_s'}{E'} \tag{3.56}$$

式中，E_{s}' 为化学腐蚀作用下岩石的割线模量。

式 (3.55) 中所含参数由下述方法确定。

当 $\varepsilon=\varepsilon_{\mathrm{p}}'$ 时，由式 (3.56) 得

$$D_{\mathrm{p}}'=1-\sigma_{\mathrm{p}}'/E'\varepsilon_{\mathrm{p}}' \tag{3.57}$$

当 $\varepsilon=\varepsilon_{\mathrm{r}}'$ 时，由式 (3.56) 得

$$D_{\mathrm{r}}'=1-\sigma_{\mathrm{r}}'/E'\varepsilon_{\mathrm{r}}' \tag{3.58}$$

式中，$\varepsilon_{\mathrm{p}}'$、$\sigma_{\mathrm{p}}'$ 和 $\varepsilon_{\mathrm{r}}'$、$\sigma_{\mathrm{r}}'$ 分别为在化学腐蚀作用下压轴试验后岩石试件的峰值应变、峰值强度、残余应变和残余强度。

根据文献[20]提出的受化学腐蚀作用后岩石试件在外部荷载作用下变形破裂损伤变量方程得

$$D_0'=-\exp\left[a+b\exp\left[\mathrm{pH}\right]+c\exp\left[-\mathrm{pH}\right]\right]+0.8032 \tag{3.59}$$

式中，a、b、c 为材料参数，由试验决定；pH 为化学溶液的酸碱度；D_0' 为由于化学腐蚀作用引起的材料性质的劣化程度，是在荷载施加前已经存在的，与外部荷载无关。

式 (3.59) 主要是考虑了化学腐蚀作用对弹性模量的影响，实际上，在化学腐蚀环境下，对岩石的溶解、腐蚀等作用，也会引起岩石内部空隙的增加，此外也还有很多其他因素。综合各种因素，为了更完善地表达岩石在化学腐蚀作用下的应力应变状态，根据主要变量和次要变量的一般倍数关系，引入一个合理的修正系数 1.05，得出受化学腐蚀后岩石在外部荷载作用下的变形破裂损伤变量方程：

$$D_0' = -1.05\exp\left[a + b\exp\left[\mathrm{pH}\right] + c\exp\left[-\mathrm{pH}\right]\right] + 0.8434 \tag{3.60}$$

3.2.1.3 弹性模量的损伤变量 D_0' 与化学腐蚀后的弹性模量 E'

由于化学溶液的腐蚀作用，岩石的岩性将发生变化，其主要表现为弹性模量的变化。岩石经过化学腐蚀作用，导致孔隙率减小，弹性波速增加，但弹性波速的增加并不意味着弹性模量一定增加，它还与岩石矿物成分、化学溶液成分、温度等有关系。下面从 pH 的角度探讨损伤变量与弹性模量之间的关系。

根据文献[20]提出的受化学腐蚀后岩石在外部荷载作用下的变形破裂损伤变量方程得

$$D_0' = -\exp\left[a + b\exp\left[\mathrm{pH}\right] + c\exp\left[-\mathrm{pH}\right]\right] + 0.8032 \tag{3.61}$$

$$E' = (1 - D_0')E = \left\{1 + \exp\left[a + b\exp\left[\mathrm{pH}\right] + c\exp\left[-\mathrm{pH}\right]\right] - 0.8032\right\}E \tag{3.62}$$

对于 0.01mol/L 的 NaCl 溶液，不同 pH 化学腐蚀条件下的岩石试件，式 (3.61) 及式 (3.62) 中的参数为

$$\begin{aligned} a &= -0.570958 \\ b &= -4.6966 \times 10^{-6} \\ c &= -0.7188.2 \end{aligned} \tag{3.63}$$

对于 0.01mol/L 的 $CaCl_2$ 溶液，不同 pH 化学腐蚀条件下的岩石试件，式 (3.61) 及式 (3.62) 中的参数为

$$\begin{aligned} a &= -1.0974 \\ b &= -1.67981 \times 10^{-6} \\ c &= -2.04931 \end{aligned} \tag{3.64}$$

3.2.2 化学腐蚀环境下多裂纹岩体破坏的断裂准则研究

从 3.2.1 节的研究可以看出，化学溶液对岩石的腐蚀作用主要体现在弹性模量的变化，而当考虑岩石内部的裂纹时，则体现在裂纹长度的增加和断裂应力的减

小。本节从这一主要因素出发，将岩石断裂因子做折减，引入损伤变量 D 来评价岩石断裂应力的改变，并建立化学腐蚀环境下多裂纹岩体的断裂准则。

3.2.2.1 自然条件下岩石裂纹强度因子计算

根据断裂力学的假设条件，设岩体双向无限长，且远场最大的压力和最小的压力分别为垂直方向的压力和水平方向的压力，且裂纹长度为 $2a$，且与最大主应力 σ 的夹角为 β，由断裂力学可得[21]，作用在岩体内部裂纹面上的正应力和剪应力分别为

$$\sigma=\frac{1}{2}\left[(\sigma_1+\sigma_3)-(\sigma_1-\sigma_3)\cos 2\beta\right] \tag{3.65}$$

$$\tau=\frac{1}{2}\left\{(\sigma_1-\sigma_2)\sin 2\beta-\mu\left[(\sigma_1+\sigma_2)+(\sigma_1-\sigma_2)\cos 2\beta\right]\right\} \tag{3.66}$$

没有受到化学腐蚀的岩石，根据线弹性断裂力学[21]，Ⅰ型、Ⅱ型应力强度因子及断裂韧度为

$$K_{\mathrm{I}}=\sigma\sqrt{\pi a};\quad K_{\mathrm{I}\,\mathrm{c}}=\sigma_{\mathrm{c}}\sqrt{\pi a} \tag{3.67}$$

$$K_{\mathrm{II}}=\tau\sqrt{\pi a};\quad K_{\mathrm{II}\,\mathrm{c}}=\tau_{\mathrm{c}}\sqrt{\pi a} \tag{3.68}$$

式中，K_{I}、$K_{\mathrm{I}\,\mathrm{c}}$ 分别为Ⅰ型裂纹的裂纹应力强度因子和断裂韧性；K_{II}、$K_{\mathrm{II}\,\mathrm{c}}$ 分别为Ⅱ型裂纹的裂纹应力强度因子和断裂韧性；a、σ_{c} 分别为裂纹的长度及材料的断裂应力。

压剪条件下初始时刻，Ⅰ型、Ⅱ型裂纹起裂应力强度因子为

$$K_{\mathrm{I}}=\frac{\sqrt{\pi a}}{2}\left[(\sigma_1+\sigma_2)-(\sigma_1-\sigma_2)\cos 2\beta\right] \tag{3.69}$$

$$K_{\mathrm{II}}=\frac{\sqrt{\pi a}}{2}\left\{(\sigma_1-\sigma_2)\sin 2\beta-\mu\left[(\sigma_1+\sigma_2)+(\sigma_1-\sigma_2)\cos 2\beta\right]\right\} \tag{3.70}$$

同理，根据 Horii 和 Nemat-Nasser 的复变函数解析方法[13]，分析翼裂纹后续扩展的应力强度因子公式为

$$\left\{\begin{aligned} K_{\mathrm{I}}&=\frac{2a\tau_{\mathrm{eff}}\sin\theta}{\sqrt{\pi\left(l+l^{*}\right)}}-\sigma_n'\sqrt{\pi l}\\ K_{\mathrm{II}}&=\frac{2a\tau_{\mathrm{eff}}\sin\theta}{\sqrt{\pi\left(l+l^{*}\right)}}-\tau_n'\sqrt{\pi l}\end{aligned}\right. \tag{3.71}$$

3.2.2.2 化学腐蚀环境下岩石裂纹强度因子计算

多裂纹岩石的裂纹强度因子决定了内部裂纹的起裂时间和方向，而化学溶液对岩石腐蚀导致裂纹长度增加和断裂应力地减小，体现为裂纹断裂韧性降低，这里

为了简化计算，对裂纹长度和断裂应力引入相同损伤变量 D，得 I 型、II 型裂纹的应力强度因子和断裂韧性为

$$K_{\mathrm{I}} = \sigma\sqrt{\pi a(1+D)};\quad K_{\mathrm{Ic}} = \sigma_{\mathrm{c}}(1-D)\sqrt{\pi a} \tag{3.72}$$

$$K_{\mathrm{II}} = \tau\sqrt{\pi a(1+D)};\quad K_{\mathrm{IIc}} = \tau_{\mathrm{c}}(1-D)\sqrt{\pi a} \tag{3.73}$$

则化学作用下压剪 I 型、II 型裂纹起裂应力强度因子为

$$K_{\mathrm{I}} = \frac{\sqrt{\sigma a(1+D)}}{2}\left[(\sigma_1+\sigma_2)-(\sigma_1-\sigma_2)\cos 2\beta\right] \tag{3.74}$$

$$K_{\mathrm{II}} = \frac{\sqrt{\sigma a(1+D)}}{2}\left\{(\sigma_1-\sigma_2)\sin 2\beta-\mu\left[(\sigma_1+\sigma_2)+(\sigma_1-\sigma_2)\cos 2\beta\right]\right\} \tag{3.75}$$

化学作用下压剪 I 型、II 型裂纹扩展应力强度因子为

$$\begin{cases} K_{\mathrm{I}} = \dfrac{2a(1+D)\tau_{\mathrm{eff}}\sin\theta}{\sqrt{\pi\,(l+l^{*})}} - \sigma_n'\sqrt{\pi l} \\ K_{\mathrm{II}} = \dfrac{2(1+D)\tau_{\mathrm{eff}}\sin\theta}{\sqrt{\pi\,(l+l^{*})}} - \tau_n'\sqrt{\pi l} \end{cases} \tag{3.76}$$

当 K_{I} 增大为使岩石断裂时的临界应力强度因子 (即断裂韧度) 时有

$$K_{\mathrm{I}} = K_{\mathrm{Ic}} \tag{3.77}$$

由式 (2.75) 得

$$\sigma\sqrt{1+D}\sqrt{\pi a}/(1-D) = \sigma_{\mathrm{c}}\sqrt{\pi a} \tag{3.78}$$

由式 (2.75) 可得该式左边刚好为断裂韧性，即

$$K_{\mathrm{Ic}} = \sigma\sqrt{1+D}\sqrt{\pi a}/(1-D) \tag{3.79}$$

同理，

$$K_{\mathrm{IIc}} = \tau\sqrt{1+D}\sqrt{\pi a}/(1-D) \tag{3.80}$$

将 K_{I}、K_{Ic}、K_{II} 替代式 (2.75) 中的相关量，便得到了化学作用下多裂纹岩石的断裂准则。通过上述推导可以看出，在裂纹应力强度因子和断裂韧性里引入损伤变量 D，可以在处理岩石断裂问题中仍用原来的公式和参数，并使得在研究化学腐蚀作用时的公式得到简化。

3.2.3 化学腐蚀环境下多裂纹岩体破裂的试验验证

3.2.3.1 化学腐蚀环境下多裂纹岩体压缩破裂试验

由于在现场对岩体进行断裂破坏研究的难度非常大，耗时也非常长，因此一般选择在室内对预制裂纹岩体进行压缩试验。这里通过一个化学腐蚀环境下预制裂纹岩体试件断裂破坏的试验，分析化学腐蚀环境下灰岩和砂岩试件的破坏过程，并与 3.2.2 节中推导的化学腐蚀环境下岩石断裂破坏准则的理论结果相比较，验证理论研究的结果，为岩石破坏机理研究奠定基础。

1) 多裂纹岩体断裂破坏试验概况

试验采用湖北某边坡工程的砂岩和灰岩进行研究，灰岩弹性模量 E 为 2.8×10^4MPa，泊松比 μ 为 0.25；砂岩弹性模量 E 为 3.5×10^4MPa，泊松比 μ 为 0.15；化学溶液为 0.01mol/L 的 NaCl 溶液，溶液 pH 分别配置为 2、7、12 三种。

试件加工成长度和宽度约 50mm，高度约 100mm 的正方体标准试件，并在试件内部设置切割穿透预制裂纹，从上至下依次为 1 号裂纹：倾角 45°；2 号裂纹：倾角 45°；3 号裂纹：倾角 105°，裂纹长度均为 10mm，裂纹之间的距离为 20mm，岩石试件平面图及立体图如图 3.9 所示。

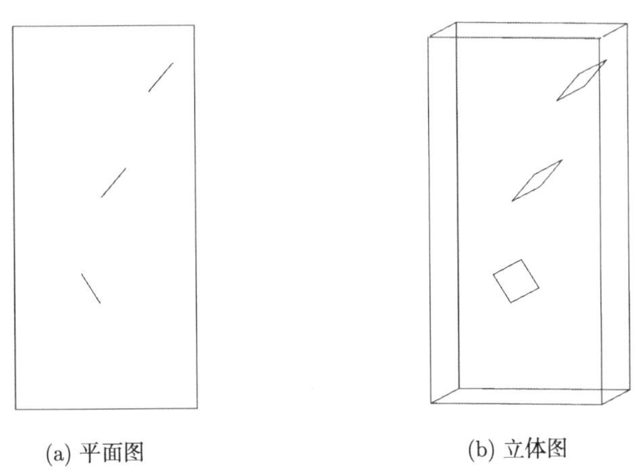

(a) 平面图 (b) 立体图

图 3.9 预制裂纹岩石试件

主要试验方法为：分别取砂岩和灰岩各一组，每组 5 个岩样，各自放在溶液中浸泡约 28 天，当浸泡时间满足要求后，取出试件放入压力盒中，然后注入溶液。再采用压力盒进行压缩试验，做出岩石破坏过程曲线图和声发射关系曲线图。

2) 多裂纹岩体断裂破坏试验结果分析

应力–应变曲线取砂岩、灰岩各组试样中典型的一条，并将不同 pH 组破坏曲线重合到一张图中作对比，如图 3.10 及图 3.11 所示。具体试验结果汇总见表 3.1。为了进行比较，试验中也比较了无化学腐蚀环境下岩样的试验结果。

表 3.1　单轴压缩试验计算结果表

化学溶液类型	砂岩		灰岩	
	峰值强度/MPa	弹性模量/GPa	峰值强度/MPa	弹性模量/GPa
干燥试件	7.259	1.224	5.013	0.782
pH=2	1.513	0.173	0.552	0.112
pH=7	3.689	0.886	3.286	0.552
pH=12	3.168	0.335	0.863	0.211

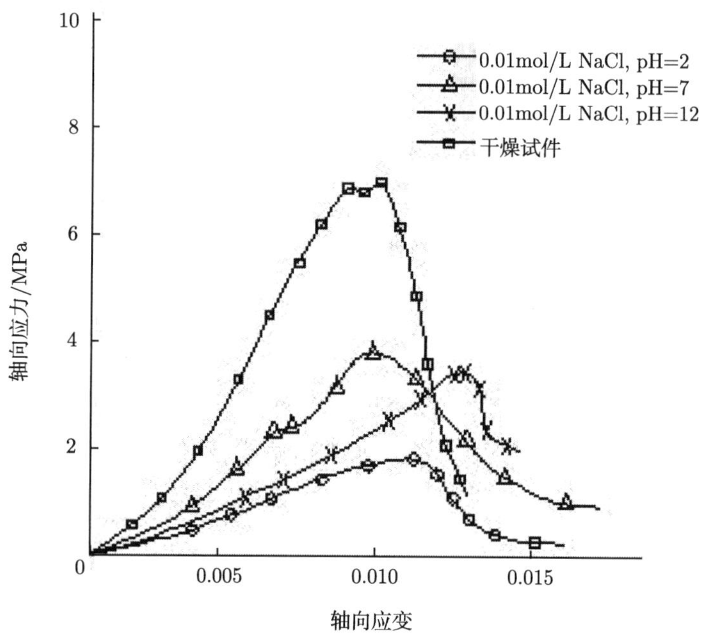

图 3.10　受化学腐蚀砂岩断裂破坏应力应变曲线图

由以上结果可以发现，化学腐蚀对裂隙岩样的力学性质有较大的影响，使其弹性模量和强度显著降低。其中，pH 为 2 的溶液影响最为严重。

因此，这里以 pH=2 时的一组受化学腐蚀灰岩试件和一组受化学腐蚀砂岩试件为例，研究岩样的断裂破坏过程。试验得到的断裂破坏过程如图 3.12 及图 3.13 所示。

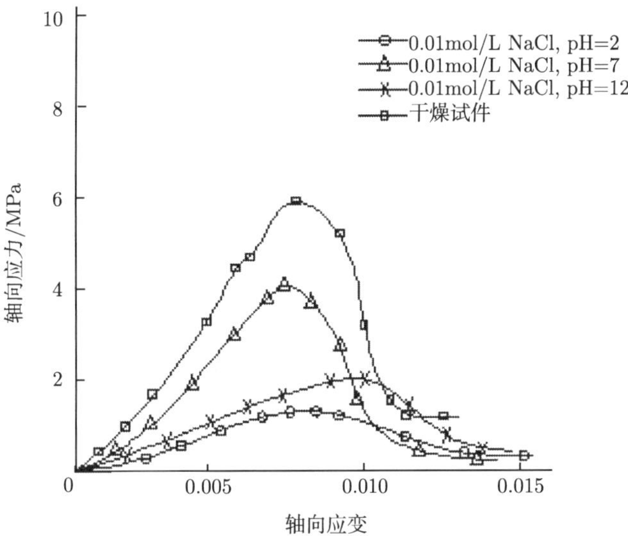

图 3.11 受化学腐蚀灰岩断裂破坏应力应变曲线图

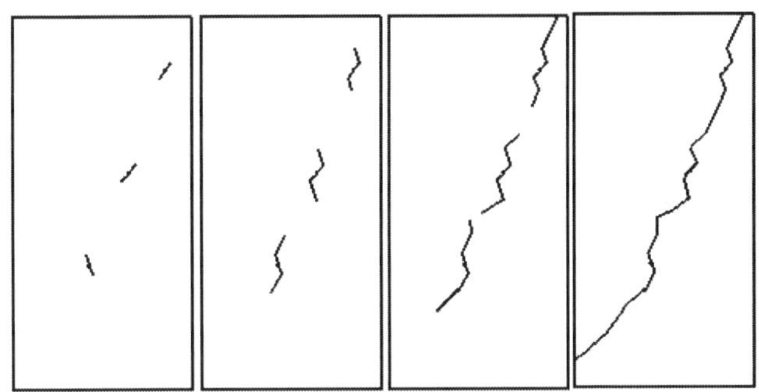

图 3.12 pH=2 时受化学腐蚀砂岩断裂破坏裂纹扩展图

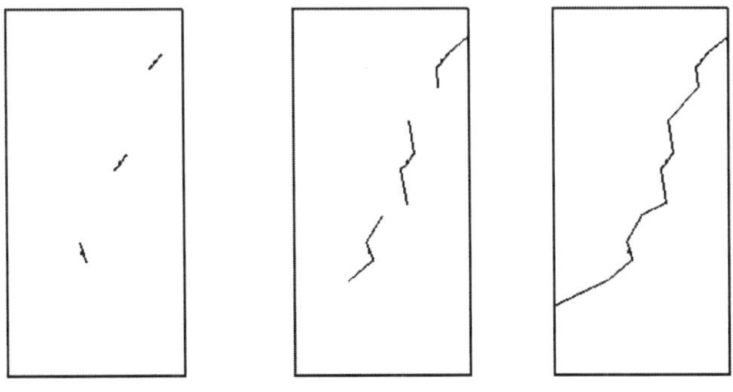

图 3.13 pH=2 时受化学腐蚀灰岩断裂破坏裂纹扩展图

试验中通过声发射定位描述岩石试件中裂纹的扩展过程，结果如图 3.14 及图 3.15 所示。

从图 3.14 灰岩的声发射定位结果图可以看出，当达到峰值应力的 20%左右时，岩样内部声发射定位事件非常少且零星分布在岩石试件中，这一阶段主要是由于原有裂纹、缺陷等被压缩引起的；而当加载到峰值应力的 30%～50%时，初始裂纹开始扩展，声发射试件开始在裂纹尖端小的区域中集中；当加载到峰值应力的 60%～80%时，岩石试件中的声发射事件越来越集中，且按一定的轨迹分布；继续加载至峰值应力的 100%时，声发射试件越来越密集，各个裂纹间开始贯通，岩石试件将要破裂。

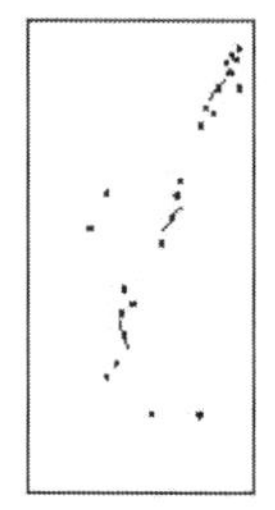
(a) 峰值应力20%~30%

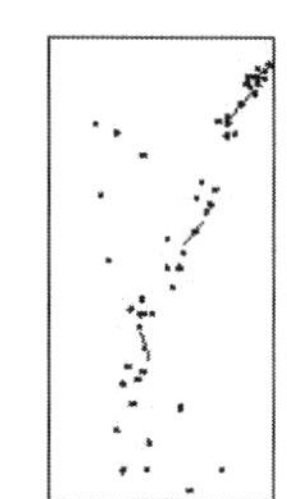
(b) 峰值应力30%~60%

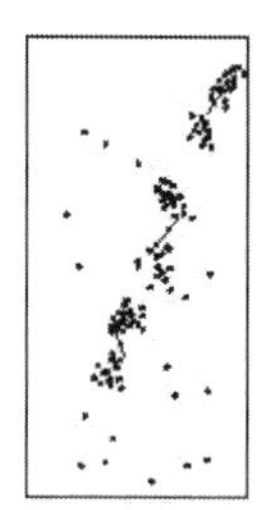
(c) 峰值应力60%~90%

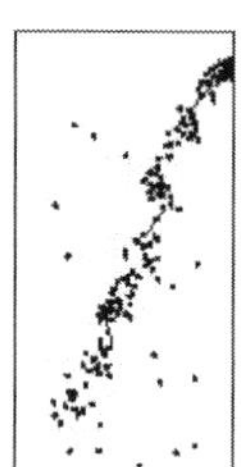
(d) 峰值应力90%~100%

图 3.14　受化学腐蚀灰岩破裂过程的声发射试验定位结果图

从图 3.15 砂岩的声发射定位图可以看出，和灰岩一样，在加载达到峰值强度的 20%左右时，声发射事件很少，在试件内零星分布；当达到峰值强度的 100%时，试件趋于破裂状态，但是和灰岩相比，砂岩的破坏过程要慢一些，同等程度下，砂岩试件中声发射事件的数量要比灰岩少，这说明同等条件下，灰岩受化学腐蚀溶液的影响比砂岩大，强度下降得更快。

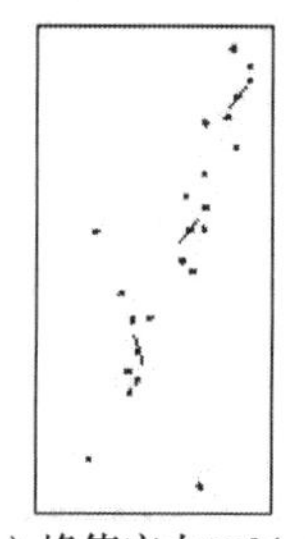
(a) 峰值应力20%~30%

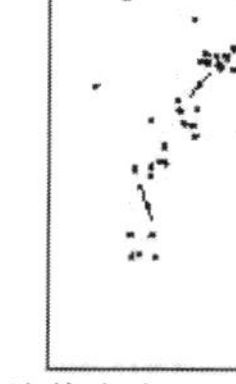
(b) 峰值应力30%~60%

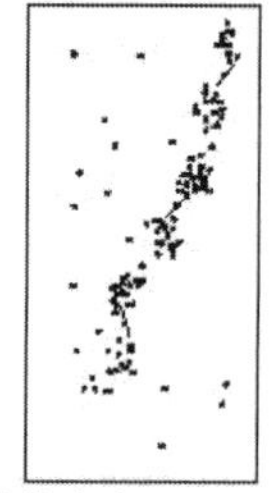
(c) 峰值应力60%~90%

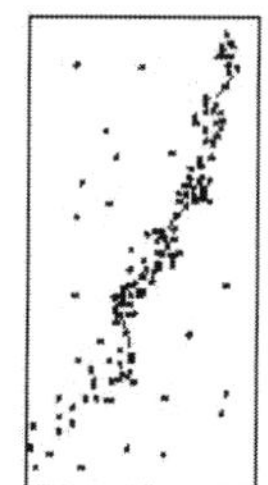
(d) 峰值应力90%~100%

图 3.15　受化学腐蚀砂岩破裂过程的声发射试验定位结果图

3.2.3.2　化学腐蚀环境下多裂纹岩体试件裂纹扩展及贯通分析

根据 3.2.2 节推导出的化学环境下多裂纹岩体断裂破坏准则，对预制砂岩试件和灰岩试件进行裂纹起裂、扩展和贯通分析，研究多裂纹岩石的断裂破坏规律，并与试验结果相比较，验证理论的可行性。

由于试件两相邻裂纹之间的间距比较大，而且受化学腐蚀试件体积小、软化大、计算复杂，因此计算裂纹起裂时，裂纹尖端的应力强度因子的计算可不考虑其他裂纹的影响，即不考虑多裂纹之间的相互作用影响，而计算后期裂纹扩展时采用改进 Kachanov 方法来分析一裂纹对另一裂纹的应力强度因子的影响。

试验砂岩弹性模量 E 为 3.5×10^4MPa，泊松比为 0.15，假定开始时三条裂纹的 I 型和 II 型的断裂韧度皆为 $K_{\mathrm{I c}}=0.75\mathrm{MPa}\cdot\mathrm{m}^{1/2}$，$K_{\mathrm{IIc}}=0.43\mathrm{MPa}\cdot\mathrm{m}^{1/2}$，摩擦系数 $\mu=0.5$。

1) 翼裂纹起裂

由于原始裂纹处于压剪状态，根据压剪条件下翼裂纹的起裂判据式计算得

$$K_{\mathrm{I}}\sin\theta_{\mathrm{c}}+K_{\mathrm{II}}\left(3\cos\theta_{\mathrm{c}}-1\right)=0 \tag{3.81}$$

$$\begin{aligned}&(3-4\mu-\cos\theta)\left(1+\cos\theta\right)K_{\mathrm{I}}^2+4\sin\theta\left(2\mu-1+\cos\theta\right)K_{\mathrm{I}}K_{\mathrm{II}}\\&+\left[4\left(1-\mu\right)\left(1-\cos\theta\right)+\left(1+\cos\theta\right)\left(3\cos\theta-1\right)\right]K_{\mathrm{II}}^2=4\left(1-2\mu\right)K_{\mathrm{I c}}^2\end{aligned} \tag{3.82}$$

式中，

$$K_{\mathrm{I}}=\frac{\sqrt{\sigma a(1+D)}}{2}\left[(\sigma_1+\sigma_2)-(\sigma_1-\sigma_2)\cos2\beta\right] \tag{3.83}$$

$$K_{\mathrm{II}}=\frac{\sqrt{\sigma a(1+D)}}{2}\left\{(\sigma_1-\sigma_2)\sin2\beta-\mu\left[(\sigma_1+\sigma_2)+(\sigma_1-\sigma_2)\cos2\beta\right]\right\} \tag{3.84}$$

$$K_{\mathrm{I c}}=\sigma\sqrt{1+D}\sqrt{\pi a}/(1-D) \tag{3.85}$$

$$D_0'=-1.05\exp\left[a+b\exp\left[\mathrm{pH}\right]+c\exp\left[-\mathrm{pH}\right]\right]+0.8434 \tag{3.86}$$

式 (3.86) 中，当 0.01mol/L NaCl 溶液，pH=2 的溶液腐蚀砂岩试件时，参数 a 为 -1.0974，b 为 -1.679811×10^{-4}，c 为 -2.0493，且 D_0' 与前几式 D 含义相同。

计算得到各裂纹的起始开裂角和起裂长度为 $\theta_{\mathrm{c1}}=45.22°, l_1=0.008\mathrm{m}$; $\theta_{\mathrm{c2}}=38.02°, l_2=0.0075\mathrm{m}$; $\theta_{\mathrm{c3}}=30.03°, l_3=0.0066\mathrm{m}$。

开裂后的形态如图 3.16 所示。

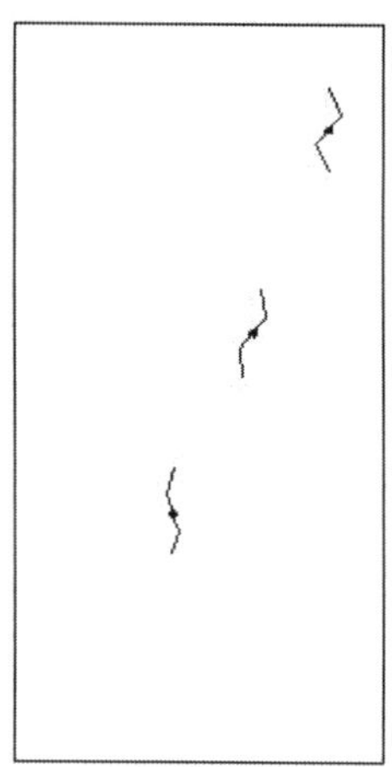

图 3.16　砂岩试件内部翼裂纹起裂扩展示意图

2) 翼裂纹第二次扩展

由于压剪裂纹发生张拉型断裂模式，在裂纹面的尖端将形成拉伸翼型裂纹，因此，采用最大拉应力准则来分析压剪裂纹的起裂及扩展过程较好。根据 3.1.2 小节压剪条件下翼裂纹扩展条件，根据式 (3.77)、式 (3.79) 及式 (3.80) 计算得到第一次扩展后应力强度因子为 1 号裂纹 $K_{\text{I}}=0.4525\text{MPa}\cdot\text{m}^{1/2}$，$K_{\text{II}}=0.3622\text{MPa}\cdot\text{m}^{1/2}$；2 号裂纹 $K_{\text{I}}=0.4875\text{MPa}\cdot\text{m}^{1/2}$，$K_{\text{II}}=0.3345\text{MPa}\cdot\text{m}^{1/2}$；3 号裂纹 $K_{\text{I}}=0.5375\text{MPa}\cdot\text{m}^{1/2}$，$K_{\text{II}}=0.3685\text{MPa}\cdot\text{m}^{1/2}$。

同理计算得到各裂纹的起始开裂角和起裂长度为 $\theta_{\text{c1}}=56.45°, l_1=0.011\text{m}$; $\theta_{\text{c2}}=48.22°, l_2=0.014\text{m}$; $\theta_{\text{c3}}=55.26°, l_3=0.009\text{m}$。

开裂后的形态如图 3.17 所示。

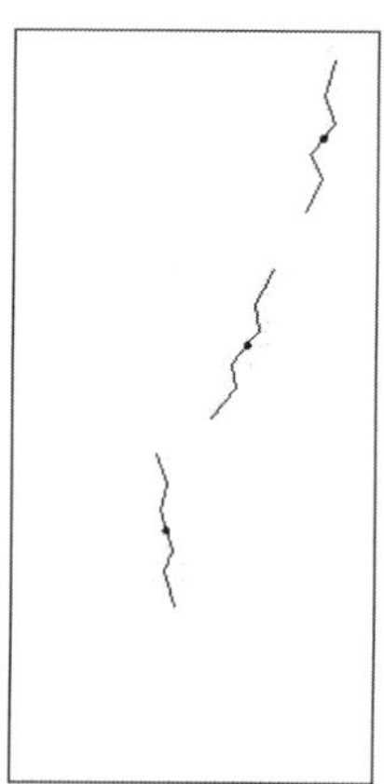

图 3.17　砂岩试件内部翼裂纹第二次扩展示意图

3) 翼裂纹第三次扩展

此时依然采用滑移裂纹等效方式计算，可以采用改进 Kachanov 方法来分析一裂纹对另一裂纹的应力强度因子的影响。它只考虑裂纹面上线性分布面力的影响而忽略高阶项的影响，线性分布面力的选取要保证其和裂纹面上面力的静力等效。同理，计算应力强度因子为 1 号裂纹 $K_{\mathrm{I}} = 0.2624\mathrm{MPa{\cdot}m^{1/2}}$，$K_{\mathrm{II}} = 0.2204\mathrm{MPa{\cdot}m^{1/2}}$；2 号裂纹 $K_{\mathrm{I}} = 0.3237\mathrm{MPa{\cdot}m^{1/2}}$，$K_{\mathrm{II}} = 0.2754\mathrm{MPa{\cdot}m^{1/2}}$；3 号裂纹 $K_{\mathrm{I}} = 0.3375\mathrm{MPa{\cdot}m^{1/2}}$，$K_{\mathrm{II}}=0.2864\mathrm{MPa{\cdot}m^{1/2}}$。

计算得到各裂纹的起始开裂角和起裂长度为 $\theta_{\mathrm{c1}} = 55.14°, l_1 = 0.014\mathrm{m}$; $\theta_{\mathrm{c2}} = 47.24°, l_2 = 0.012\mathrm{m}$; $\theta_{\mathrm{c3}} = 50.14°, l_3 = 0.011\mathrm{m}$。

开裂后的形态如图 3.18 所示。

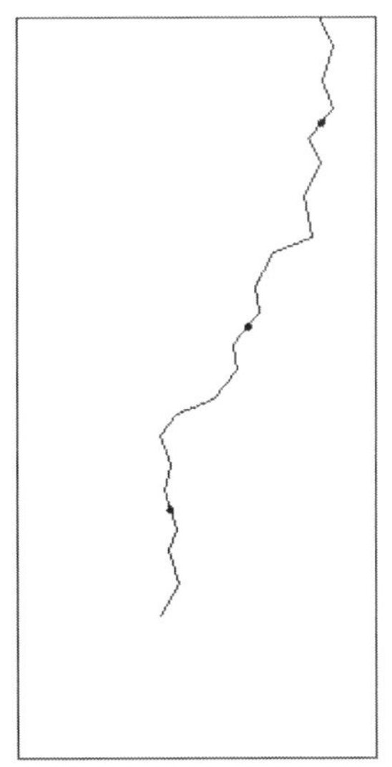

图 3.18 砂岩试件内部翼裂纹第三次扩展示意图

4) 裂缝贯通形成岩石试件整体破坏

根据上面的分析，当满足条件 $K_{\mathrm{I}} \geqslant K_{\mathrm{Ic}}$ 时，裂纹贯通形成破坏滑动面，从而导致岩石试件的整体破坏，岩石试件最终贯通破坏的曲线如图 3.19 所示。

比较图 3.19 及图 3.12 可以发现，理论计算得到的破坏曲线与实验室得到的破坏曲线大致相同。

试验灰岩弹性模量 E 为 $2.8\times10^4\mathrm{MPa}$，泊松比为 0.25，假定开始 3 条裂纹的 I 型和 II 型的断裂韧度分别为 $K_{\mathrm{Ic}} = 0.52\mathrm{MPa{\cdot}m^{1/2}}$，$K_{\mathrm{IIc}} = 0.28\mathrm{MPa{\cdot}m^{1/2}}$，摩擦系数 $\mu = 0.55$。

根据化学腐蚀环境下砂岩试件的计算步骤，同理可得化学腐蚀环境下灰岩试件的内部裂纹扩展及贯通过程。

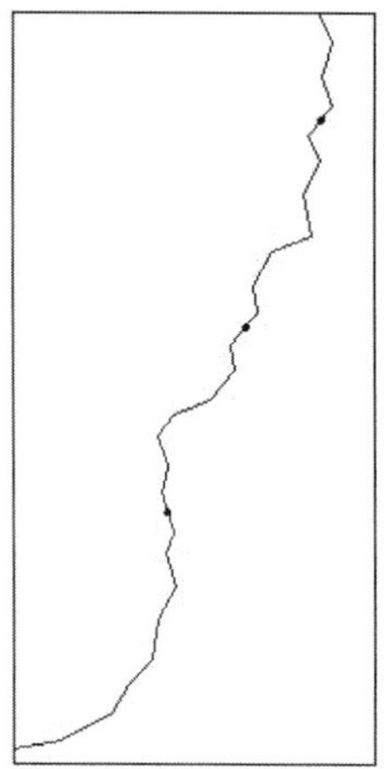

图 3.19　砂岩试件贯通破坏曲线

1) 翼裂纹起裂

计算得到各裂纹的起始开裂角和起裂长度为 $\theta_{\mathrm{c}1}=45.87°, l_1=0.017\mathrm{m}$; $\theta_{\mathrm{c}2}=47.05°, l_2=0.012\mathrm{m}$; $\theta_{\mathrm{c}3}=58.25°, l_3=0.011\mathrm{m}$。

开裂后的形态如图 3.20 所示。

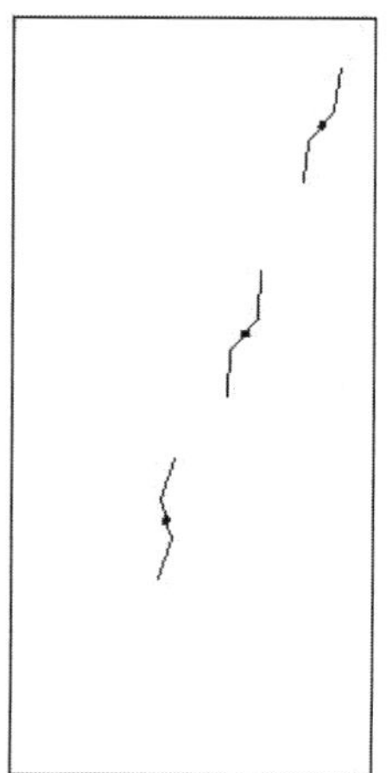

图 3.20　灰岩试件内部翼裂纹起裂扩展示意图

2) 翼裂纹第二次扩展

计算得到各裂纹的起始开裂角和起裂长度为 $\theta_{\mathrm{c}1}=60.12°, l_1=0.018\mathrm{m}$; $\theta_{\mathrm{c}2}=54.02°, l_2=0.015\mathrm{m}$; $\theta_{\mathrm{c}3}=57.04°, l_3=0.015\mathrm{m}$。

开裂后的形态如图 3.21 所示。

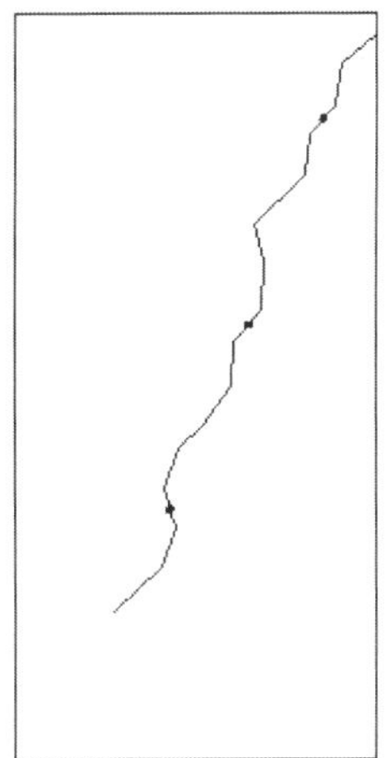

图 3.21 灰岩试件内部翼裂纹第二次扩展示意图

3) 翼裂纹第三次扩展

计算得到各裂纹的起始开裂角和起裂长度为 $\theta_{c1} = 57.11°, l_1 = 0.020\text{m}$; $\theta_{c2} = 48.38°, l_2 = 0.017\text{m}$; $\theta_{c3} = 51.42°, l_3 = 0.019\text{m}$。

开裂后的形态如图 3.22 所示。

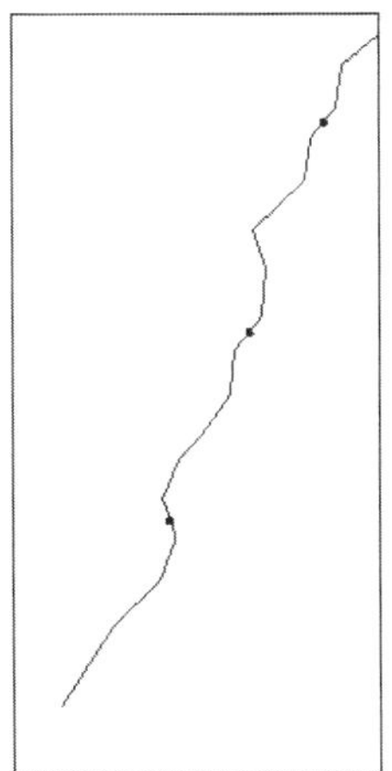

图 3.22 灰岩试件内部翼裂纹第三次扩展示意图

4) 裂缝贯通形成岩石试件整体破坏

当满足条件 $K_{\rm I} \geqslant K_{\rm Ic}$ 时，裂纹贯通形成破坏滑动面，从而导致岩石试件的整体破坏，岩石试件最终贯通破坏的曲线如图 3.23 所示。

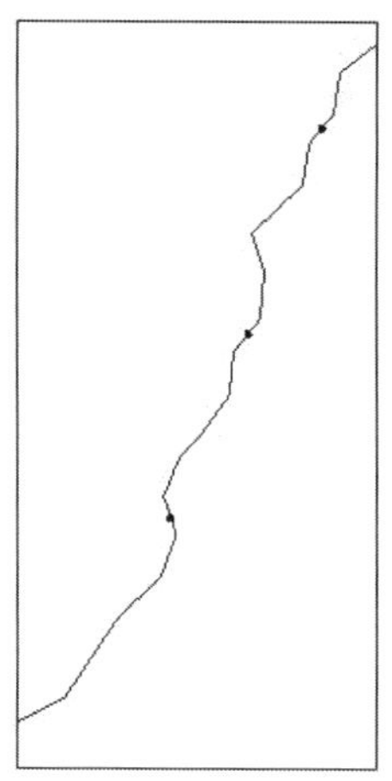

图 3.23 灰岩试件贯通破坏曲线

比较图 3.23 及图 3.13 可以发现，理论计算得到的破坏曲线与实验室得到的破坏曲线大致相同。

通过建立断裂破坏准则来计算出化学腐蚀环境下砂岩、灰岩的破坏曲线，与实验室得到的破坏曲线相比较，发现所得到的断裂破裂曲线大致相同，证明前面所建立的化学环境下的岩石断裂破坏准则是可行的。

3.3 本章小结

本章介绍了断裂力学分析裂纹岩体断裂破坏的原理，研究了裂纹岩体断裂破坏的力学机制。基于最小耗能原理对普通环境下压剪状态多裂纹岩石裂纹断裂破坏过程进行分析，并且以普通环境下岩体断裂破坏准则为基础，推导出了化学腐蚀环境下多裂纹岩石的断裂破坏准则，分析了多裂纹岩石试件裂纹扩展、贯通的过程，并与之前得出的断裂准则所推导出的扩展过程相比较，得出了一些切实有效的结果。

主要结论归纳如下：

(1) 针对压剪断裂，基于前面的最小耗能原理，提出了压剪断裂的起裂准则及断裂破坏准则，并分析了裂纹岩体中含裂纹时裂纹尖端的应力状态，指出基于最小耗能原理的岩石断裂破坏准则比较适合含裂隙的岩体。

(2) 利用断裂力学理论分析了岩石内部各裂纹之间的贯通机理，并介绍了一种比较可靠的方法——Kachanov 法，分析了裂纹扩展过程中多裂纹之间的相互作用，最后重点分析了压剪条件下岩石裂纹扩展的起裂条件、扩展条件和压剪裂纹在扩展过程中的相互作用。

(3) 对化学腐蚀环境下的岩石损伤进行研究，介绍了自然条件下和化学腐蚀环境下岩石的损伤变量，并推导出化学腐蚀环境下的岩石裂纹强度因子的计算公式，为研究化学腐蚀环境岩石的破坏机理奠定基础。

(4) 通过声发射特征分析，在裂纹尖端准备扩展时，声发射曲线呈现峰值陡坡，而裂纹扩展过程曲线比较平稳，对于砂岩来说，陡坡出现的频率比灰岩多并且陡，这是因为砂岩裂纹连续扩展的次数多，砂岩比灰岩强度高。此外，通过声发射定位也可以得出砂岩和灰岩的裂纹扩展过程图，以便和断裂准则推导出的裂纹扩展过程相比较。

(5) 通过比较试验结果和断裂准则计算得出的多裂纹岩石试件的断裂破坏过程，得出的岩石试件裂纹扩展过程和曲线大致相同，且化学腐蚀环境下裂纹扩展模式与普通环境下的扩展模式相似，由此可见，应用断裂力学理论推导化学腐蚀环境下多裂纹岩体断裂破坏准则是可行的。

参 考 文 献

[1] 徐芝纶. 弹性力学. 北京: 高等教育出版社, 2006.

[2] 谢和平, 陈忠辉. 岩石力学. 北京: 科学出版社, 2004.

[3] 高玮. 岩石力学. 北京: 北京大学出版社, 2010.

[4] Sih G C. Strain-energy-density factor applied to mixed mode crack problem. International Journal of Fracture, 1974,10(4): 305-321.

[5] Lajtal E Z. Brittle fracture in compression. International Journal of Fracture,1974,10(4): 362-374.

[6] Zhou Q L, Gong S P, Chen Z J. Compression shear fracture mechanism for marble. Int. Conf. on Fracture of Concrete and Rock, New York: Springer-Verlag, 1987: 452-460.

[7] Cotterell B. Brittle fracture in compression. International Journal of Fracture, 1972,18(2): 195-208.

[8] Rao Q, Stillborg B, Sun Z Q. Mode Ⅱ fracture toughness testing of rock. Int. Congress on Rock Mechanics, Paris: Balkema AA,1999: 731-734.

[9] 周群力. 岩石压剪断裂判据及其应用. 岩土工程学报, 1987, 9(3): 33-37.

[10] Horii H, Nemat-Nasser S. Brittle failure in compression: Splitting, faulting and brittle-ductile transition. Philosophical Transactions of the Royal Society of London, 1986, 319: 337-347.

[11] Krachanov M L. Microcrack model for rock inelasticity. Thesis of Ph.D. Of Rutgers University, Piscataway. UAS, 1980.

[12] 许东俊. 高孔隙软弱砂岩在一般三轴应力状态下的力学特征. 岩土力学, 1982, 3(1): 15-27.

[13] Horii H, Nemat-Nasser S. Compression-induced microcrack growth in brittle solids: Axial splitting and shear failure. Journal of Geophysical Research Solid Earth,1985,

90(B4): 3105-3125.

[14] Ashby M F,Hallam S D. The failure of brittle solids containing small cracks under compressive stress states. Acta Metallurgica, 1986, 34(3): 497-510.

[15] Nemat-Nasser S, Horri H. Compression-induced nonlinear crack extension with application to splitting, exfoliation and rockburst. Journal of Geophysical Research Solid Earth, 1982, 87(B8): 6805-6821.

[16] Kachanov M L. Elastic solids with many cracks and relate problems. Advances in Applied Mechanics, 1993, 30: 259-445.

[17] 朱维申, 李术才, 陈卫忠. 节理岩体破坏机理和锚固效应及工程应用. 北京: 科学出版社, 2002.

[18] Chen Y Z. Solutions of multiple crack problems of a circular plate or an infinite plate containing a circular hole by using Fredholm integral equation approach. International Journal of Fracture, 1984, 25(3): 155-168.

[19] 凌建明. 节理岩体损伤力学研究中的若干问题. 力学进展, 1994, 25(2): 257-263.

[20] 丁悟秀. 水化学作用下岩石变形破裂全过程实验与理论分析. 武汉: 中国科学院武汉岩土力学研究所, 2005.

[21] Gross D, Seelig T. Fracture Mechanics. Berlin: Springer Heidelberg, 2011.

第 4 章　岩石损伤破坏过程的数值模拟研究

在研究岩石破坏过程及损伤破坏数值模拟方面，目前国内外已有很多学者进行了大量卓有成效的研究工作[1,2]。这些工作中以我国原东北大学唐春安等的工作最为典型，他们通过多年的研究开发了专用模拟软件 —— 岩石破裂过程分析系统(rock fracture process analysis，RFPA)，通过此软件，他们在岩石断裂破裂过程的数值模拟方面开展了大量富有成效的工作。作为典型研究，这里根据文献[1]已有的花岗岩单轴压缩试验数据，并用 RFPA 软件进行模拟分析，得出相应的轴向荷载变形曲线和破坏图像，与本书推导的岩石损伤破坏模型的结果进行比较。为了使研究更具有代表性，研究中分别进行了 RFPA 软件模拟结果、文献中试验结果、经典的 Mazars 损伤模型及本书提出的基于最小耗能原理的损伤演变模型的比较研究。

4.1　RFPA 软件简介

RFPA 软件由我国原东北大学唐春安等开发[2]，该软件基于有限元计算原理而开发，但又不同于传统的有限元基本思路，主要用于研究岩体材料从细观损伤到宏观破坏的整个过程，其基本原理为：

(1) 通过考虑岩石的细观非均质性模拟岩石变形、破坏的非线性；

(2) 通过单元破坏后的材料性质弱化模拟岩石变形、破裂的非连续性。

由于天然岩石是非连续、非均质、非弹性、各向异性的介质，目前尚缺乏对岩石材料的不规则性、复杂性和物理力学非线性本质的认识。唐春安等针对这些问题开发了基于有限元基本理论，充分考虑岩石破裂过程中伴随的非线性、非均匀性等特点的数值模拟方法 ——RFPA 软件。该软件的第一个特点是，认为从细观的角度来说，构成岩石的每一个微元体可以认为是均匀的、连续的介质，但是这些微元体之间的力学性质可以不同。RFPA 软件采用威布尔 (Weibull) 分布来随机形成微元体力学属性的离散性，即

$$\varphi(a)=\frac{m}{a_0}\left(\frac{a}{a_0}\right)^{m-1}\mathrm{e}^{-\left(\frac{a}{a_0}\right)^m} \tag{4.1}$$

式中，a 为某种力学属性的值；a_0 为所有单元力学属性的总体平均值；m 为每个单元整体的均匀程度。m 值越大，则力学性质越接近，在这里把 m 称为均质度。$\varphi(a)$ 是岩石基于细观力学性质非均匀性分布的情况。

RFPA 软件的另一个特点是，认为当单元在应力达到破裂准则时发生破坏，并对破坏单元进行刚度退化处理。这样就可以用连续介质力学方法处理物理非连续介质问题，研究裂隙的发生和发展过程。

RFPA 软件可以模拟岩石介质的逐渐破坏过程，与其他已有的逐渐破坏模型 (progressive failure/fracture/damage model) 一样，RFPA 软件包括两个方面的功能：应力分析和破坏分析。RFPA 软件的应力分析采用有限元方法进行。破坏分析则根据一定的破坏准则来检查材料中是否有单元破坏。对破坏单元则采用刚度特性退化 (处理分离) 和刚度重建 (处理接触) 的办法进行处理。

为了模拟试验机的加载情况，RFPA 软件采用位移加载方式。对于每一步给定的位移增量，首先进行应力计算，然后根据破坏准则来检查模型中是否有破坏单元。如果没有，继续增加一个位移增量，进行下一步应力计算。如果有破坏单元，则根据单元的拉或剪破坏状态进行刚度退化处理。然后重新进行当前步的应力计算。重复上述过程，直到整个材料产生宏观破坏。由于单元的破坏是脆性的，因此将单元破坏释放的弹性能看成是声发射所释放的能量。考虑到岩石类脆性材料的抗拉强度远小于抗压强度，模拟时选用了修正后的库仑 (Coulomb) 准则作为单元破坏的强度判据。

可见，该程序具有以下特点：

(1) 通过采用模拟蒙特卡罗方法和统计描述相结合的方法对单元体力学参数 (E，σ 等) 赋初值，以反映材料力学参数非均质性和各向异性的特点；

(2) 采用增量加载方式，把施加的载荷划分成有限微小的加载量，进行逐步加载，从而可以模拟出岩体在整个破坏过程中的变形、破坏情况；

(3) 把岩体划分成许多单元体，并假定每个单元具有弹性体和破裂体两种状态。采用某种强度准则进行判断，当单元达到破裂强度后，单元体由弹性体变为破裂体。为了模型的连续性条件得到满足，仍然假定单元存在，只是其力学参数得到弱化。RFPA 软件主要模拟脆性介质的破坏过程，并采用均质度 (m) 描述脆性介质的非均质性，符合岩石的破坏本质[3]。因此，本书研究选用 RFPA 软件对岩石的破坏过程进行研究。

4.2 长方体花岗岩单轴压缩试验数值模拟

岩样采自长江三峡水利枢纽工程永久船闸处的角闪斜长花岗岩。该岩石主要由斜长石、石英及角闪石组成。斜长石呈半自形板柱状，具有绢云母化及绿帘石化。石英呈他形粒状，角闪石呈半自形柱状。颗粒之间比较平直或呈弯曲状紧密镶嵌，主要矿物成分为斜长石 (65%)、石英 (20%)、角闪石 (8%～ 9%) 及钾长石 (<5%)，还有少量的绢云母、绿帘石、磷灰石、榍石及磁铁矿等[1]。

花岗岩试件为 30mm×15mm×15mm 的长方体，如图 4.1 所示。

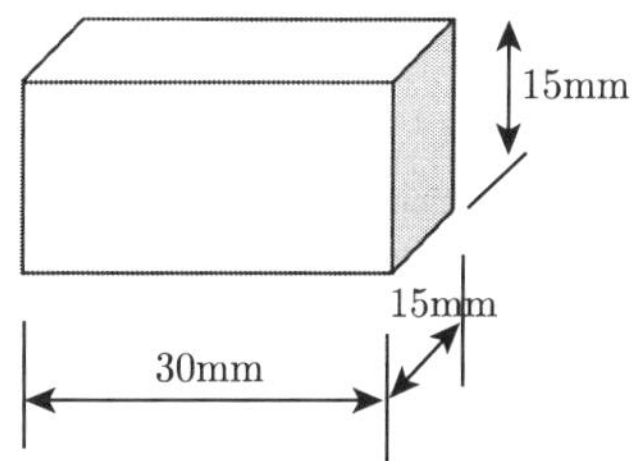

图 4.1 花岗岩长方体试验试件

根据试验中花岗岩试件的尺寸，数值模拟选择的模型是 30mm×15mm 的长方形，模型划分为 450 个单元，弹性模量为 68GPa，泊松比为 0.24，黏聚力为 31MPa，内摩擦角为 48.47°，单轴压缩强度为 20MPa，均质度系数为 $m = 6.0$。整个加载过程采用位移加载控制的加载方式，模拟试验机进行工作，加载总步数为 50 步，每步加载位移量为 0.0005mm。

当加载进行到第 42 步时，岩石开始出现裂缝，对比试验图像，裂缝的形状基本一致，方向相同，如图 4.2 所示。应力应变曲线如图 4.3 所示。

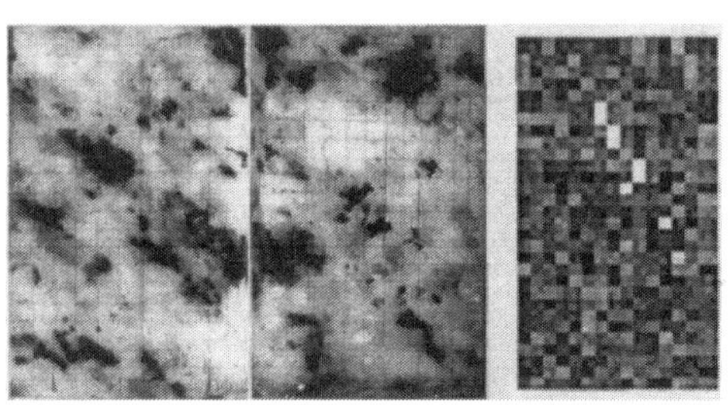

图 4.2 加载时步 42 时的试验和模拟结果

右图为试验图像，左图为模拟图像

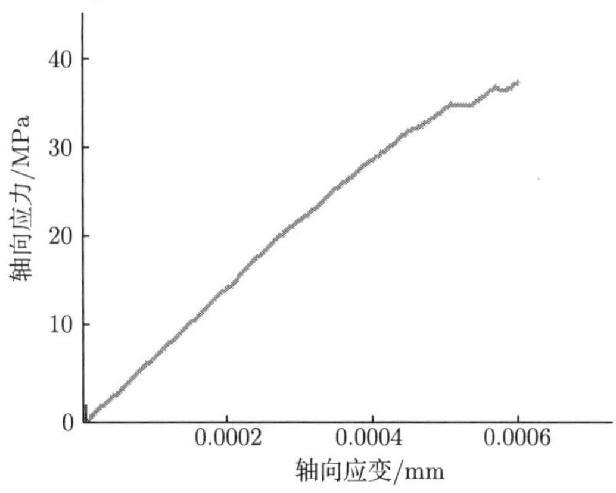

图 4.3 加载到第 42 步时的轴向荷载位移图

当加载进行到第 44 步时，已经明显看出裂纹的方向，与试验相对比，裂纹宽度稍微有些大，如图 4.4 所示。应力应变曲线如图 4.5 所示。

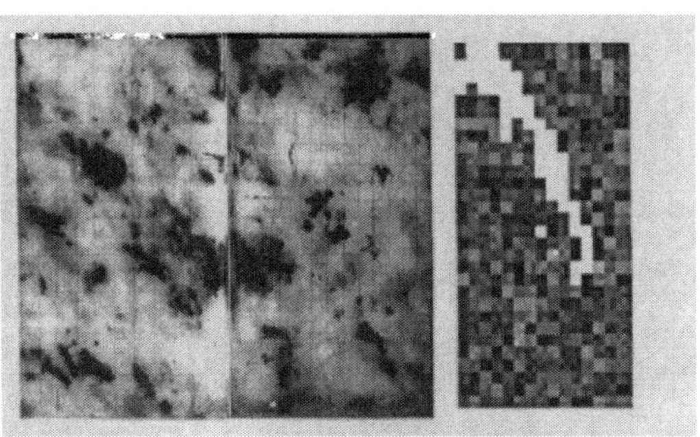

图 4.4　加载时步 44 时的试验和模拟结果

右图为试验图像，左图为模拟图像

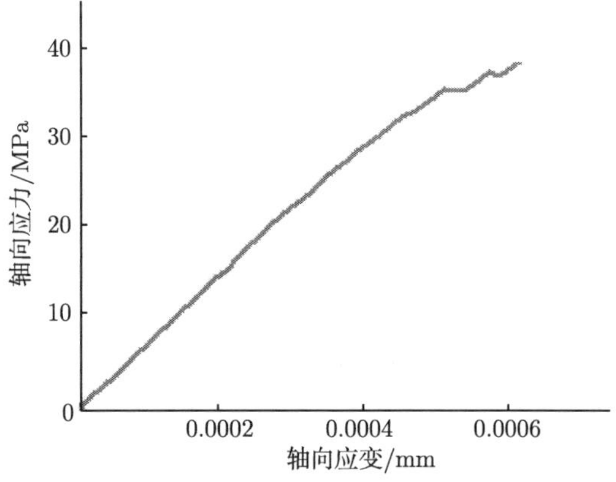

图 4.5　加载到第 44 步时的轴向荷载位移图

当加载进行到第 45 步时，裂纹沿着出现的方向进一步增大，如图 4.6 所示。应力应变曲线如图 4.7 所示。

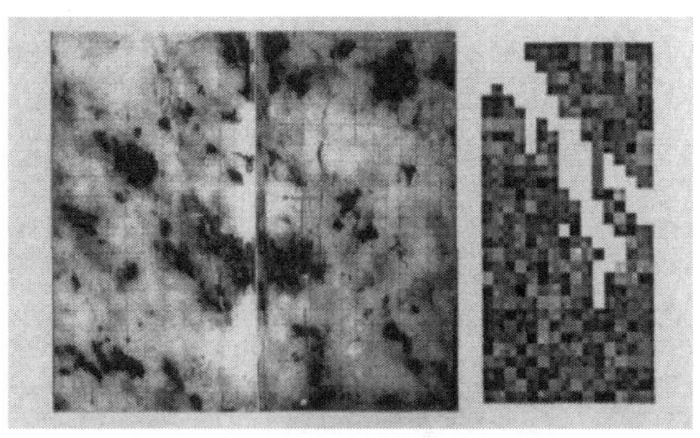

图 4.6　加载时步 45 时的试验和模拟结果

右图为试验图像，左图为模拟图像

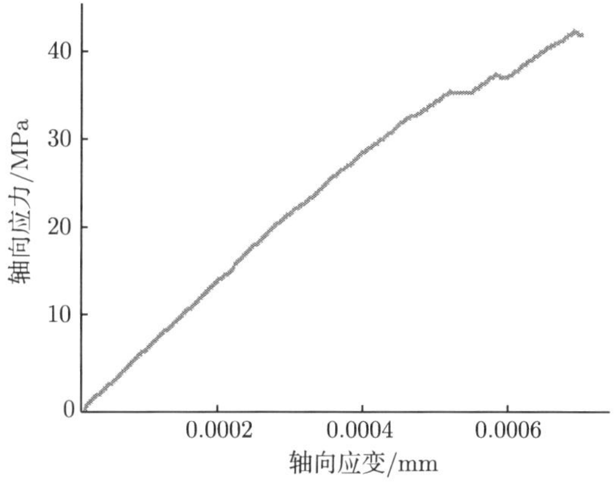

图 4.7 加载到第 45 步时的轴向荷载位移图

当加载进行到 50 步时，从模拟破坏图中可以看出，已经有一条主裂纹贯通整个截面，伴随着还有几个小裂缝出现，但是都不太大，模型已经完全裂开，与试验破坏图比较可见，模拟图像与试验图像比较接近，如图 4.8 所示。应力应变曲线如图 4.9 所示。

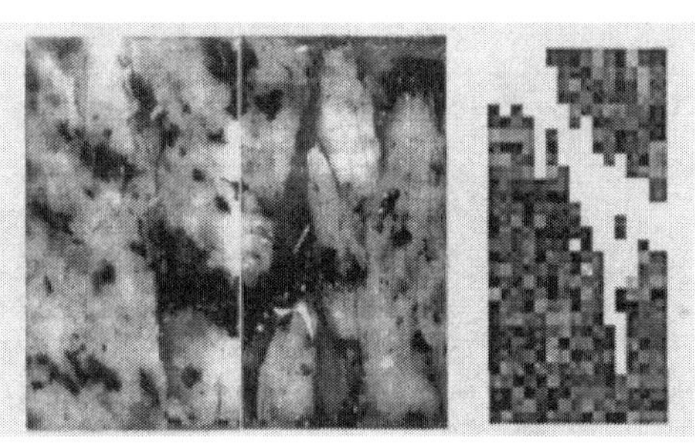

图 4.8 加载时步 50 时的试验和模拟结果

右图为试验图像，左图为模拟图像

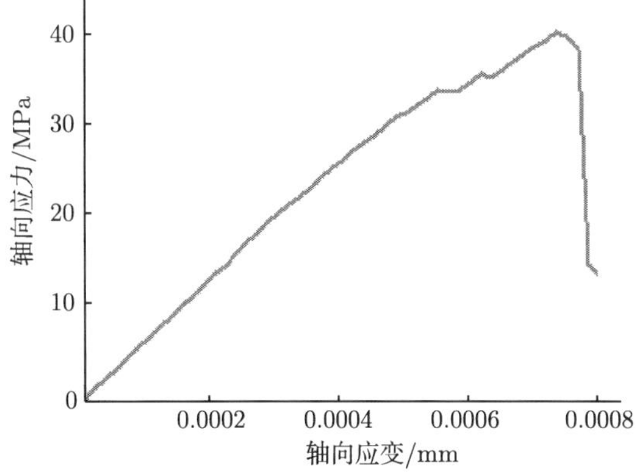

图 4.9 加载到第 50 步时的轴向荷载位移图

从花岗岩试件的模拟过程可以看到，随着加载次数的逐渐增加，模型表现为从开始出现裂纹到最终破坏的过程。当加载进行到第 42 步时模型开始出现裂纹，裂纹出现的方向为与施加荷载平行的方向，随着加载步数的增多，裂纹逐渐延伸，宽度也逐渐加大，当进行到第 44~45 步时裂纹开始迅速延伸，当加载进行到第 50 步时，裂纹贯通整个截面，模型完全破坏。

总体来说，模拟的结果是裂纹的方向、走势与试验现象基本一致，说明模拟效果较好。

4.2.1　基于最小耗能原理的岩石损伤演变方程

根据第 2 章的研究结果，在用 RFPA 软件模拟长方体花岗岩单轴压缩试验中，采集的数据为 $\varepsilon_{\mathrm{p}} = 7.33 \times 10^{-4}$，$\sigma_{\max} = 41.5\mathrm{MPa}$，$E = 68\mathrm{GPa}$。

在第 2 章中推导的单轴压缩情况下基于最小耗能原理的损伤演变方程为

$$D = 1 - \mathrm{e}^{\left(\frac{\lambda}{2\varepsilon} + c\right)} \tag{4.2}$$

由公式 $\sigma = E(1-D)\varepsilon$ 可得岩石损伤演变本构模型如下：

$$\begin{cases} \sigma = E\varepsilon, & \varepsilon \leqslant \varepsilon_0 \\ \sigma = E\varepsilon \exp\left(\dfrac{\lambda}{2\varepsilon} + c\right), & \varepsilon > \varepsilon_0 \end{cases} \tag{4.3}$$

式中，

$$\lambda = 2\varepsilon_{\mathrm{p}}, \quad c = \ln \sigma_{\max} - \ln E\mathrm{e}\varepsilon_{\mathrm{p}} \tag{4.4}$$

随着应变的逐渐变大，在 $\varepsilon = \varepsilon_0 = -\dfrac{\lambda}{2c} = \dfrac{2\varepsilon_{\mathrm{p}}}{2(\ln E\mathrm{e}\varepsilon_{\mathrm{p}} - \ln \sigma_{\max})} < \varepsilon_{\mathrm{p}}$ 之前，岩块的损伤值 $D = 0$。

将试验所采集的数据代入式 (4.3) 中可以得到损伤演变方程中的系数如下：

$$\lambda = 2\varepsilon_{\mathrm{p}} = 1.466 \times 10^{-3} \tag{4.5}$$

$$c = \ln \sigma_{\max} - \ln E\mathrm{e}\varepsilon_{\mathrm{p}} = -1.1765 \tag{4.6}$$

$$\varepsilon_0 = -\frac{\lambda}{2c} = \frac{2\varepsilon_{\mathrm{p}}}{2(\ln E\mathrm{e}\varepsilon_{\mathrm{p}} - \ln \sigma_{\max})} = 6.23 \times 10^{-4} < \varepsilon_{\mathrm{p}} = 7.33 \times 10^{-4} \tag{4.7}$$

由上述可知，长方体花岗岩单轴压缩试验中的岩块损伤演变方程为

$$D = 1 - \mathrm{e}^{\left(\frac{\lambda}{2\varepsilon} + c\right)} = 1 - \mathrm{e}^{\left(\frac{7.33 \times 10^{-4}}{\varepsilon} - 1.1765\right)} \tag{4.8}$$

岩块的损伤演变本构模型为

$$\begin{cases} \sigma = E\varepsilon = 5 \times 10^9 \times \varepsilon, & \varepsilon \leqslant \varepsilon_0 \\ \sigma = E\varepsilon \exp\left(\dfrac{\lambda}{2\varepsilon} + c\right) = 5 \times 10^9 \times \varepsilon \times \exp\left(\dfrac{7.33 \times 10^{-4}}{\varepsilon} - 1.1765\right), & \varepsilon > \varepsilon_0 \end{cases} \tag{4.9}$$

运用数学计算软件 MATLAB 可得长方体花岗岩单轴压缩试验损伤变量演化规律如图 4.10 所示，由图可见，在单轴压缩情况下，花岗岩的损伤变量值随着应变的增加而增加。

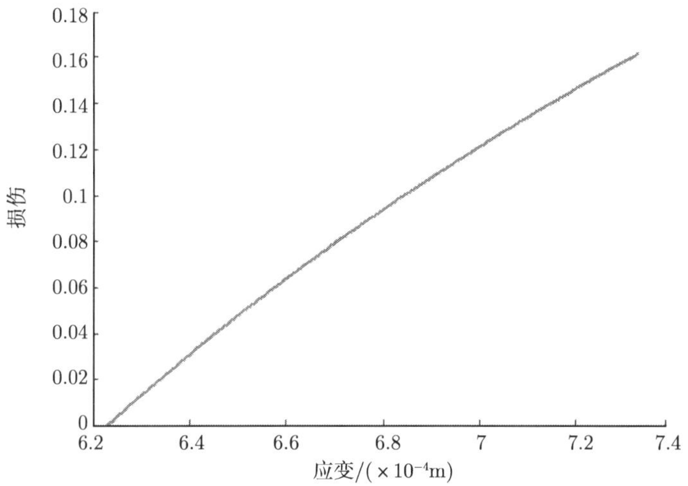

图 4.10　单轴压缩试验中损伤变量演化规律图

把由式 (4.9) 得出的岩块单轴压缩时的应力与应变关系曲线与用 RFPA 软件所得出的应力与应变关系曲线进行对比，其结果如图 4.11 所示。

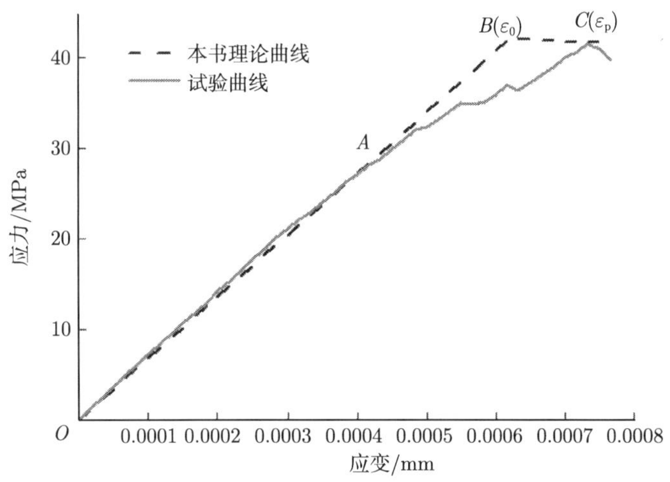

图 4.11　单轴压缩试验中理论曲线和试验曲线的应力与应变关系对比图

从图 4.11 中可以看出，理论曲线和 RFPA 软件模拟曲线均能较好地反映花岗岩的弹塑性，在应力较低 (OA 段) 时，应力与应变关系曲线略向上弯曲，两种曲线描述得几乎一样；在 AB 段，随着应变的增加，RFPA 软件模拟曲线比理论曲线要缓和一些，这是由于此时应变值小于 ε_0，理论在此时没有考虑岩块的损伤，也就是说此时 $D=0$；在 BC 段，由于 $\varepsilon>\varepsilon_0$，此时则要考虑岩块的损伤，因此用最小耗能原理所描述的应力应变曲线也开始趋于缓和，从图 4.11 可以看出与 RFPA 软件所描述的曲线相似。但是也可以发现，两条应力应变曲线还存在一定的偏差，经分析，发现其差别主要有以下几个原因造成。

(1) RFPA 软件是基于有限元的原理而开发的，但又不同于传统有限元的基本思路，主要用于研究岩体材料从细观损伤到宏观破坏的整个过程，其基本原理是用岩石的细观非均质性来模拟岩石变形、破坏的非线性，并通过单元破坏后的材料性质弱化模拟岩石变形、破裂的非连续性。而从理论的推导过程可以看出，最小耗能原理认为岩块的变形、破裂均呈现连续性，可见，二者的基本前提有一定差别。

(2) RFPA 软件的一个特点是，认为从细观的角度来说，构成岩石的每一个微元体可以认为是均匀的、连续的介质，但是这些微元体之间的力学性质可以不同。RFPA 软件采用韦布尔分布来随机形成微元体力学属性的离散性。最小耗能原理则是将岩块作为一个整体，从能量的角度来研究岩块的损伤，没有考虑体力的离散性，而是用单元体的耗能率来研究，理论上适合任何一种情况。

(3) RFPA 软件的另一个特点是，将岩块划分成许多单元体，并假定每个单元具有弹性体和破裂体两种状态。采用某种强度准则进行判断，当单元达到破裂强度后，单元体由弹性体变为破裂体。为了模型的连续性条件得到满足，仍然假定单元存在，只是其力学参数得到弱化。从损伤变量演化方程的推导可以看出，本书理论研究在这一点上也具有 RFPA 软件的这个特点。

综上所述，造成两种计算结果存在一定偏差，既有理论模型本身的原因，也有数值模拟参数选取方面的原因。

4.2.2　与 Mazars 损伤模型的对比研究

Mazars 和 Pijaudier Cabot[4]认为，岩石类脆性材料的应力应变关系曲线一般可以分为线弹性、非线性强化、应力跌落和应变软化等阶段。而且，试验中得到的这种应力应变关系曲线通常还与试验机的刚度、加载方式有关。为此，Mazars 将脆性材料的拉伸应力应变关系分两段描述，在应力达到峰值强度之前即使有损伤，当 σ-ε 曲线变化与直线偏差不大时仍认为是线性的。设 ε_{p} 是损伤开始时的应变，也是峰值应力 $\sigma_{\max}$ 对应的应变，当 $\varepsilon\leqslant\varepsilon_{\mathrm{p}}$ 时，认为材料无损伤即 $D=0$；当 $\varepsilon>\varepsilon_{\mathrm{p}}$ 时，Mazars 假设应变增加按指数函数下降，它对应于宏观裂缝的形成及快速失稳破坏，刚度急剧下降，材料有损伤即 $D>0$。Mazars 用如下公式拟合材料的单向拉伸应力应变曲线

$$\sigma = E_0\varepsilon, \quad 0 \leqslant \varepsilon \leqslant \varepsilon_{\mathrm{p}} \tag{4.10}$$

$$\sigma = E_0\left[\varepsilon_{\mathrm{c}}(1-A_{\mathrm{T}}) + \frac{A_{\mathrm{T}}\varepsilon}{\exp[B_{\mathrm{T}}(\varepsilon-\varepsilon_{\mathrm{T}})]}\right], \quad \varepsilon > \varepsilon_{\mathrm{p}} \tag{4.11}$$

式中，E_0 是线弹性阶段的弹性模量；A_{T} 和 B_{T} 是材料常数，下标 T 表示拉伸。

这里以割线模量 E 的变化定义损伤 D，表示为

$$D = 1 - E/E_0 \tag{4.12}$$

于是损伤材料的应力应变关系为

$$\sigma = E_0(1-D)\varepsilon \tag{4.13}$$

有效应力为

$$\tilde{\sigma} = \frac{\sigma}{1-D} \tag{4.14}$$

由式 (4.10)、式 (4.11) 和式 (4.13)，得到 Mazars 模型中单轴拉伸情况下的损伤演化方程为

$$\begin{cases} \sigma = E\varepsilon(1-D), \\ \tilde{\sigma} = \dfrac{\sigma}{1-D}, \qquad 0 \leqslant \varepsilon \leqslant \varepsilon_{\mathrm{p}} \\ D = 0, \end{cases} \tag{4.15}$$

$$\begin{cases} \sigma = E\varepsilon(1-D), \\ \tilde{\sigma} = \dfrac{\sigma}{1-D}, \qquad \varepsilon > \varepsilon_{\mathrm{p}} \\ D = 1 - \dfrac{\varepsilon_{\mathrm{p}}(1-A_{\mathrm{T}})}{\varepsilon} - \dfrac{A_{\mathrm{T}}}{\exp[B_{\mathrm{T}}(\varepsilon-\varepsilon_{\mathrm{T}})]}, \end{cases} \tag{4.16}$$

类似地，Mazars 通过拟合的应力与应变关系建立了单轴压缩时的损伤本构关系：

$$\sigma = E_0\varepsilon, \quad 0 \leqslant \varepsilon \leqslant \varepsilon_{\mathrm{p}} \tag{4.17}$$

$$\sigma = E_0\left[\frac{\varepsilon_{\mathrm{p}}(1-A_{\mathrm{c}})}{-\sqrt{2}\gamma} + \frac{A_{\mathrm{c}}\varepsilon}{\exp[B_{\mathrm{c}}(-\sqrt{2}\mu\varepsilon-\varepsilon_{\mathrm{p}})]}\right], \quad \varepsilon > \varepsilon_{\mathrm{p}} \tag{4.18}$$

式中，A_{c}，B_{c} 为单轴压缩时的材料常数。

$$\begin{cases} \sigma = E\varepsilon(1-D), \\ \tilde{\sigma} = \dfrac{\sigma_{\mathrm{p}}}{1-D}, \qquad 0 \leqslant \varepsilon \leqslant \varepsilon_{\mathrm{p}} \\ D = 0, \end{cases} \tag{4.19}$$

$$\begin{cases} \sigma = E\varepsilon(1-D), \\ \tilde{\sigma} = \dfrac{\sigma_{\mathrm{p}}}{1-D}, \\ D = 1 - \dfrac{\varepsilon_{\mathrm{p}}(1-A_{\mathrm{c}})}{\varepsilon} - \dfrac{A_{\mathrm{c}}}{\exp[B_{\mathrm{c}}(\varepsilon-\varepsilon_{\mathrm{p}})]}, \end{cases} \quad \varepsilon > \varepsilon_{\mathrm{p}} \tag{4.20}$$

式中，ε_{p} 为等效应变，$\varepsilon_{\mathrm{p}} = \sqrt{\varepsilon_1^2+\varepsilon_2^2+\varepsilon_3^2}$，$\varepsilon_1$、$\varepsilon_2$、$\varepsilon_3$ 是主应变；$\varepsilon > \varepsilon_{\mathrm{p}}$。由上面公式便可得 Mazars 模型中的名义应力 σ 和损伤 D 随应变 ε 的变化曲线。

在式 (4.20) 中，ε_{p} 为损伤开始时的应变值，定义为 $\varepsilon_{\mathrm{p}} = R_{\mathrm{t}}/E_0$。参数 E_0，ν_{s}，A_{c}，B_{c} 也从单轴受压试验中得到。由文献[2]可知，在长方体花岗岩单轴压缩试验中，$E_0 = 68\mathrm{GPa}$，$\nu_{\mathrm{s}} = 0.2$，$\varepsilon_{\mathrm{p}} = 0.000733$，$A_{\mathrm{c}} = 1.2$，$B_{\mathrm{c}} = 1500$。

则将其代入式 (4.19) 和式 (4.20) 中可得

$$\begin{cases} \sigma = E\varepsilon(1-D) = 6.8\times10^{10}\varepsilon, \\ D = 0, \end{cases} \quad 0 \leqslant \varepsilon \leqslant \varepsilon_{\mathrm{p}} = 7.33\times10^{-4} \tag{4.21}$$

$$\begin{cases} \sigma = E\varepsilon(1-D) = 6.8\times10^{10}\varepsilon(1-D), \\ D = 1 - \dfrac{\varepsilon_{\mathrm{p}}(1-A_{\mathrm{c}})}{\varepsilon} - \dfrac{A_{\mathrm{c}}}{\exp[B_{\mathrm{c}}(\varepsilon-\varepsilon_{\mathrm{p}})]}, \\ \quad = 1 + \dfrac{1.466\times10^{-4}}{\varepsilon} - \dfrac{1.2}{\exp[1500\times(\varepsilon-7.33\times10^{-4})]}, \end{cases} \quad \varepsilon > \varepsilon_{\mathrm{p}} = 7.33\times10^{-4} \tag{4.22}$$

运用数学计算软件 MATLAB 可得在长方体花岗岩单轴压缩试验中用 Mazars 损伤演变方程和基于最小耗能原理的损伤演变方程所得损伤变量的临界值如图 4.12 所示。

从图 4.12 中可以看出，Mazars 损伤理论曲线和基于最小耗能原理的岩块损伤演变方程都能较好地描述花岗岩的损伤演变过程。在损伤演变过程中两者也存在一定的差别。主要表现为：

(1) Mazars 损伤理论曲线的损伤门槛值是在当应力取最大值所对应的应变值 ε_{p} 时，而本书的理论曲线的损伤门槛值 ε_0 取在其之前，更加符合试验中岩石内的微裂隙不断起裂、扩展、聚合和贯通，以至于在达到峰值强度时形成宏观裂纹这种现象，同时很多损伤力学理论[5]中也认为损伤应发生在塑性区间内。

(2) Mazars 损伤理论曲线认为其损伤临界值 $D_{\mathrm{c}} = 1$，即认为岩块的有效面积为 0。本书的理论曲线认为损伤临界值 $D_{\mathrm{c}} = 0.6916 < 1$，此点也符合事实。因为岩块破坏时，岩块的有效承载面积也应大于零[5]。

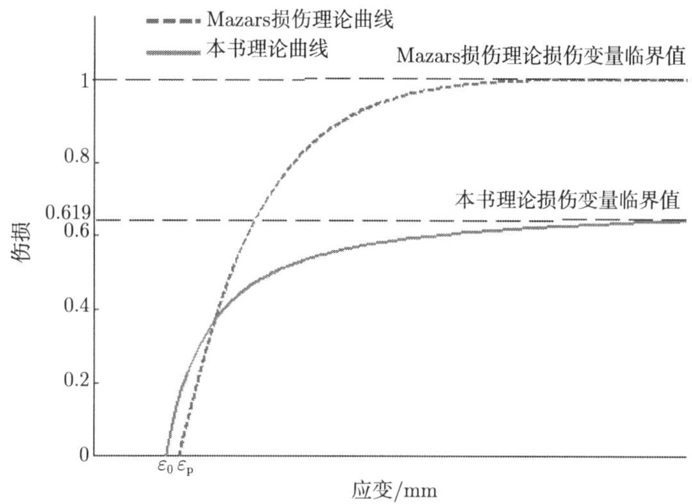

图 4.12　长方体花岗岩单轴压缩试验中两种理论损伤变量演化规律图

图 4.13 为三种方法得到的应力应变关系图，三条曲线均能较好地反映花岗岩的弹塑性。在应变较低 (OA 段) 时，三种方法得到的曲线描述几乎一样；在 AB 段，随着应变的增加，试验曲线比本书理论曲线和 Mazars 损伤理论曲线要缓和一些，而本书理论曲线和 Mazars 损伤理论曲线描述也几乎一样；在 BC 段，由于 $\varepsilon > \varepsilon_0$，此时则要考虑岩块的损伤，因此，用最小耗能原理所描述的应力应变曲线也开始趋于缓和，从图上可以看出，本书理论曲线要比 Mazars 损伤理论曲线更接近试验曲线，与 RFPA 软件所描述的曲线相似。

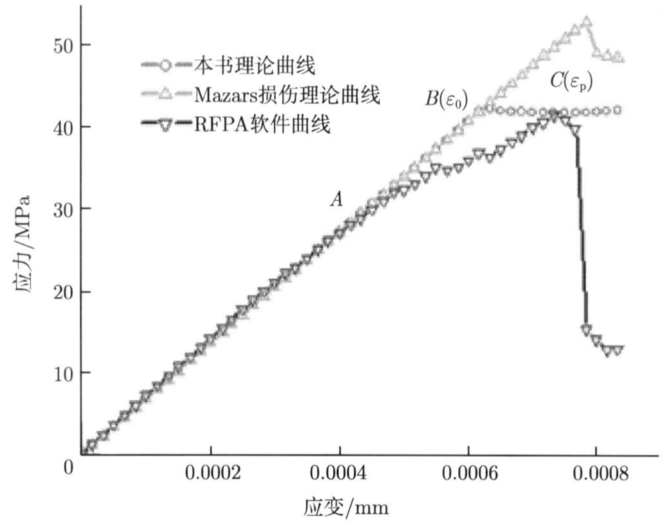

图 4.13　长方体花岗岩单轴压缩试验中三种理论的应力与应变关系图

4.3 圆柱体花岗岩单轴压缩试验数值模拟

圆柱体试件是很多试验中经常用到的试件，在文献[2]中进行了圆柱体单轴压缩试验，这里简单地模拟一下这个圆柱体单轴压缩试验。根据圆柱体试件的大小抽象而选取的长方形模型大小为 50mm×100mm，弹性模量为 50GPa，泊松比为 0.3，黏聚力为 20MPa，内摩擦角为 30°，单轴压缩强度为 10MPa，均质度系数 $m=1.1$。整个加载过程采用位移控制的加载方式，模拟试验机的工作方式，加载总步数 80 步，每步的加载位移是 0.005mm。

加载进行到第 60 步时，模型这时还没有出现裂纹，应力加载曲线呈线性变化，如图 4.14 和图 4.15 所示。

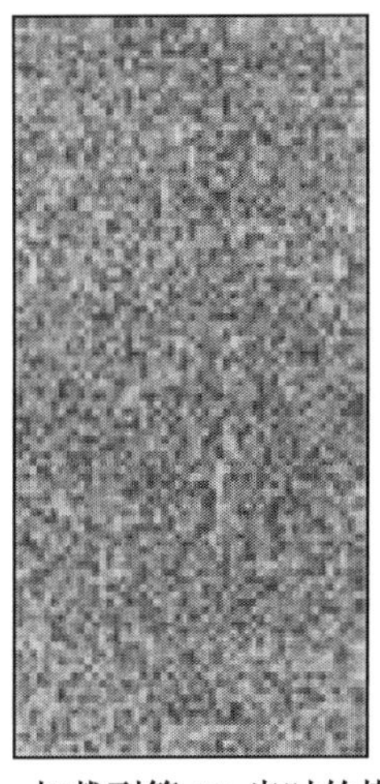

图 4.14 加载到第 60 步时的模拟图像

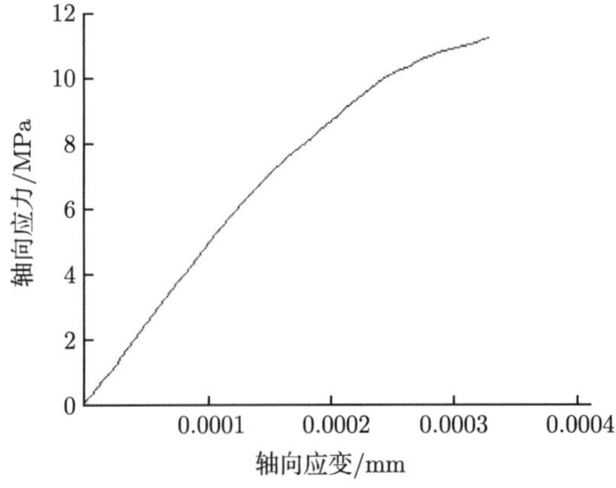

图 4.15 加载到第 60 步时的轴向荷载位移图

加载进行到第 65 步时，这时模型开始出现裂纹，如图 4.16 所示。加载曲线如图 4.17 所示。

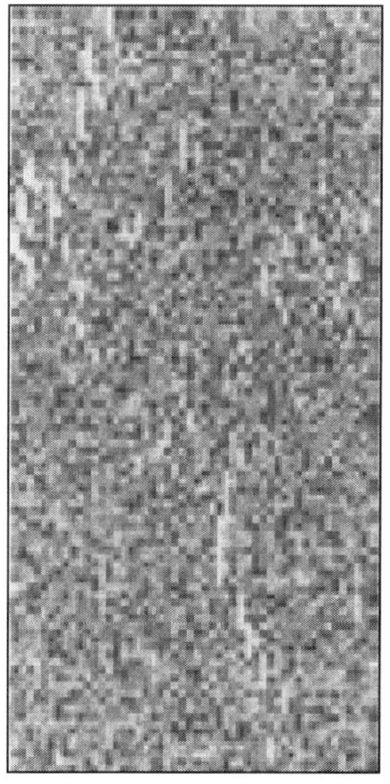

图 4.16 加载到第 65 步时的模拟图像

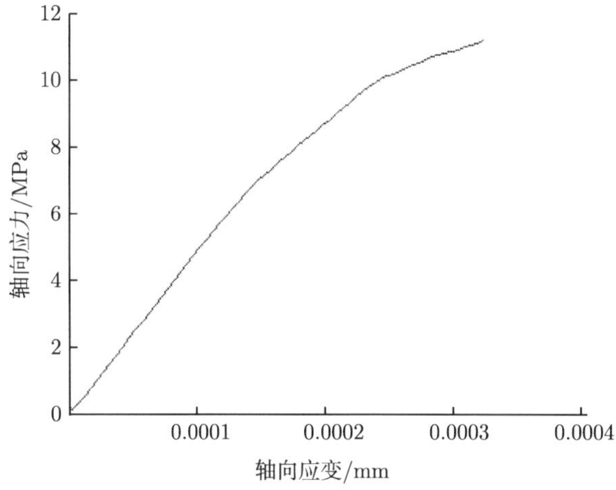

图 4.17 加载到第 65 步时的轴向荷载位移图

加载进行到第 70 步时，试件内部出现多条裂纹，曲线也开始出现屈服阶段，如图 4.18 和图 4.19 所示。

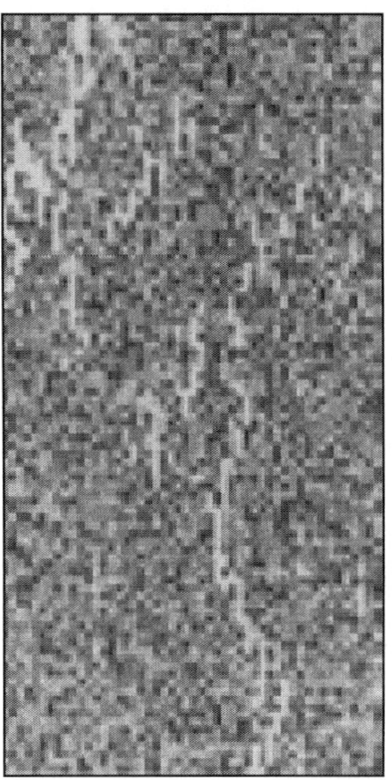

图 4.18 加载到第 70 步时的模拟图像

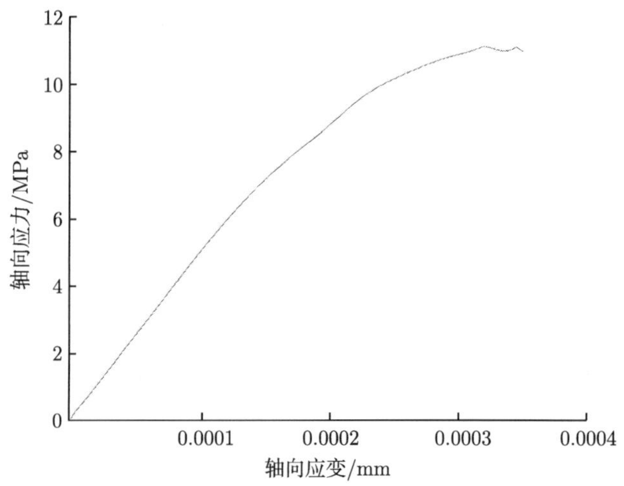

图 4.19 加载到第 70 步时的轴向荷载位移图

加载进行到第 75 步时，裂纹进一步延伸，并且数量增多，如图 4.20 所示。此时加载曲线如图 4.21 所示。

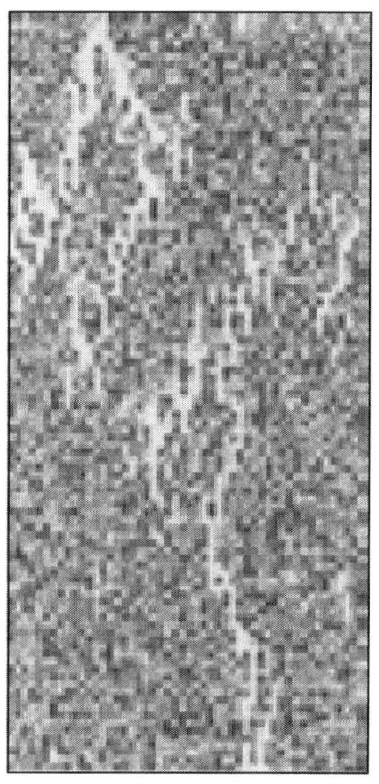

图 4.20 加载到第 75 步时的模拟图像

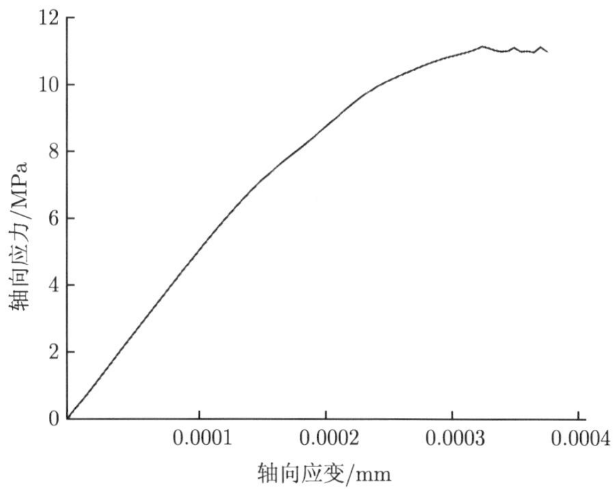

图 4.21 加载到第 75 步时的轴向荷载位移图

加载进行到第 80 步时，这时裂纹贯通模型，模型完全破坏，同时有更多的裂纹出现，如图 4.22 所示。此时加载曲线如图 4.23 所示。

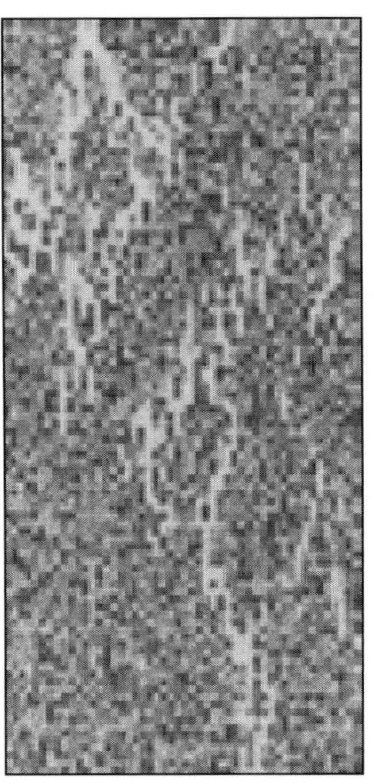

图 4.22　加载到第 80 步时的模拟图像

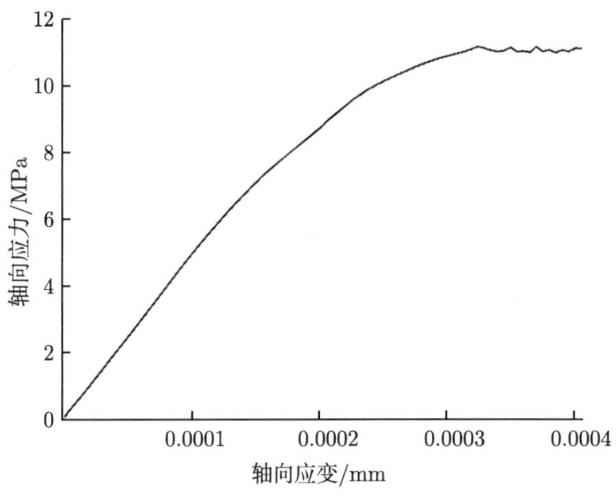

图 4.23　加载到第 80 步时的轴向荷载位移图

由以上结果可以发现，圆柱体单轴压缩试验模拟总共进行了 80 步，在加载进行到第 65 步时，裂纹开始出现，随着加载的进一步进行裂纹逐渐加大，当加载到第 80 步时，裂纹贯通界面，模型完全破坏。由于文献中只有模拟得出的裂纹出现和扩展的图像、加载位移曲线和破坏过程图像，没有试验的图像相比较，这里只定性进行模拟分析。

4.3.1 基于最小耗能原理的岩石损伤演变方程

在 RFPA 软件模拟圆柱体花岗岩单轴压缩试验中，采集的数据为 $\varepsilon_{\mathrm{p}} = 3.2 \times 10^{-4}$，$\sigma_{\max} = 10.4\mathrm{MPa}$，$E = 50\mathrm{GPa}$。

依据 4.2.1 节中同样方法可知损伤演变方程中的系数如下:

$$\begin{cases} \lambda = 2\varepsilon_{\mathrm{p}} = 6.4 \times 10^{-4} \\ c = \ln \sigma_{\max} - \ln E\mathrm{e}\varepsilon_{\mathrm{p}} = -1.423 \\ \varepsilon_0 = -\dfrac{\lambda}{2c} = \dfrac{2\varepsilon_{\mathrm{p}}}{2(\ln E\mathrm{e}\varepsilon_{\mathrm{p}} - \ln \sigma_{\max})} = 2.25 \times 10^{-4} < \varepsilon_{\mathrm{p}} = 3.2 \times 10^{-4} \end{cases} \tag{4.23}$$

同理可得到圆柱体花岗岩单轴压缩试验中岩块的损伤演变方程为

$$D = 1 - \mathrm{e}^{\left(\frac{\lambda}{2\varepsilon} + c\right)} = 1 - \mathrm{e}^{\left(\frac{3.2 \times 10^{-4}}{\varepsilon} - 1.423\right)} \tag{4.24}$$

岩块的损伤演变本构模型如下:

$$\begin{cases} \sigma = E\varepsilon = 5 \times 10^9 \times \varepsilon, & \varepsilon \leqslant \varepsilon_0 \\ \sigma = E\varepsilon \exp\left(\dfrac{\lambda}{2\varepsilon} + c\right) = 5 \times 10^9 \times \varepsilon \times \exp\left(\dfrac{3.2 \times 10^{-4}}{\varepsilon} - 1.423\right), & \varepsilon > \varepsilon_0 \end{cases} \tag{4.25}$$

运用数学计算软件 MATLAB 可得圆柱体花岗岩单轴压缩试验损伤变量演化规律，如图 4.24 所示。

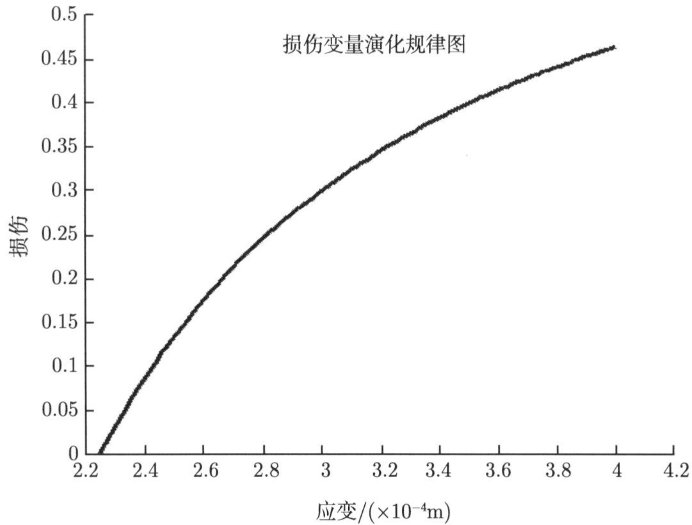

图 4.24 单轴压缩试验中损伤变量演化规律图

由式 (4.25) 得出本书所得的岩块单轴压缩时的应力应变曲线与用 RFPA 软件所得出的圆柱体花岗岩单轴压缩试验的应力应变曲线进行对比，其结果如图 4.25 所示。

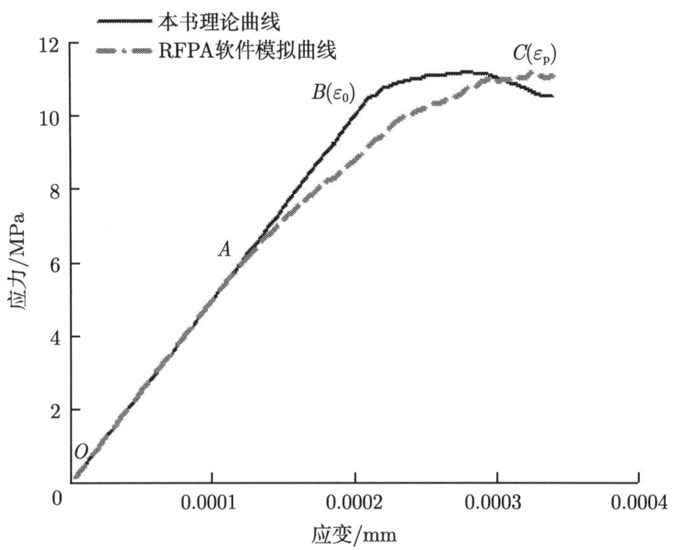

图 4.25　单轴压缩试验中应力应变关系图

从图 4.25 中可以看出，理论曲线和 RFPA 软件模拟曲线均能较好地反映花岗岩的弹塑性，在应力较低 (OA 段) 时，应力–应变曲线略向上弯曲，两种曲线描述得几乎一样；在 AB 段，随着应变的增加，RFPA 软件模拟曲线比理论曲线要缓和一些，这是由于此时应变值小于 ε_0，理论在此时没有考虑岩块的损伤，也就是说此时 $D=0$；在 BC 段，由于 $\varepsilon>\varepsilon_0$，此时则要考虑岩块的损伤，因此用最小耗能原理所描述的应力–应变曲线也开始趋于缓和，从图 4.25 可以看出其与 RFPA 软件所描述的曲线相似。

4.3.2　与 Mazars 损伤模型的对比研究

由 4.2.2 节可知，Mazars 模型中单轴压缩情况下的损伤演化方程为

$$\begin{cases} \sigma = E\varepsilon(1-D), \\ \tilde{\sigma} = \dfrac{\sigma_p}{1-D}, \qquad 0 \leqslant \varepsilon \leqslant \varepsilon_p \\ D = 0, \end{cases} \tag{4.26}$$

$$\begin{cases} \sigma = E\varepsilon(1-D), \\ \tilde{\sigma} = \dfrac{\sigma_{\rm p}}{1-D}, \\ D = 1 - \dfrac{\varepsilon_{\rm p}(1-A_{\rm c})}{\varepsilon} - \dfrac{A_{\rm c}}{\exp[B_{\rm c}(\varepsilon-\varepsilon_{\rm p})]}, \end{cases} \quad \varepsilon > \varepsilon_{\rm p} \tag{4.27}$$

Mazars 损伤模型中单轴压缩时的损伤本构关系为

$$\begin{cases} \sigma = E_0\varepsilon, & 0 \leqslant \varepsilon \leqslant \varepsilon_{\rm p} \\ \sigma = E_0\left[\dfrac{\varepsilon_{\rm p}(1-A_{\rm c})}{-\sqrt{2}\gamma} + \dfrac{A_{\rm c}\varepsilon}{\exp[B_{\rm c}(-\sqrt{2}\mu\varepsilon-\varepsilon_{\rm p})]}\right], & \varepsilon > \varepsilon_{\rm p} \end{cases} \tag{4.28}$$

式中，$\varepsilon_{\rm p}$ 为等效应变，$\varepsilon_{\rm p} = \sqrt{\varepsilon_1^2+\varepsilon_2^2+\varepsilon_3^2}$，$\varepsilon_1$、$\varepsilon_2$、$\varepsilon_3$ 是主应变。

以上可得 Mazars 损伤模型中的名义应力 σ 和损伤 D 随应变 ε 的变化曲线。在式 (4.28) 中，$\varepsilon_{\rm p}$ 为损伤开始时的应变值，定义为 $\varepsilon_{\rm p} = R_{\rm t}/E_0$。$E_0$、$\nu_{\rm s}$、$A_{\rm c}$、$B_{\rm c}$ 从单轴受压试验得到。由此可得 Mazars 损伤模型中单轴压缩情况下的损伤演化方程和损伤本构关系如下：

$$\begin{cases} \sigma = E\varepsilon(1-D) = 5\times10^{10}\varepsilon, \\ D = 0, \end{cases} \quad 0 \leqslant \varepsilon \leqslant \varepsilon_{\rm p} = 3.2\times10^{-4} \tag{4.29}$$

$$\begin{cases} \sigma = E\varepsilon(1-D) = 5\times10^{10}\varepsilon(1-D), \\ D = 1 - \dfrac{\varepsilon_{\rm p}(1-A_{\rm c})}{\varepsilon} - \dfrac{A_{\rm c}}{\exp[B_{\rm c}(\varepsilon-\varepsilon_{\rm p})]} \\ \quad = 1 + \dfrac{6.4\times10^{-5}}{\varepsilon} - \dfrac{1.2}{\exp\left[1500\times(\varepsilon-3.2\times10^{-4})\right]}, \end{cases} \quad \varepsilon > \varepsilon_{\rm p} = 3.2\times10^{-4} \tag{4.30}$$

运用数学计算软件 MATLAB 可得在圆柱体花岗岩单轴压缩试验中用 Mazars 损伤演变方程和基于最小耗能原理的损伤演变方程所得损伤变量的临界值如图 4.26 所示。

从图 4.26 中可以看出，Mazars 理论曲线和基于最小耗能原理的岩块损伤演变方程都能较好地描述花岗岩的损伤演变过程。Mazars 损伤理论曲线的损伤门槛值是在当应力取最大值时所对应的应变值 $\varepsilon_{\rm p}$，基于最小耗能原理的损伤理论曲线的损伤阈值 $\varepsilon_0 < \varepsilon_{\rm p}$，其更符合损伤力学中损伤应发生在塑性区间的理论；Mazars 损伤理论曲线认为其损伤临界值 $D_{\rm c} = 1$，基于最小耗能原理的损伤理论曲线认为其损伤临界值 $D_{\rm c} = 0.724 < 1$。

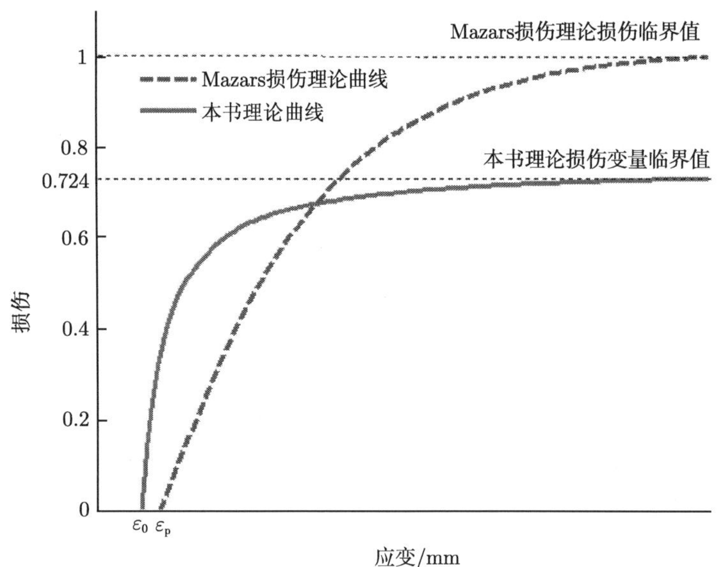

图 4.26 圆柱体花岗岩单轴压缩试验中两种理论损伤变量演化规律图

两种理论的结果及模拟结果的比较如图 4.27 所示。

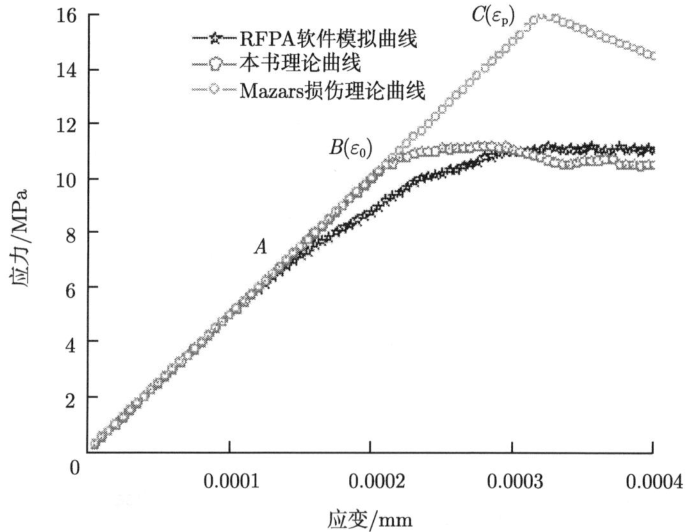

图 4.27 圆柱体花岗岩单轴压缩试验中三种理论应力应变关系图

由图 4.27 可见，三条曲线均能较好地反映花岗岩的弹塑性。在应力较低时，三种理论曲线描述几乎一样；而当应力达到一定的数值后，应力应变曲线的描述存在着一定的偏差。很显然，基于最小耗能原理的应力应变曲线比 Mazars 损伤理论曲线更加接近于 RFPA 软件模拟曲线。由此可知，基于最小耗能原理的损伤演变方程比 Mazars 损伤演变方程更符合实际情况。

由上述长方体与圆柱体花岗岩单轴压缩试验和用 MATLAB 数学计算软件得出的损伤变量演化规律可以得到如下结论。

(1) 岩石在单轴压缩初期，即在岩石内部没有裂纹产生之前，可以认为此时岩块没有任何损伤。但当应变达到一定值时，岩石内部刚好有产生裂纹的趋势，则认为此时岩块开始产生损伤。并且由损伤力学知识可以得知，损伤应发生在塑性区间内，在花岗岩单轴压缩试验中，损伤的应变值要小于最大应力所对应的应变值，与损伤力学理论相符。

(2) 上述岩石损伤演化方程以最小耗能原理为理论基础，从而摆脱了定义损伤的常规计算方法，在常规方法计算中都认为损伤临界值 $D_c = 1$，即认为岩块的有效面积为 0。事实上，岩块破坏时，有效承载面积大于零，也就是岩块的损伤存在着一个临界值，而且此临界损伤值一定小于 1。而由图 4.12 和图 4.26 可以得出，在长方体和圆柱体花岗岩单轴压缩试验中所得损伤临界值分别为 0.619 和 0.724，均小于 1，这比 Mazars 损伤演变方程更符合损伤理论。

4.4 本 章 小 结

本章采用长方体和圆柱体花岗岩单轴压缩试验模型，用试验和 RFPA 软件进行岩块从细观损伤到宏观破坏的整个过程的研究，并得出了整个过程中的轴向应力应变曲线图，用数学分析软件 MATLAB 得出了基于最小耗能原理的单轴压缩下应力应变关系图，同时与经典的 Mazars 损伤模型所得的应力应变关系图进行对比，得出基于最小耗能原理的损伤演变方程更能反映岩块的损伤过程。

参 考 文 献

[1] 徐涛, 唐春安, 张哲, 等. 单轴压缩条件下脆性岩石变形破坏的理论、试验与数值模拟. 东北大学学报 (自然科学版), 2003, 24(1): 87-90.

[2] 唐春安. 岩石破裂过程数值试验. 北京: 科学出版社, 2003.

[3] 高玮. 岩石力学. 北京: 北京大学出版社, 2010.

[4] Mazars J, Pijaudier-Cabot G. Continuum damage theory-application to concrete. Journal of Engineering Mechanics, 1989, 115(2): 345-365.

[5] 谢和平. 岩石混凝土损伤力学. 北京: 中国矿业大学出版社, 1998.

第 5 章　岩质边坡稳定性分析

5.1　岩质边坡失稳过程理论分析

5.1.1　含单裂纹岩质边坡破坏过程分析

对于岩质边坡工程来讲，通常产生破坏的原因是由于岩石所处的天然条件的变化，例如，岩质边坡等的开挖造成应力重分布等。由于岩质边坡开挖后形成了自由表面，这就相当于只施加了轴向应力，因此在分析开挖形成的岩质边坡时，可以将模型进行简化，只考虑单一方向的作用力。本书根据西北某岩质边坡断面原型进行研究，该岩质边坡横向总跨度 20m，高 13m，边坡坡度 45°。根据该岩质边坡的相关数据，假设原生裂纹的长度为 100cm，倾角为 45°，材料的弹性模量为 26GPa，泊松比为 0.3，摩擦系数为 0.5，断裂韧度 $K_{\mathrm{Ic}}=0.86\mathrm{MPa}\cdot\mathrm{m}^{1/2}$，$K_{\mathrm{IIc}}=0.64\mathrm{MPa}\cdot\mathrm{m}^{1/2}$。

1) 翼裂纹起裂

由于岩质边坡的施加荷载，原始裂纹处于压剪状态，根据压剪条件下的翼裂纹的起裂判据式 (3.11) 及 3.1 节的分析，起始开裂角 $\theta_{\mathrm{c1}}=47.02°$，计算得到翼裂纹的起裂荷载 $\sigma_{\mathrm{c1}}=2.83\mathrm{MPa}$。

2) 翼裂纹扩展

由于 Horii 和 Nemat-Nasser 的滑动模型比较适合岩石类材料的裂纹扩展判断，根据式(3.20)可计算裂纹初始扩展长度为 l_1，计算得到 $l_1=10\mathrm{cm}$，根据式(3.13)有

$$\left\{\begin{aligned} K_{\mathrm{I}} &= \frac{2c\tau_{\mathrm{eff}}\sin\theta}{\sqrt{\pi(l+l^*)}}-\sigma_n'\sqrt{\pi l}=0.3628\mathrm{MPa}\cdot\mathrm{m}^{-1/2} \\ K_{\mathrm{II}} &= \frac{2c\tau_{\mathrm{eff}}\sin\theta}{\sqrt{\pi(l+l^*)}}-\tau_n'\sqrt{\pi l}=0.6129\mathrm{MPa}\cdot\mathrm{m}^{-1/2} \end{aligned}\right. \tag{5.1}$$

Horii 和 Nemat-Nasser 的试验研究表明[1]，压剪裂纹发生张拉型裂纹，即在原始裂纹面的尖端形成拉伸翼裂纹。由于该模型在原始裂纹尖端形成拉伸型翼裂纹，则此时采用最大拉应力准则来分析压剪裂纹的起裂及扩展过程较好。根据式 (3.10) 的拉伸判据得到 $\theta_{\mathrm{c2}}=-59.7°$。由式 (3.11) 的裂纹起裂准则可计算得到翼裂纹的起裂荷载 $\sigma_{\mathrm{c2}}=3.45\mathrm{MPa}$。$K_{\mathrm{I}}$、$K_{\mathrm{II}}$ 根据下式计算：

$$\left\{\begin{aligned} K_{\mathrm{I}} &= \sigma\sqrt{\pi c}\cos^2\beta \\ K_{\mathrm{II}} &= \sigma\sqrt{\pi c}\sin\beta\cos\beta \end{aligned}\right. \tag{5.2}$$

同理根据式 (3.20) 可计算裂纹扩展长度，其结果为 23cm。

在此基础上裂纹扩展一定长度，到达点 3。将点 0 与点 3 连接，将 03 视为新的受压原始裂纹，重新计算裂纹的起裂、扩展，可以得到裂纹各步扩展过程中的开裂角和临界值，裂纹扩展轨迹如图 5.1 所示。

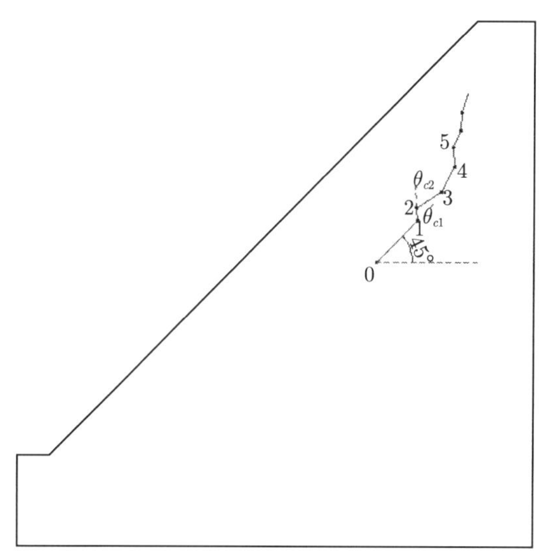

(a)边坡破坏过程中单裂纹扩展图

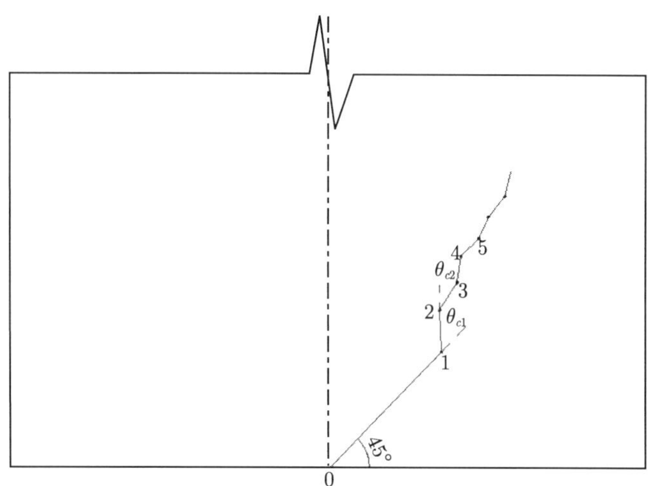

(b)单裂纹扩展局部图

图 5.1　岩质边坡破裂过程中裂纹扩展轨迹

5.1.2　含双裂纹岩质边坡破坏过程分析

岩石是一种天然的地质材料，在长期的地质作用过程中，其内部通常存在多种微缺陷。因此，实际岩石工程中岩石内部往往是成组裂纹或几组裂纹同时存在。研究岩质边坡破坏过程中裂纹间的相互作用以及裂纹贯通模式显得十分必要。由分析可知，在岩质边坡开挖后形成了自由表面，使轴向应力 σ_2 在自由表面降低为零，相当于在岩质边坡预存裂纹的远场只施加了压应力 σ_1，因此只考虑单轴受压的情况。

本节仍然采用上节某岩质边坡断面作为原型，并作初步简化。根据该岩质边坡的相关数据，假设岩质边坡内部存在两个垂直距离为 $2b = 300\text{cm}$ 的原生裂纹，其长度均为 100cm，原始裂纹倾角为 45°，岩石其他参数为：边坡坡度为 45°，材料的弹性模量为 26GPa，断裂韧度 $K_{\text{Ic}} = 0.86\text{MPa}\cdot\text{m}^{1/2}$，$K_{\text{IIc}} = 0.64\text{MPa}\cdot\text{m}^{1/2}$，泊松比为 0.3，摩擦系数为 0.5。岩质边坡中裂纹分布如图 5.2 所示。

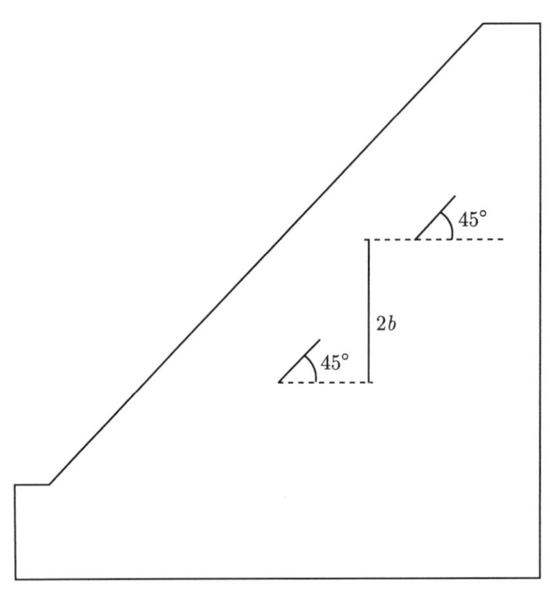

图 5.2　岩质边坡中裂纹位置分布示意图

1) 翼裂纹起裂

由于岩质边坡内两相邻裂纹之间的间距比较大，其中 $l/b = 0.33$，小于 0.5，由本书 3.1 节的分析可知，在计算起始翼裂纹时，裂纹尖端的应力强度因子的计算可不考虑其他裂纹的影响，即可不用考虑多裂纹之间的相互作用影响。由于岩质边坡的自重作用及其他外荷载作用，原始裂纹处于压剪状态，根据压剪条件下的翼裂纹的起裂判据式 (3.10)，可以计算得到起始开裂角为 $\theta_{\text{c1}} = 47.02°$，由式 (3.11) 的裂纹起裂准则可计算得到翼裂纹的起裂荷载 $\sigma_{\text{c1}} = 141\text{kPa}$。

2) 翼裂纹初始扩展

根据适合于岩石类材料的滑移型裂纹扩展判断，由式 (3.20) 可以计算得到初始翼裂纹的扩展长度为

$$l_1 = \frac{b}{\pi}\arcsin\left\{\frac{1}{b}\left[\frac{\sigma_{c1}^2\sin^2\theta\left[c\left(\sin 2\theta-\mu\cos 2\theta\right)-\mu/2\right]^2}{K_{\mathrm{I}c}^2}\right]\right\}=0.1772\mathrm{m}$$

则初始翼裂纹扩展后的情况如图 5.3 所示，岩质边坡内上部裂纹扩展了两个翼裂纹，长度均为 0.1772m；同时，下部裂纹也扩展了相应的长度。此时若采用滑移型裂纹等效方式，可初步计算出 $l'/b'\approx 0.39$，因此，仍可不考虑裂纹之间的相互影响。同理，根据式 (3.6) 及式 (3.12) 可得

$$\begin{cases} K_{\mathrm{I}}=\dfrac{2c\tau_{\mathrm{eff}}\sin\theta}{\sqrt{\pi\left(l_1+l^*\right)}}-\sigma_n'\sqrt{\pi l_1}=0.0610\mathrm{MPa}\cdot\mathrm{m}^{-1/2} \\ K_{\mathrm{II}}=\dfrac{2c\tau_{\mathrm{eff}}\sin\theta}{\sqrt{\pi\left(l_1+l^*\right)}}-\tau_n'\sqrt{\pi l_1}=0.1136\mathrm{MPa}\cdot\mathrm{m}^{-1/2} \end{cases} \tag{5.3}$$

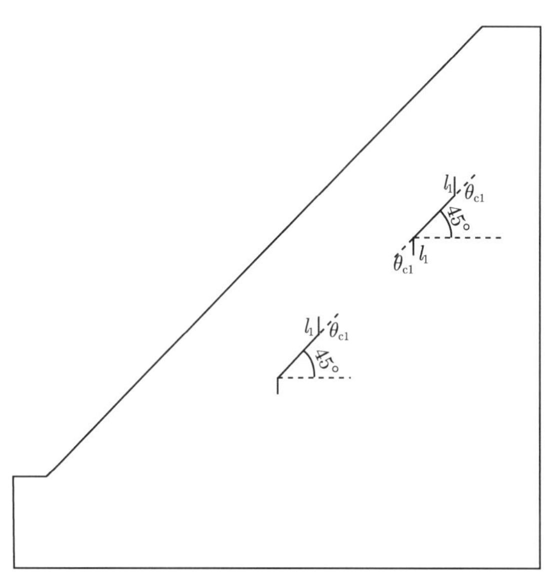

图 5.3 岩质边坡内翼裂纹起始扩展示意图

3) 翼裂纹第二次扩展

由于压剪裂纹发生张拉型断裂模式，在裂纹面的尖端将形成拉伸翼裂纹，因此，采用最大拉应力准则来分析压剪裂纹的起裂及扩展过程较好。将初始翼裂纹尖端处的应力强度因子 K_{I}、K_{II} 代入式 (3.10)，则有

$$\theta_{c2}=\arccos\frac{3K_{\mathrm{II}}^2+\sqrt{K_{\mathrm{I}}^4+8K_{\mathrm{I}}^2K_{\mathrm{II}}^2}}{K_{\mathrm{I}}^2+9K_{\mathrm{II}}^2} \tag{5.4}$$

根据式 (3.13) 可得到 $\theta_{c2}=-60.7°$。将 $\theta_{c2}=-60.7°$ 代入式 (3.15) 得

$$
\begin{aligned}
&(3-4\mu-\cos\theta_{c2})(1+\cos\theta_{c2})K_{\mathrm{I}}^2+4\sin\theta_{c2}(2\mu-1+\cos\theta_{c2})K_{\mathrm{I}}K_{\mathrm{II}}\\
&+[4(1-\mu)(1-\cos\theta_{c2})+(1+\cos\theta_{c2})(3\cos\theta_{c2}-1)]K_{\mathrm{II}}^2=4(1-2\mu)K_{\mathrm{Ic}}^2 \quad (5.5)
\end{aligned}
$$

将相关数据代入可以计算得到 $\sigma_{c2}=184\text{kPa}$。根据适合于岩石类材料的滑移型裂纹扩展判断，由式 (3.20) 可以计算得到翼裂纹的继续扩展长度为

$$
l_2=\frac{b}{\pi}\arcsin\left\{\frac{1}{b}\left[\frac{\sigma_{c2}^2\sin^2\theta_{c2}\left[c(\sin 2\theta_{c2}-\mu\cos 2\theta_{c2})-\mu/2\right]^2}{K_{\mathrm{Ic}}^2}\right]\right\}=0.4560\text{m}
$$

在翼裂纹的基础上，随着应力的增加，裂纹将持续扩展长度为 l_2 的距离，如图 5.4 所示。

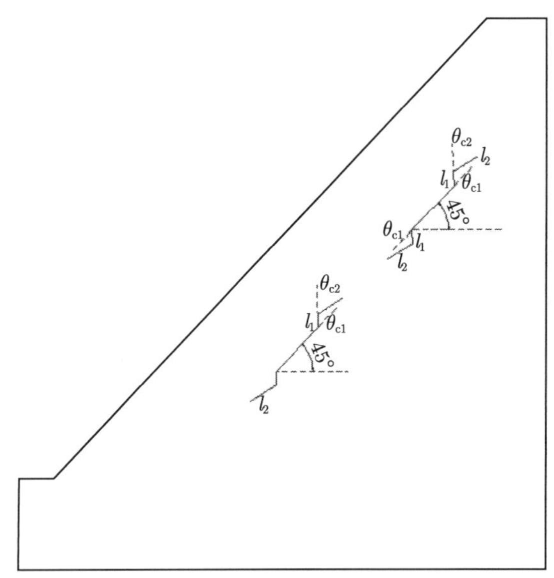

图 5.4　岩质边坡贯通破坏曲线

4) 裂缝贯通形成岩质边坡整体破坏

在岩质边坡原始裂纹的基础上，裂纹首先扩展一定长度，此时，若初始裂纹扩展后岩质边坡中的应力仍然较大，裂纹将持续扩展，到达某新的一点。原始裂纹经过上述两次扩展，裂纹之间的距离不断接近。随着裂纹长度的增加，多条裂纹之间的影响便不能忽略，裂纹尖端的强度因子便需要进行重新计算。将原生裂纹和扩展的裂纹看成是一个新的原始裂纹，根据式 (3.15) 和式 (3.17) 重新计算裂纹的起裂、扩展，可以得到裂纹各步扩展过程中的开裂角和临界值。根据上面的分析，当满足

条件 $K_{\mathrm{I}} > K_{\mathrm{Ic}}$ 时，裂纹贯通形成破坏滑动面，从而导致岩质边坡的整体破坏，岩质边坡最终贯通破坏的曲线如图 5.5 所示。

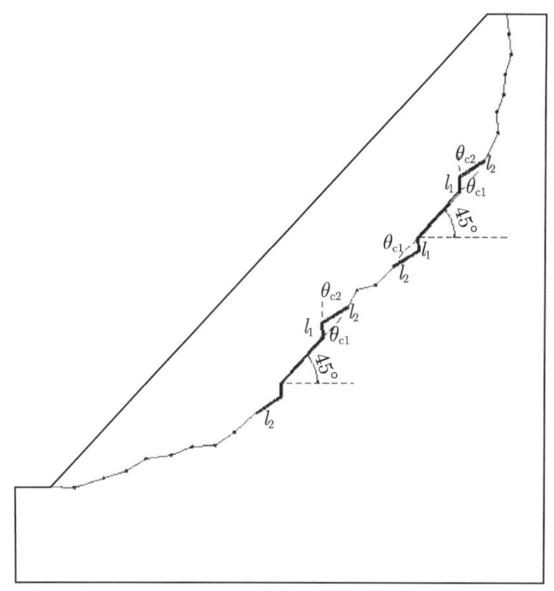

图 5.5 岩质边坡内翼裂纹第二次扩展示意图

5.1.3 含多裂纹岩质边坡破坏过程分析

实际上，岩体并不是以单一裂纹存在的，在经历了长期的地质活动后，其岩体内部通常有多种微缺陷或者多条裂隙同时存在。因此，在研究岩石破坏过程时对多条裂纹间的相互作用以及裂纹贯通模式的研究显得十分必要。由于岩石开挖后形成的边坡可以看作是自由表面，因此，轴向应力 σ_2 在边坡表面处降低为零，相当于在岩质边坡预存裂纹的远场只施加了压应力 σ_1，此时岩质边坡可以作为单轴受压的情况考虑。

岩质边坡横向总跨度 15m，高 18m，边坡坡度 60°。根据该岩质边坡的相关数据，假设该边坡内部存在 7 条原生裂纹，长度为 100cm，倾角为 30° ~ 45°，材料的弹性模量为 26GPa，泊松比为 0.3，摩擦系数为 0.5，假定各个裂纹断裂韧度均为 $K_{\mathrm{Ic}} = 0.66\mathrm{MPa}\cdot\mathrm{m}^{1/2}$，$K_{\mathrm{IIc}} = 0.36\mathrm{MPa}\cdot\mathrm{m}^{1/2}$，岩质边坡中的裂纹分布如图 5.6 所示。

1) 翼裂纹起裂

由于岩质边坡内两相邻裂纹之间的间距较大，在计算起始翼裂纹时，裂纹尖端的应力强度因子的计算可不考虑其他裂纹的影响，即可不用考虑多裂纹之间的相互作用影响，原始裂纹处于压剪状态。根据压剪条件下翼裂纹的起裂判据式计算各裂纹的起始开裂角和起裂长度为 $\theta_{c1} = 49.22°$，$l_1 = 0.2032\text{m}$；$\theta_{c2} = 35.12°$，$l_2 = 0.1225\text{m}$；$\theta_{c3} = 49.22°$，$l_3 = 0.2032\text{m}$；$\theta_{c4} = 49.22°$，$l_4 = 0.2032\text{m}$；$\theta_{c5} = 35.12°$，$l_5 = 0.1225\text{m}$；$\theta_{c6} = 49.22°$，$l_6 = 0.2032\text{m}$；$\theta_{c7} = 49.22°$，$l_7 = 0.2032\text{m}$。

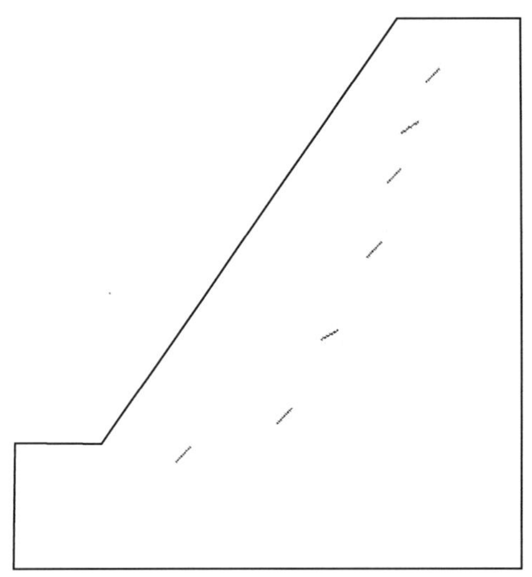

图 5.6　岩质边坡中裂纹位置分布示意图

从上至下依次为 1 号裂纹：倾角 45°；2 号裂纹：倾角 30°；3 号裂纹：倾角 45°；4 号裂纹：倾角 45°；5 号裂纹：倾角 30°；6 号裂纹：倾角 45°；7 号裂纹：倾角 45°

各条裂纹起始扩展情况如图 5.7 所示。

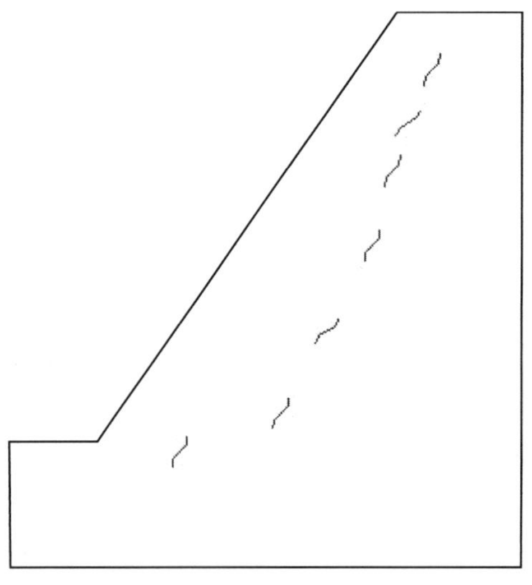

图 5.7　岩质边坡内部翼裂纹起始扩展示意图

2) 翼裂纹第二次扩展

由于压剪裂纹发生张拉型断裂模式，在裂纹面的尖端将形成拉伸翼裂纹，因此，采用最大拉应力准则来分析压剪裂纹的起裂及扩展过程较好。先根据式 (3.13) 计算应力强度因子为 $K_{\rm I}=0.2512\text{MPa}\cdot\text{m}^{1/2}$，$K_{\rm II}=0.2611\text{MPa}\cdot\text{m}^{1/2}$。

同理计算得到各裂纹的起始开裂角和起裂长度为 $\theta_{\rm c1}=66.72°$，$l_1=0.5540\text{m}$；$\theta_{\rm c2}=45.02°$，$l_2=0.3675\text{m}$；$\theta_{\rm c3}=66.72°$，$l_3=0.5540\text{m}$；$\theta_{\rm c4}=66.72°$，$l_4=0.5540\text{m}$；$\theta_{\rm c5}=45.02°$，$l_5=0.3675\text{m}$；$\theta_{\rm c6}=66.72°$，$l_6=0.5540\text{m}$；$\theta_{\rm c7}=66.72°$，$l_7=0.5540\text{m}$。

各条裂纹第二次扩展情况如图 5.8 所示。

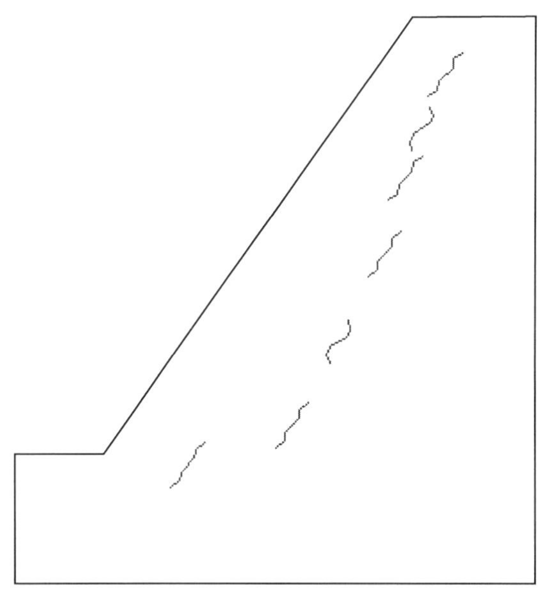

图 5.8 岩质边坡内部翼裂纹第二次扩展示意图

3) 翼裂纹第三次扩展

此时采用滑移裂纹等效方式计算，可知边坡下部四条裂纹 $l'/b'<0.5$，可不考虑裂纹相互影响，而边坡上部三条裂纹扩展 $l'/b'>0.5$，不可忽略裂纹之间的相互影响，这主要通过对应力强度因子的影响来实现。可以采用 Kachanov 方法来分析一裂纹对另一裂纹应力强度因子的影响，它只考虑裂纹面上线性分布面力的影响而忽略高阶项的影响，线性分布面力的选取要保证其和裂纹面上面力的静力等效。采用第 3 章理论来分析压剪裂纹的起裂及扩展过程，计算应力强度因子为①上部三条都近似为 $K_{\rm I}=0.0612\text{MPa}\cdot\text{m}^{1/2}$，$K_{\rm II}=0.0725\text{MPa}\cdot\text{m}^{1/2}$；②下部四条都近似为 $K_{\rm I}=0.1532\text{MPa}\cdot\text{m}^{1/2}$，$K_{\rm II}=0.1815\text{MPa}\cdot\text{m}^{1/2}$。

计算得到各裂纹的起始开裂角和起裂长度为 $\theta_{c1}=70.77°$，$l_1=0.7521\text{m}$；$\theta_{c2}=60.22°$，$l_2=0.5545\text{m}$；$\theta_{c3}=70.77°$，$l_3=0.7521\text{m}$；$\theta_{c4}=68.12°$，$l_4=0.5540\text{m}$；$\theta_{c5}=55.32°$，$l_5=0.4545\text{m}$；$\theta_{c6}=68.12°$，$l_6=0.5540\text{m}$；$\theta_{c7}=68.12°$，$l_7=0.5540\text{m}$。

各条裂纹第三次扩展情况如图 5.9 所示。

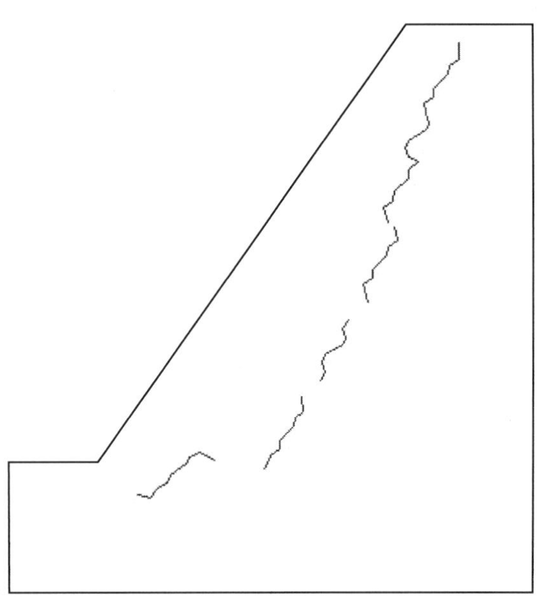

图 5.9　岩质边坡内部翼裂纹第三次扩展示意图

此后继续按此步骤计算裂纹的开裂和扩展过程。

4) 裂缝贯通形成岩质边坡整体破坏

在岩质边坡原始裂纹的基础上，裂纹首先扩展一定长度，此时，若初始裂纹扩展后岩质边坡中的应力仍然较大，裂纹将持续扩展，到达某新的一点。原始裂纹经过上述两次扩展，裂纹之间的距离不断接近。随着裂纹长度的增加，多条裂纹之间的影响便不能忽略，裂纹尖端的强度因子便需要进行重新计算。将原生裂纹和扩展的裂纹看成是一个新的原始裂纹重新计算裂纹的起裂、扩展，可以得到裂纹各步扩展过程中的开裂角和临界值。根据上面的分析，当满足条件 $K_{\text{I}}>K_{\text{Ic}}$ 时，裂纹贯通形成破坏滑动面，从而导致岩质边坡的整体破坏。而在边坡贯通破坏的后期，也就是接近坡脚时，裂纹的贯通会受到其他因素的影响，因而会导致破坏面偏离理论计算的路径。但正是因为如此，才能最终形成比较合理的边坡破坏曲线，岩质边坡最终贯通破坏的曲线如图 5.10 所示。

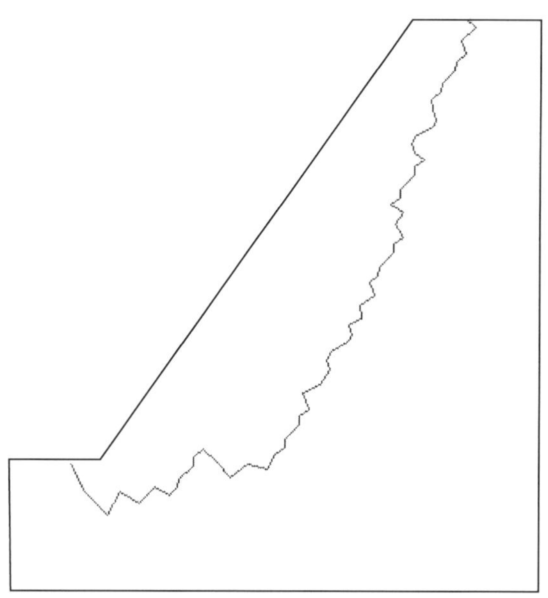

图 5.10 岩质边坡贯通破坏曲线

现实中岩质边坡最终的破坏面呈弧线，该岩质边坡的最终破裂面大概为穿越各个扩展裂纹的一个滑移面，如图 5.11 所示。

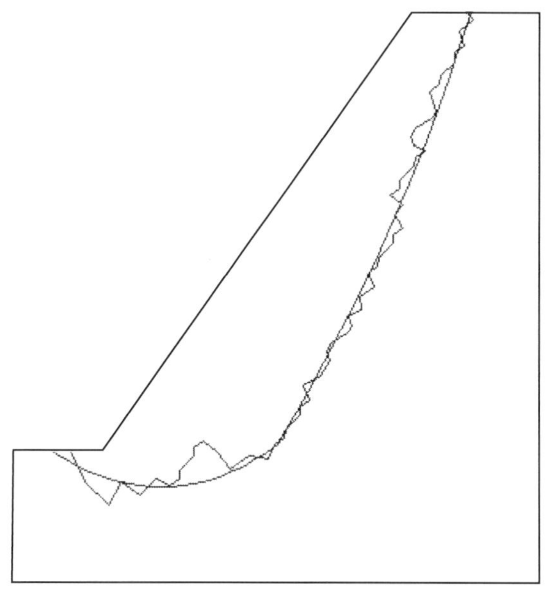

图 5.11 岩质边坡最终贯通破坏图

需要说明的是，5.1 节理论计算中，由于裂隙的扩展，边坡中应力会发生调整变化，计算应力强度因子时应力需要根据 5.2 节的数值方法确定。

5.2 岩质边坡失稳过程数值模拟

5.2.1 基于 RFPA 软件的含裂纹岩质边坡的破坏过程数值模拟

作为典型研究，这里以某内部含裂纹岩质边坡为例，用 RFPA 软件进行数值模拟分析[2]，得出相应的轴向荷载变形曲线、破坏图像以及在裂纹扩展过程中的声发射情况，并与前面推导的基于最小耗能原理的含裂纹岩石破坏准则及其扩展过程进行对比，模拟结果表明，前述基于最小耗能原理的裂纹扩展破坏准则是可靠的。

根据 5.1.1 节所述的西北某岩质边坡断面原型，原岩质边坡断面尺寸为：横向总跨度 20m，高 13m，边坡坡度 45°，内部含有长约为 100mm 的原始裂纹，裂纹倾角为 45°。通过简化处理，数值模拟选用如图 5.12 所示的模型，模型横向为 20mm，高 13mm，划分模型为 $80 \times 52 - 8 \times 52$ 共 3744 个单元，弹性模量为 26GPa，泊松比为 0.3，黏聚力为 30kPa，内摩擦角为 25°，单轴抗拉强度为 20MPa，均质度系数 $m = 6.0$。整个加载过程采用位移加载控制的加载控制模式，加载控制步数为 50 步，每步的位移量为 0.0005m。

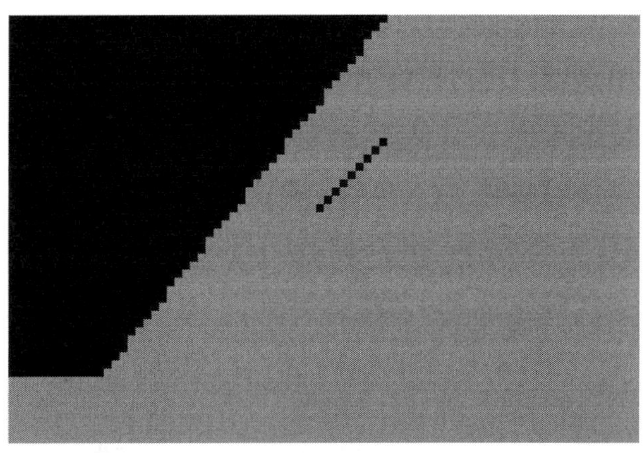

图 5.12 原始含裂纹的岩质边坡模型

当加载到第 3 步第 2 分步时，从图 5.13 中可以看出，在裂纹附近翼裂纹开始产生。翼裂纹的位置正好位于裂纹尖端，并与原生裂纹方向大致呈 45° 夹角。虽然与前面按照最小耗能原理的裂纹扩展路径有一定的差距 (47.02°)，但基本能够反映裂纹的扩展方向，这证明了基于最小耗能原理的裂纹起裂判断是基本正确的。另外，裂隙扩展约 11cm，其和理论计算的 10cm 接近，证明理论和模拟基本吻合。同时从图 5.14 可以看出该步的声发射情况，在裂纹尖端处的声发射相对比其他地方要集中，这主要是由于翼裂纹的产生，形成新的裂纹带，从而增加了新的表面而释放能量。

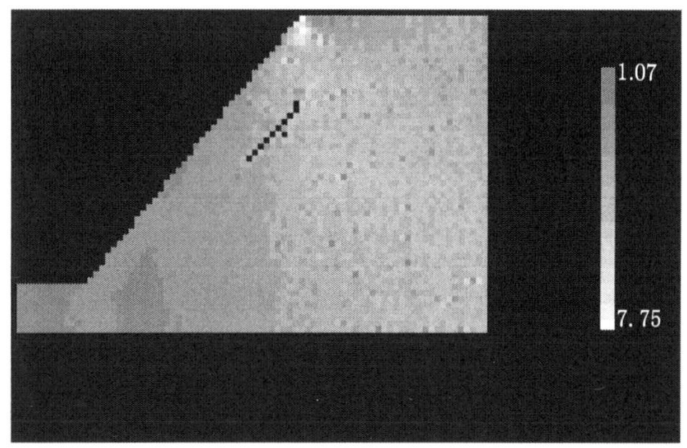

图 5.13　加载到第 3 步第 2 分步时剪切应力分布及翼裂纹分布

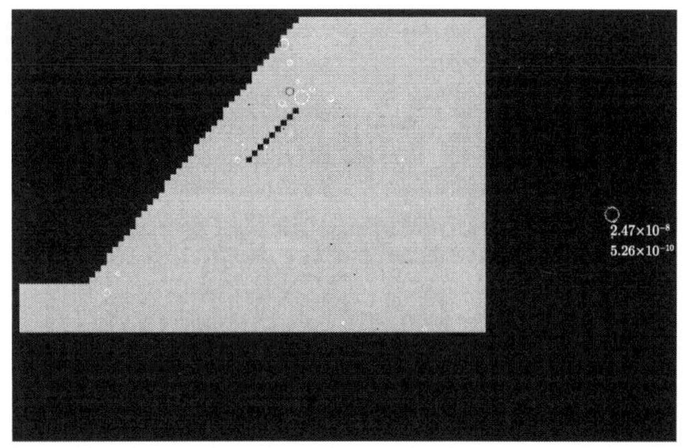

图 5.14　加载到第 3 步第 2 分步时声发射分布情况

当加载到第 5 步第 6 分步时，裂纹扩展时岩质边坡内部的剪切应力分布及翼裂纹分布如图 5.15 所示。从图中可以看出，原生裂纹周围产生多条新的翼裂纹，同时先前已经产生的次生裂纹在外荷载的作用下继续扩展，扩展角度约 56°，其与理论计算结果 (59.7°) 基本吻合，因此，理论计算得到的扩展方向和数值计算基本符合。但是，数值计算得到的扩展长度约为 17cm，其与理论结果 (23cm) 有较大差距。其原因为，数值计算中此时主裂隙尖端出现了多条次生裂纹，扩展长度仅仅是其中最大的一条次生裂纹长度，而在理论计算中，只考虑一条次生裂纹。由于多条次生裂纹中最大裂纹消耗的能量和一条次生裂纹消耗的能量不同，因此，它们的扩展长度显然不同。也就是说，实际上，次生裂纹的数量严重影响裂纹的扩展方式。因此，理论计算得到扩展裂纹的情况不能通过数值计算验证，这也是本书的一个局限性。

到达该过程时岩石内部的声发射分布情况如图 5.16 所示，在裂纹扩展的过程中伴随着声发射数量的增加。

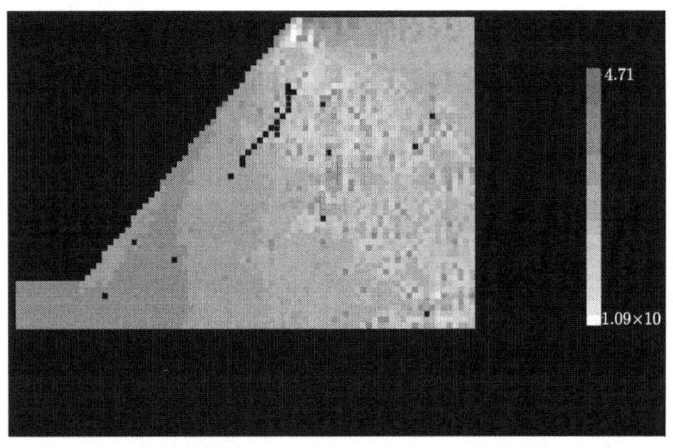

图 5.15　加载到第 5 步第 6 分步时剪切应力分布及翼裂纹分布

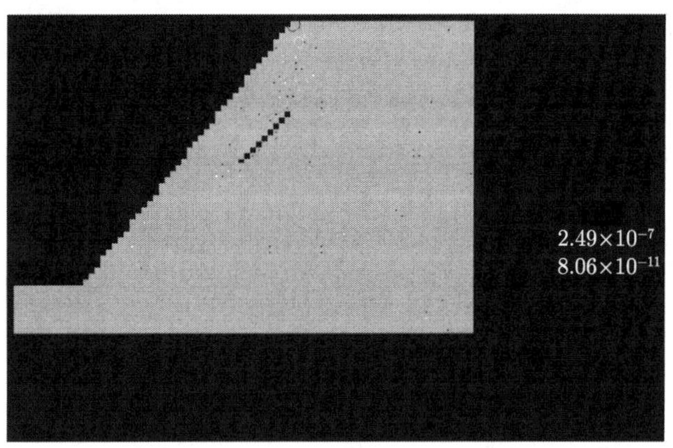

图 5.16　加载到第 5 步第 6 分步时声发射分布情况

图 5.17 为模拟加载到 5 步第 21 分步时剪切应力分布及翼裂纹扩展分布，从图中可以看出，当原始裂纹扩展产生翼裂纹后，若继续施加主应力作用，裂纹将不断扩展，同时可以看到，产生的多条翼裂纹之间有贯通的趋势。比较图 5.18 和图 5.1 可以发现，此时数值计算得到的扩展角度和方向与理论计算的结果差别很大，其根本原因就是理论计算中任何时候都只计算一条次生裂纹，而实际上，越往后进行，

数值计算的次生裂纹越多，也就是说，次生裂纹的数量差距越来越大，因此，二者的计算已不具有可比性。但是，二者裂隙扩展的总体趋势是一样的，这也说明理论计算的结果是可行的，能反映总体趋势。

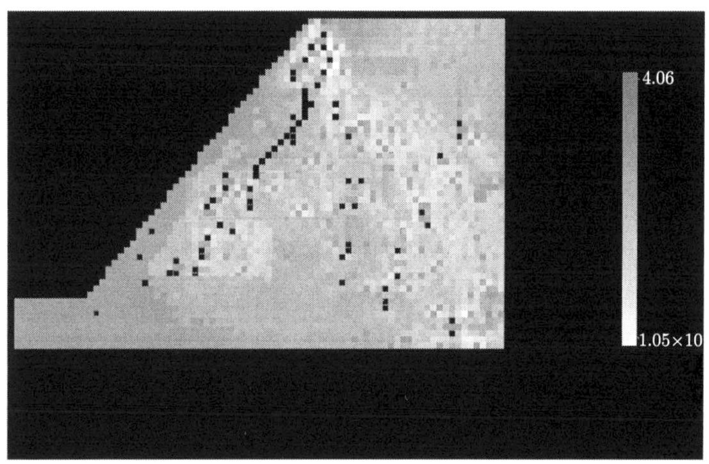

图 5.17　加载到第 5 步第 21 分步时剪切应力分布及翼裂纹扩展分布

当加载到第 6 步第 29 分步时，裂纹扩展导致岩质边坡的破坏如图 5.18 所示。从图中可以看出，裂纹周围已出现许多小的次生裂纹，翼裂纹的扩展最终导致边坡的破坏面相贯通，形成一条贯通的破坏面，从而导致岩质边坡的最终破坏。

岩质边坡破坏全过程的声发射情况如图 5.19～图 5.21 所示。

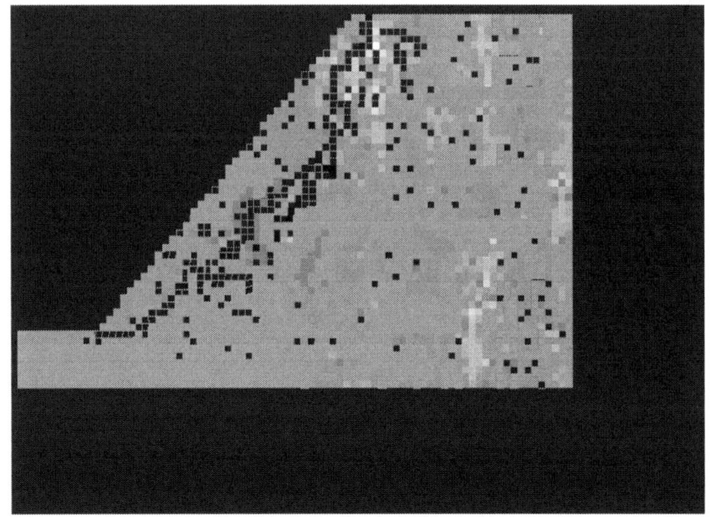

图 5.18　裂纹扩展导致岩质边坡的破坏

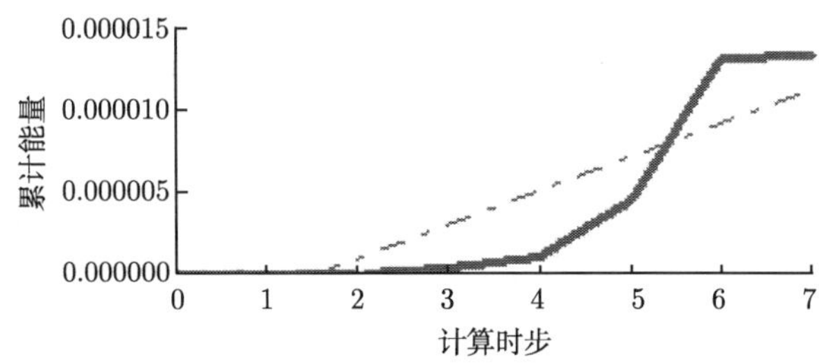

图 5.19　全过程中的声发射累计能量曲线

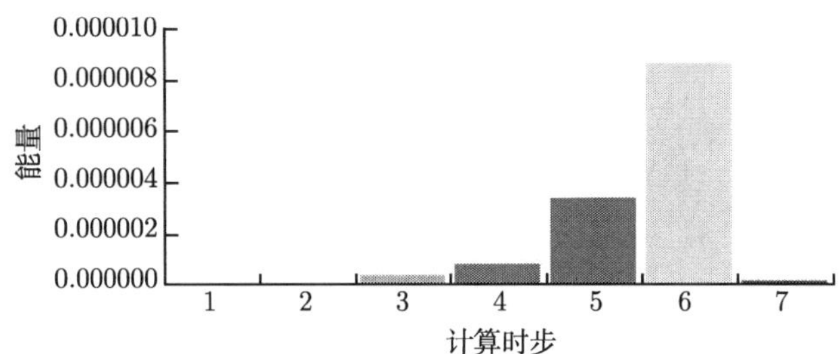

图 5.20　各计算步过程中的声发射能量分布曲线

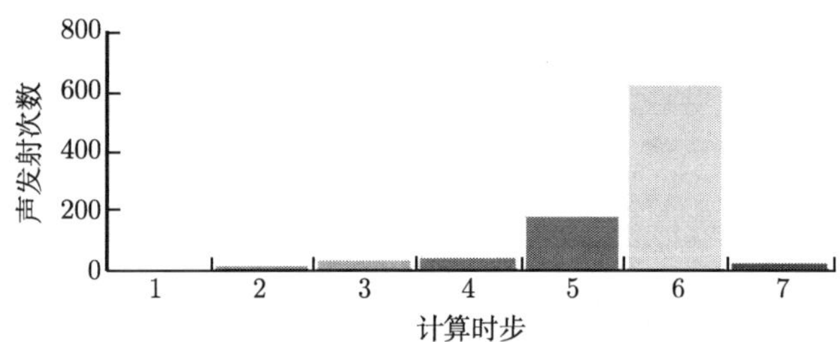

图 5.21　各计算步过程中的声发射次数分布曲线

从图 5.19～ 图 5.21 可以看出，在岩质边坡的破坏过程中，声发射的次数是逐渐增加的，这主要是由于受裂纹带影响，次生裂纹及伴随裂纹不断增加，形成了更多新的表面，从而释放出更多的表面能。从整个模拟过程来看，由于原始裂纹的存在，裂纹尖端附近局部区域在外荷载作用下是优先破裂并扩展的，并且裂纹的扩展趋势和上述理论推导的扩展趋势是基本一致的，这也证明了基于最小耗能原理的裂隙岩石破坏准则是有效的。

5.2.2　基于 FLAC 软件的含裂纹岩质边坡的破坏过程数值模拟

由于 RFPA 软件主要用来模拟岩石的破坏过程，可以有效地分析岩石等材料的破裂过程及其伴随的声发射等状态，因此采用 RFPA 软件来模拟岩石中裂纹破裂及其扩展过程是合适的。然而，要进一步详细了解在岩质边坡的破坏过程中，裂纹周围及其尖端的应力和变形状态，以及多裂纹扩展过程中岩质边坡的破坏过程，则有限元差分软件 FLAC 是更合理的。FLAC 软件是由国际著名学者、英国皇家工程院院士、离散元法的发明人 Peter Cundal 博士在 20 世纪 70 年代中期研究的面向土木建筑、采矿、交通、水利、地质等工程的通用软件系统。该软件具有强大的计算功能和广泛的模拟能力，尤其是在大变形问题的分析方面具有独特的优势[3,4]。因此，这里采用 FLAC 软件对岩质边坡中的裂纹扩展过程进行详细研究。

5.2.2.1 岩质边坡内单裂纹扩展过程数值模拟

为了进一步了解岩质边坡的破坏过程以及其中裂纹的应力应变状态，仍然采用上述我国西北某含裂纹面的岩质边坡原型为例进行数值模拟。如图 5.22 所示，模拟模型仍然采用 $80\times52-8\times52$ 共 3744 个单元。岩质边坡内含有裂缝，裂缝的两个面之间闭合时采用 attach 命令进行对接。通过 history 命令设置三个历史观察变量，history1 为观察裂纹上部尖端的水平位移，history2 为裂纹下部尖端处的竖直位移，history3 为裂纹上部尖端处的竖直方向速度。数值模拟的其他各项参数见表 5.1。

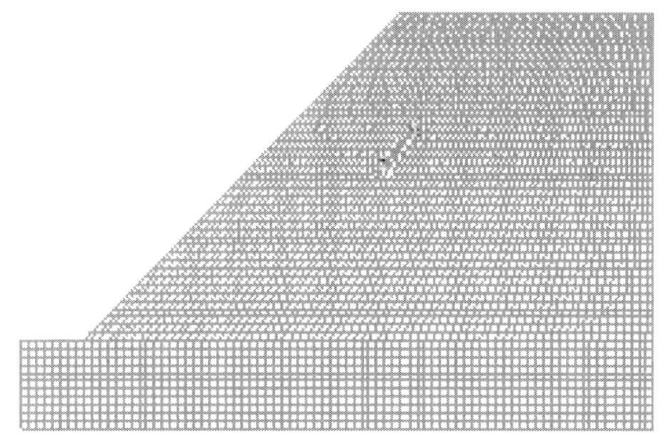

图 5.22 模型及其单元划分图

表 5.1 模型物理力学参数表

重度 $\gamma/(\mathrm{kN/m^3})$	弹性模量/GPa	泊松比	黏聚力/kPa	内摩擦角/(°)	单轴抗压强度/MPa
2800	26	0.30	30	25	20

首先，计算工况是初始平衡的计算，在此阶段只考虑自重应力的影响，而不考虑构造应力，使其回归自然应力状况。图 5.23 为系统不平衡应力的演化曲线，设系统的最大不平衡力与典型内力比值下限为 10^{-5}，迭代计算 4755 步后，系统达到

近似平衡状态。图 5.24 和图 5.25 为初始计算的竖向应力图及水平应力图，从图中可以看出，由于裂纹的存在，竖直应力与水平应力均在裂纹位置出现转折，裂纹周围的应力要明显高于岩质边坡同等位置其他地方，而裂纹尖端的应力又明显比其周围的应力要高得多，这将使得在外荷载作用下，裂纹尖端更容易扩展。同时也说明了裂纹对岩质边坡的应力重分布过程是有很大影响的，在分析岩质边坡的破坏过程中，必须考虑裂纹等的影响。

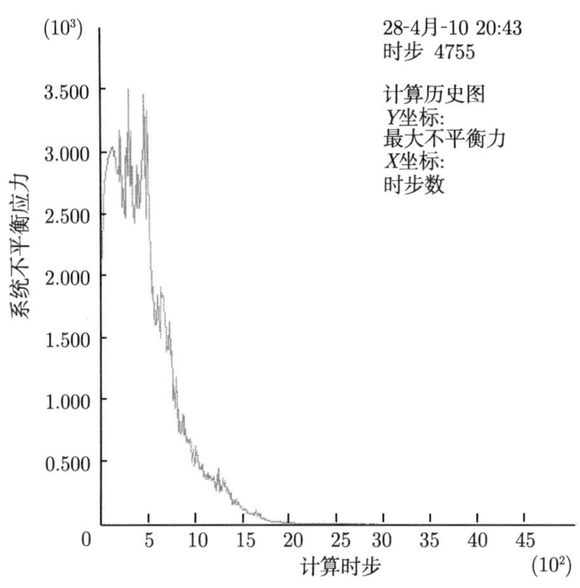

图 5.23　系统不平衡应力的演化曲线

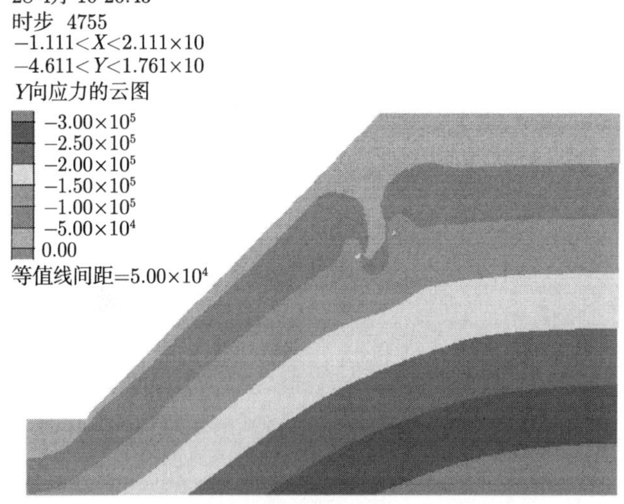

图 5.24　初始计算的竖向应力图

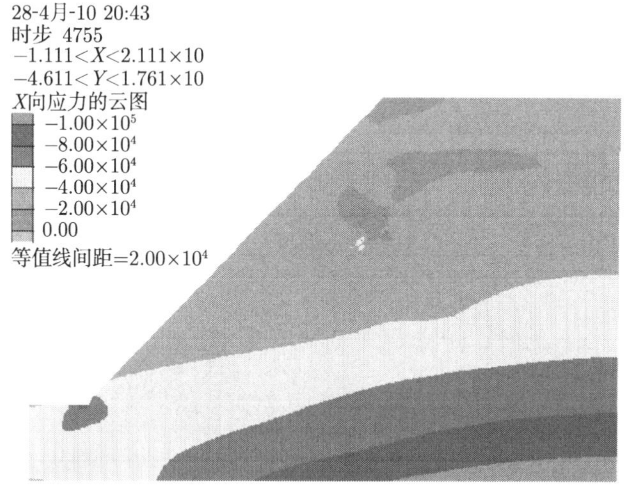

图 5.25 初始计算的水平应力图

图 5.26 和图 5.27 为初始计算的第一主应力等值线图和第三主应力等值线图，从两个应力分布情况图可以看出，应力值均在裂纹处发生变化，同时还可以看出沿着裂纹的方向应力值出现梯度分布，并在裂纹尖端处及其附近达到最大值。而在裂纹垂直方向，则应力值要相对小得多，这也从侧面证实了裂纹将沿着其尖端进行扩展的现象。

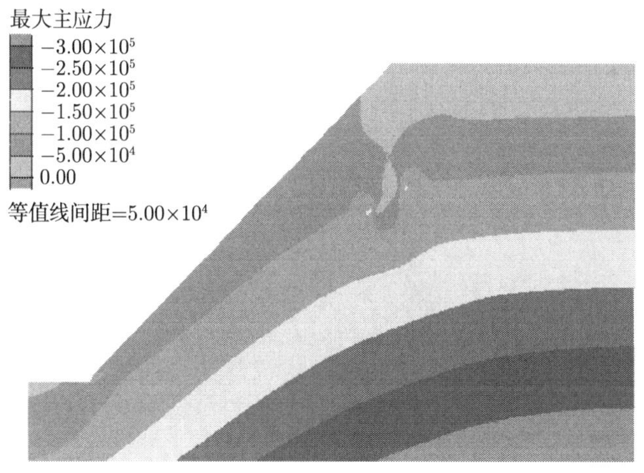

图 5.26 第一主应力等值线图

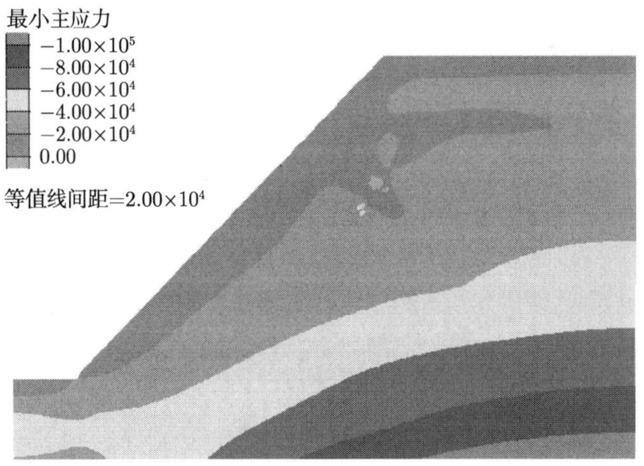

图 5.27　第三主应力等值线图

图 5.28 和图 5.29 为初始计算过程中的竖直位移，其中，图 5.29 为裂纹周围及其尖端的竖直位移图，从图中可以看出，裂纹尖端的位移要明显大于边坡其他部分的位移，反映了裂纹尖端的扩展及位移过程。

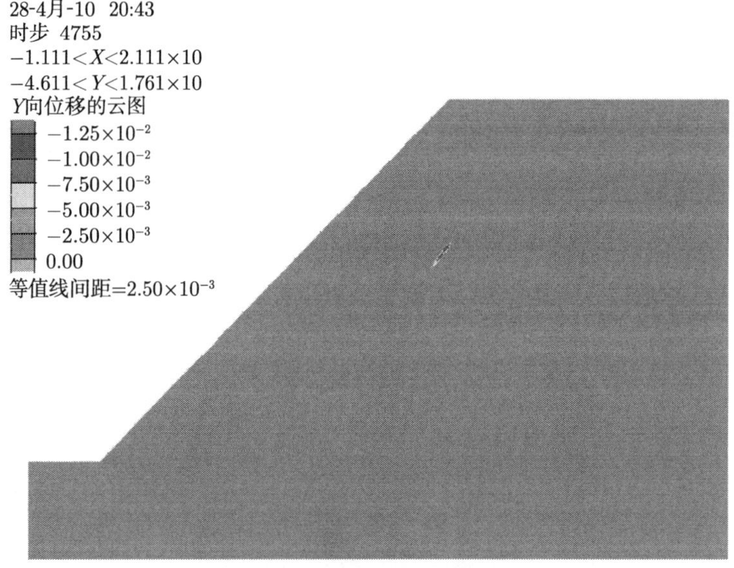

图 5.28　初始计算的竖直位移图

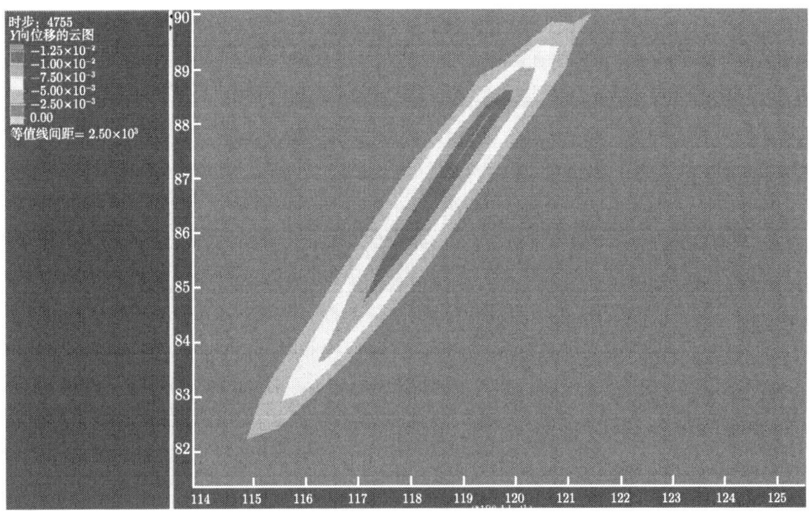

图 5.29　裂纹周围及其尖端的竖直位移图

图 5.30 及图 5.31 为初始计算过程中的水平位移，其中，图 5.31 为裂纹周围及其尖端的水平位移图，从图中可以看出，裂纹尖端的位移要明显大于边坡其他部分的位移，同样也反映了裂纹尖端的扩展及位移过程。

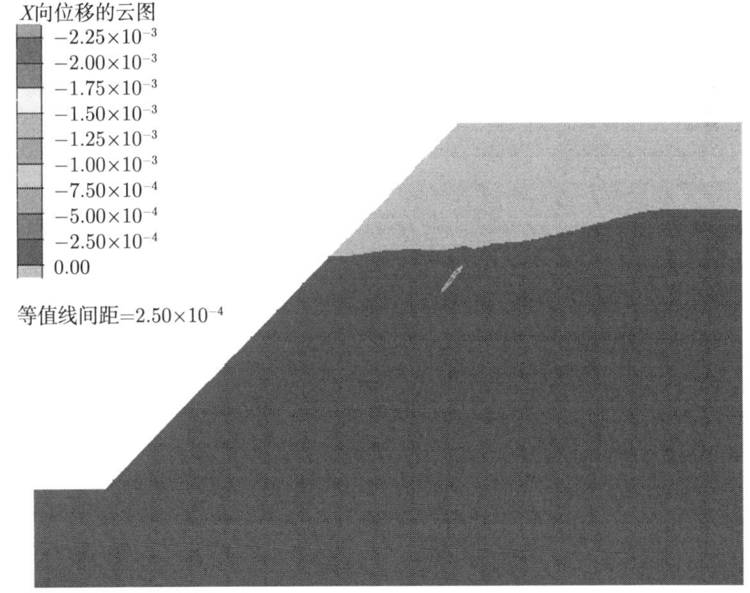

图 5.30　初始计算的水平位移图

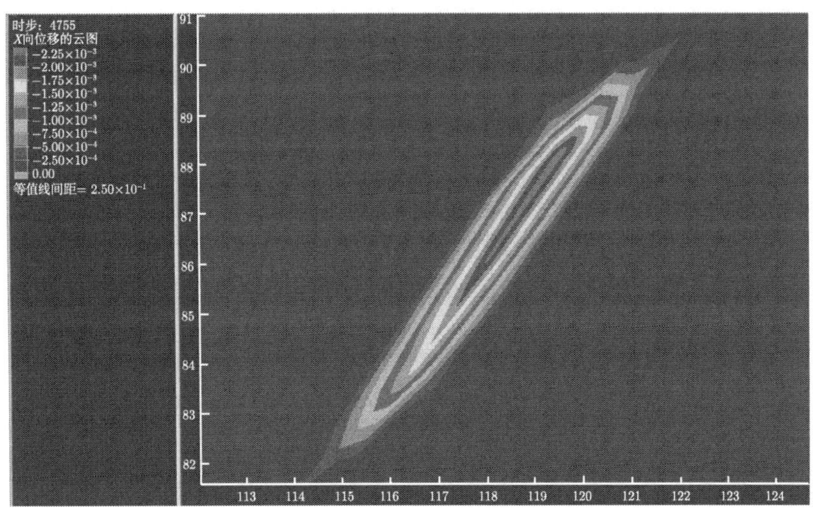

图 5.31　裂纹周围及其尖端的水平位移图

在初始平衡计算的基础上，将模型各节点的位移和速度归零化，运用快速拉格朗日法通过强度折减法计算该含裂隙岩体边坡稳定安全系数，计算完成后可得到不平衡力的计算曲线如图 5.32 所示。

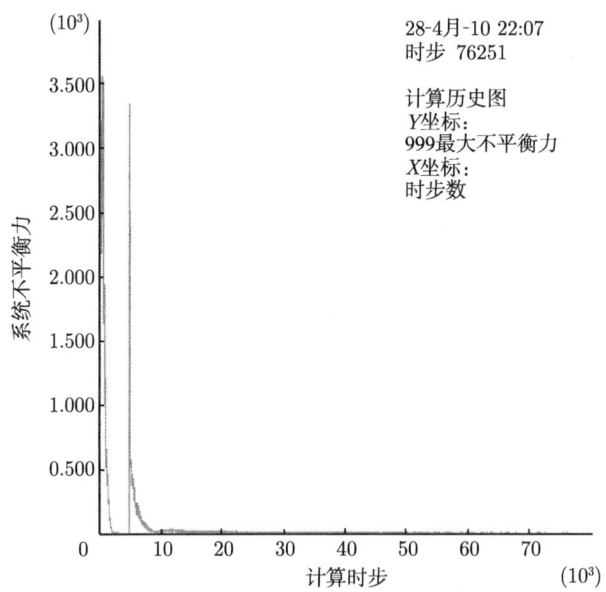

图 5.32　计算完成后系统不平衡力的计算曲线

裂纹扩展以及岩质边坡破坏面的贯通最终形成岩质边坡的破坏面，并可得到该边坡的稳定安全系数为 1.44，如图 5.33 所示。从图中还可以看出，在原始裂纹处，由于裂纹的存在以及裂纹扩展方向的影响，岩质边坡的破坏面出现一定程度的偏移。从图中可以看出，裂纹的扩展沿着一定的角度进行，此角和前面基于最小耗能原理计算含裂纹岩石破坏过程的开裂角基本一致；同时，破坏面曲线基本与前述理论计算的破坏面曲线相一致，这也从侧面证明了前述理论推导的正确性。

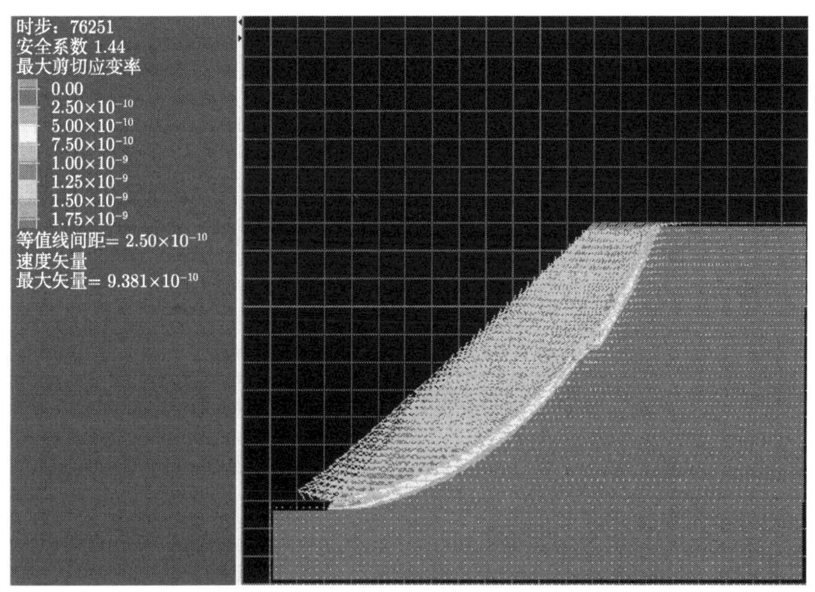

图 5.33 安全系数、剪切应变增量云图及速度矢量云图

图 5.34 和图 5.35 分别为含裂纹的岩质边坡的破坏贯通面曲线和同等模型但不含裂纹的岩质边坡的破坏贯通面曲线。从图中可以明显看出，在其他条件相同的情况下，含有裂纹面的岩质边坡，由于裂纹面的存在，破坏面明显不同于不含裂纹的岩质边坡的破坏贯通面曲线。这说明，在岩质边坡破坏的过程中，由于裂纹面的存在，岩质边坡的破坏过程将受到较大的影响。

图 5.36～图 5.38 为裂纹尖端在岩质边坡变形破坏过程中各历史变量变化曲线图。从图 5.36 中可以看出，在岩质边坡的破坏过程中；裂纹上部尖端水平位移的变化过程，随着计算步的增加，历史变量即裂纹上部尖端的水平位移刚开始在较小的增长速度下进行，这说明了裂纹刚开始的闭合及小范围的扩展过程；随着应力的增大，裂纹经历了一个快速扩展的阶段，随后随着裂纹不断扩展，其增长速度呈下降趋势。图 5.37 为裂纹上部尖端的竖直位移速度跟踪变化曲线，图 5.38 为裂纹下部尖端的竖直位移速度跟踪变化曲线图，它们均能反映裂纹扩展是先快后慢直至最后贯通的过程。

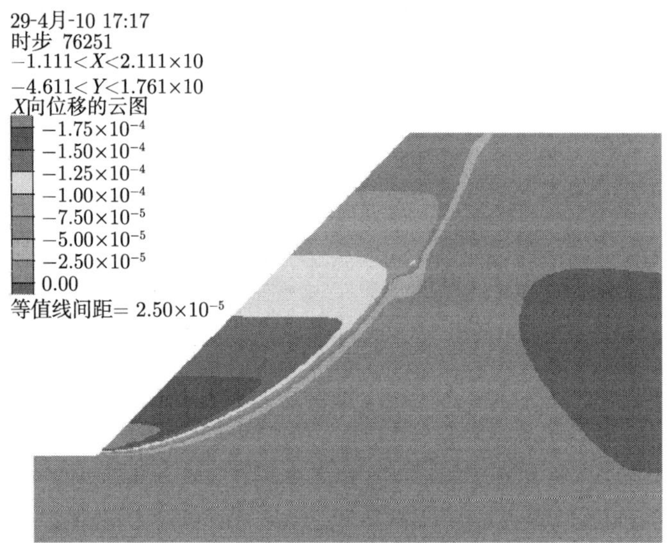

图 5.34　含裂纹的岩质边坡的破坏贯通面

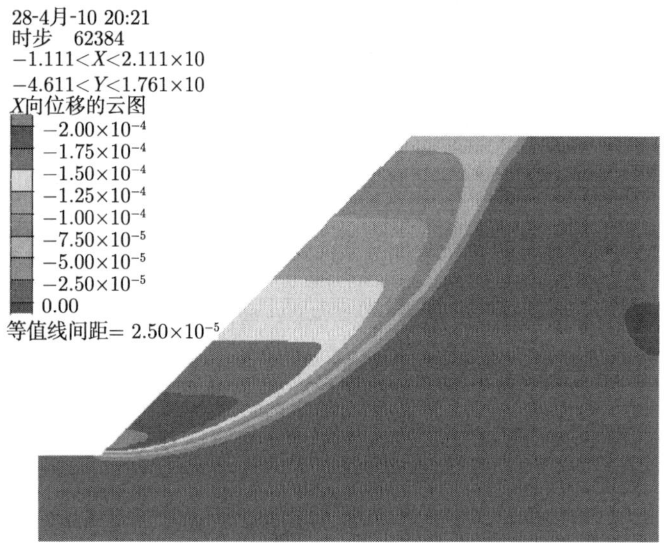

图 5.35　不含裂纹的岩质边坡的破坏贯通面

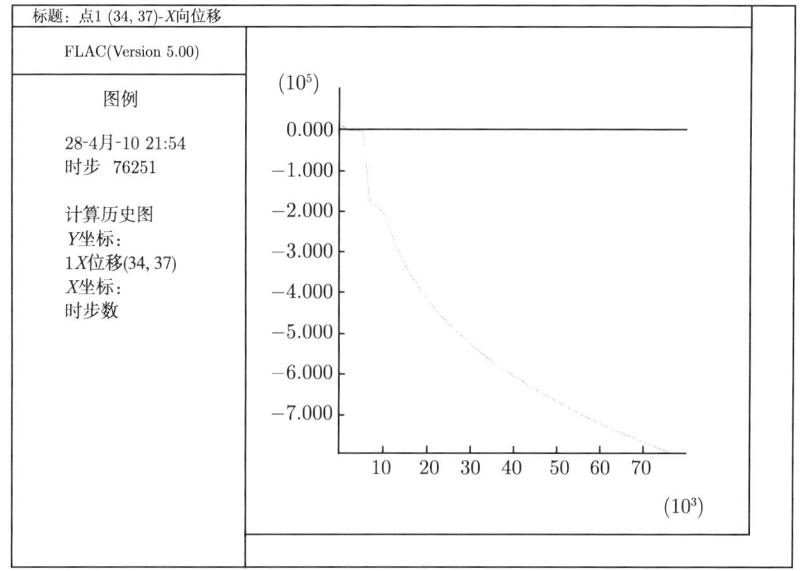

图 5.36 裂纹上部尖端的水平位移速度跟踪变化曲线

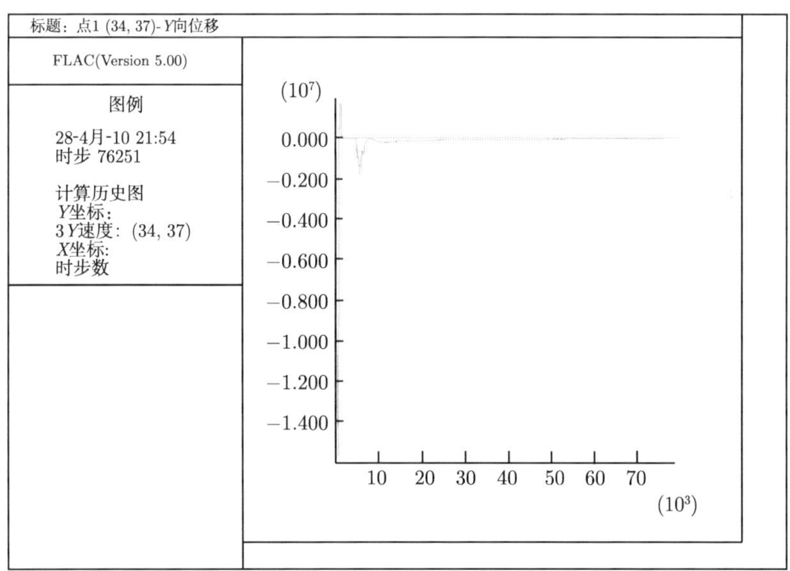

图 5.37 裂纹上部尖端的竖直位移速度跟踪变化曲线

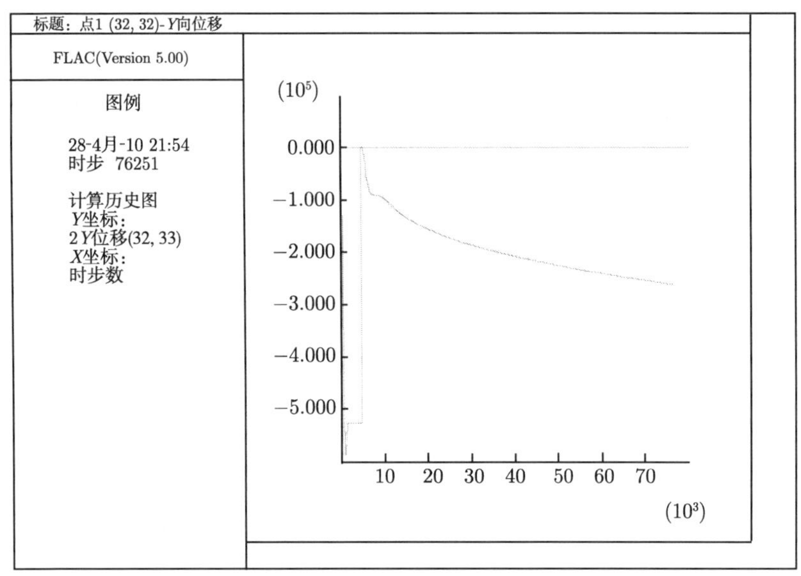

图 5.38　裂纹下部尖端的竖直位移速度跟踪变化曲线

5.2.2.2　岩质边坡内双裂纹扩展过程数值模拟

对于单个裂纹的情形，岩质边坡在破坏过程中会受到裂纹扩展的影响，前节的模拟过程及相应的结果显示了裂纹存在及其扩展对岩质边坡破坏的影响。然而岩石是一种天然的地质工程材料，在长期的地质作用过程中，其内部形成了许多微裂隙等缺陷。因此，考虑多个裂隙存在的情况下，岩质边坡的破坏过程具有重要的现实意义。为了进一步了解岩质边坡的破坏过程以及其中多个裂纹扩展的影响，本节仍然采用上述我国西北某含裂纹面的岩质边坡原型为例，进行数值模拟。如图 5.39 所示，模拟模型仍然采用 $80 \times 52 - 8 \times 52$ 共 3744 个单元。由于多个裂纹的情形可以通过在两个裂纹的基础上进行叠加，因此本节采用两个裂纹的情形来进行研究。如图 5.39 所示，岩质边坡内含有两条裂缝，裂纹之间的垂直距离 $2b = 300\text{cm}$，单个裂纹的长度 $c = 100\text{cm}$，单个裂缝的两个面之间闭合时采用 attach 命令进行对接。模型采用底部 x, y 方向约束，两侧均为 x 方向约束。通过 history 命令设置 5 个历史观察变量来描述裂纹尖端的变化过程，history1 为观察上部裂纹尖端的水平位移，history2 为观察上部裂纹尖端的竖直位移，history3 为下部裂纹尖端处的水平位移，history4 为下部裂纹尖端处的竖直位移，history5 为下部裂纹尖端处的水平方向速度。数值模拟的其他各项参数同前，见表 5.1。

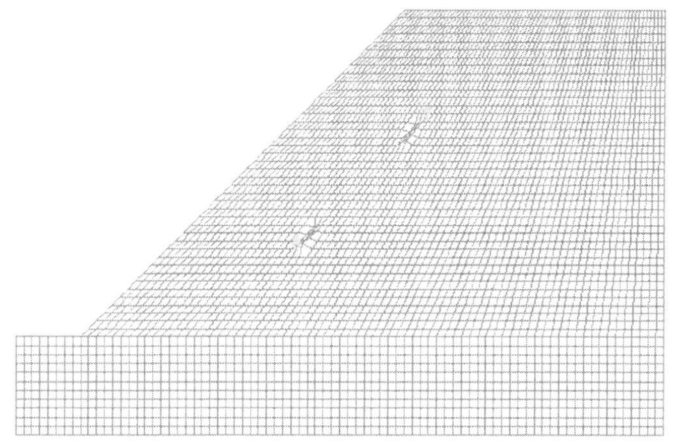

图 5.39 双裂纹分布模型及单元划分图

首先，进行初始平衡的计算，在此阶段仍然只考虑自重应力的影响，而不考虑构造应力，使其回归自然应力状况。图 5.40 为双裂纹系统不平衡应力演化曲线，设系统的最大不平衡力与典型内力比值下限为 10^{-5}，迭代计算 4477 步后，系统达到近似平衡状态。

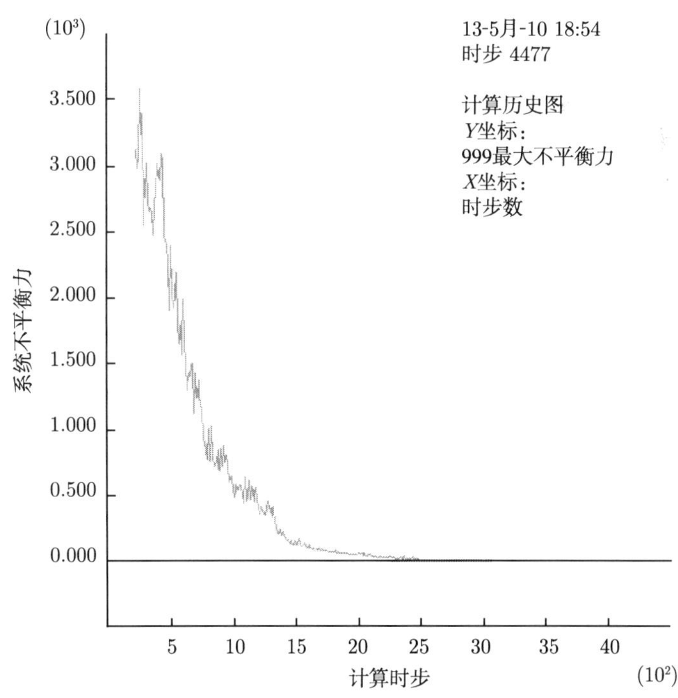

图 5.40 双裂纹系统不平衡应力演化曲线

图 5.41 和图 5.42 为双裂纹时模型的初始计算竖向应力图及水平应力图，从两图中均可以看出，垂直应力与水平应力分布大致呈层状分布模型，但由于原始裂纹的存在，竖直应力与水平应力的分布均在裂纹位置处出现较大的变化，每个裂纹周围的应力要明显高于岩质边坡同等位置其他地方，而裂纹尖端的应力又明显比其周围的应力要高得多，这也符合在主应力作用下裂纹尖端应力集中的现象。由于应力集中，在外荷载作用下，裂纹尖端更容易扩展。同时由于裂纹的存在，岩质边坡的应力重分布过程受到很大影响，在分析岩质边坡的破坏过程中，必须考虑裂纹等的影响。

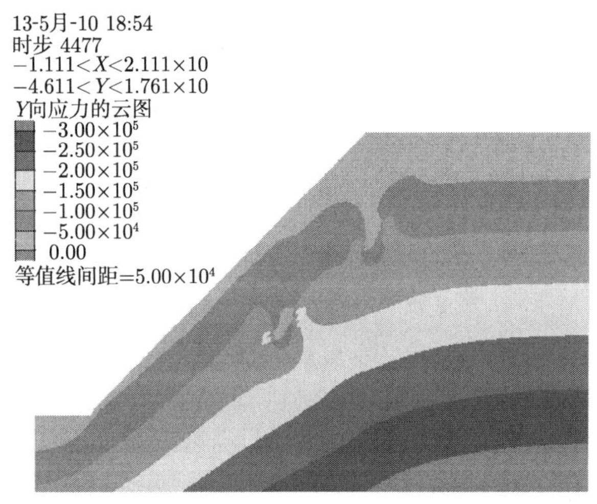

图 5.41 双裂纹时模型的初始计算竖向应力图

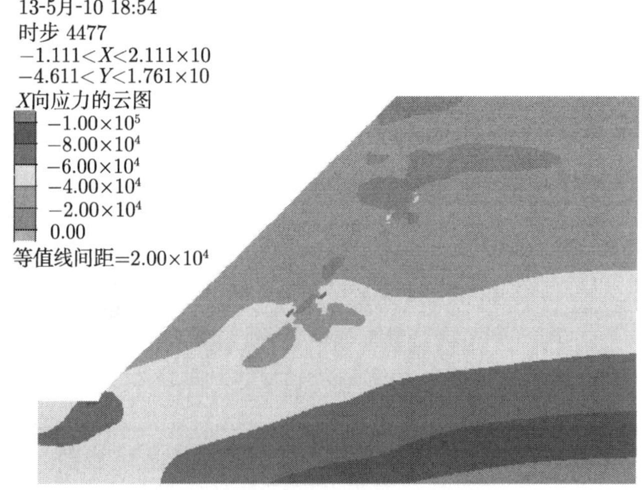

图 5.42 双裂纹时模型的初始计算水平应力图

在初始平衡计算的基础上，下一步将模型各节点的位移和速度归零化，以便进行边坡的稳定性计算。运用强度折减的方法计算该含裂隙岩体边坡的稳定安全系数，降低岩石材料的强度直到边坡产生破坏面，计算完成后可得到不平衡力的计算曲线如图 5.43 所示。

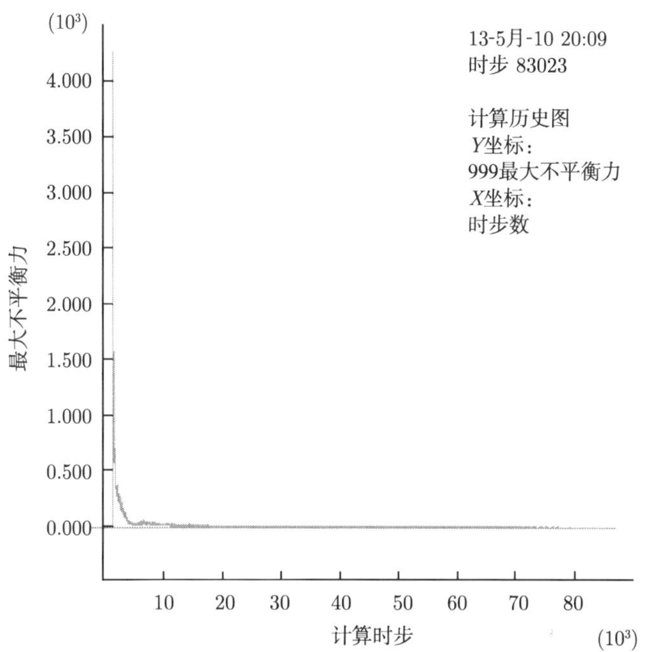

图 5.43 双裂纹模型计算完成后系统不平衡力的计算曲线

岩质边坡的破坏面在计算过程中是进一步演变发展的，从某种程度上来说，是岩质边坡自然滑动面自然演化的典型代表。然而，由于裂纹的存在，这种自然的滑动面是受影响的。裂纹尖端的应力集中，使得裂纹产生扩展，从前章的分析中可以得到，裂纹的扩展是按照一定的开裂角，并持续扩展相应的长度。图 5.44 为双裂纹模型计算完成后的水平位移及速度矢量云图，从图中可以看到，两裂纹均在扩展过程中具有一定的方向角，即沿一定的开裂角进行。

图 5.45~ 图 5.48 分别为上下两个裂纹在岩质边坡变形破坏过程中的各历史变量变化曲线图。从图 5.45 中可以看出，在岩质边坡的破坏过程，上部裂纹尖端的水平位移变化过程随着计算步的增加，历史变量 1 也即裂纹上部尖端的水平位移刚开始在较小的增长速度下进行，这说明裂纹刚开始的闭合及小范围的扩展过程；随着应力增大，裂纹经历一个快速扩展的阶段，随后随着裂纹地不断扩展，其增长速度呈下降趋势。图 5.46 为上部裂纹尖端的竖直位移图，图 5.47 为下部裂纹尖端的水平位移图，图 5.48 为下部裂纹尖端的竖直位移图，均能反映出裂纹扩展是先

快后慢直至最后贯通的过程。

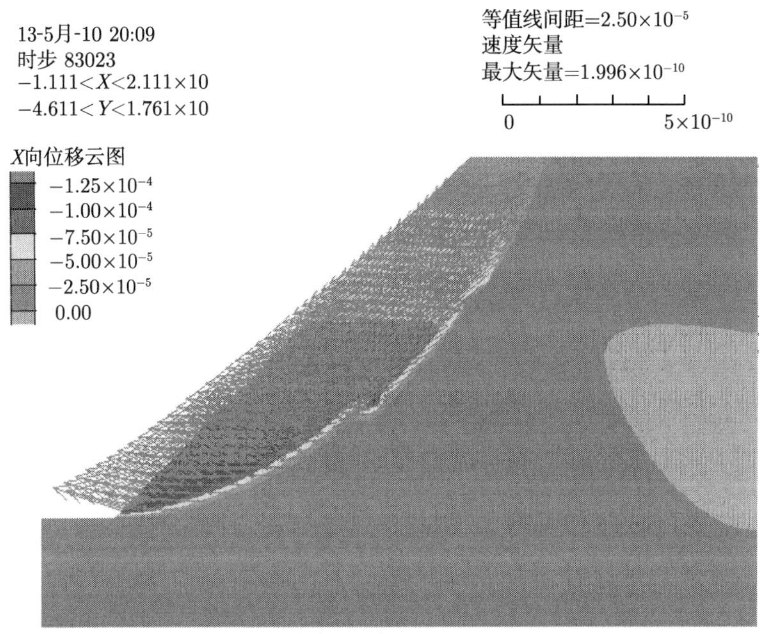

图 5.44　双裂纹模型计算完成后的水平位移及速度矢量云图

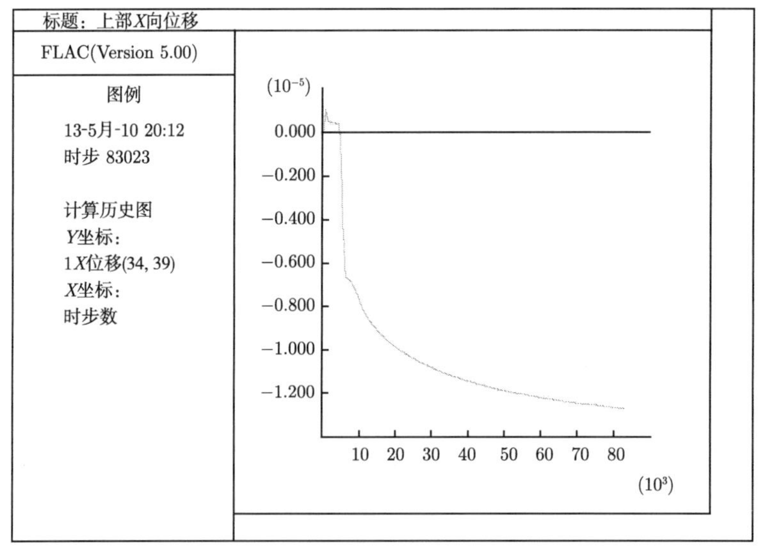

图 5.45　上部裂纹尖端的水平位移图

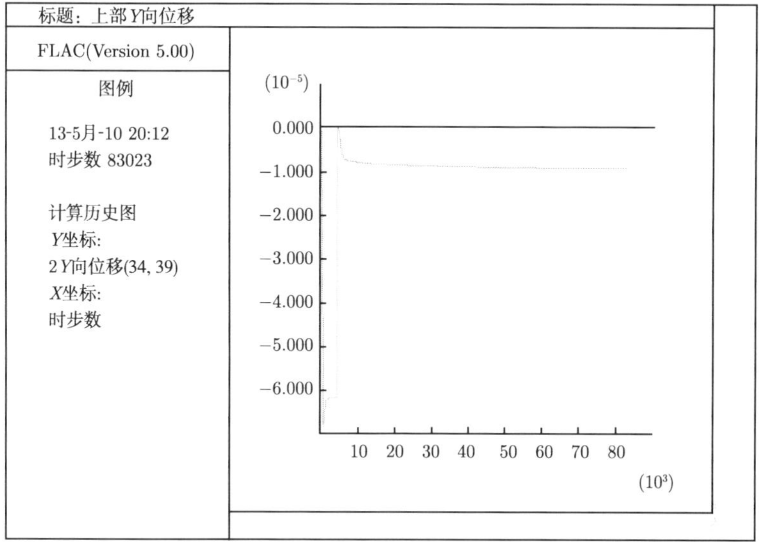

图 5.46 上部裂纹尖端的竖直位移图

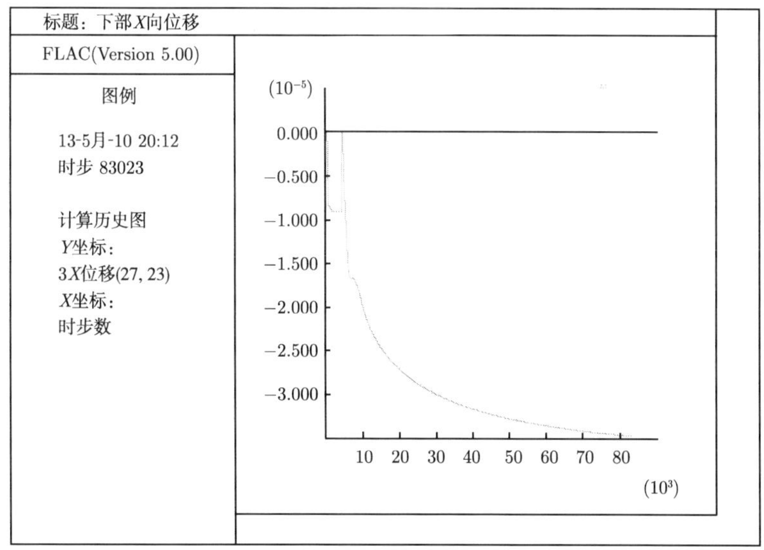

图 5.47 下部裂纹尖端的水平位移图

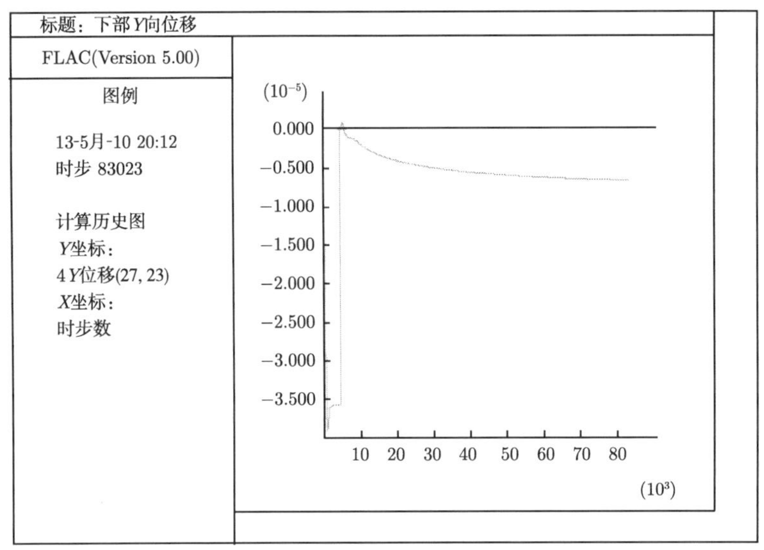

图 5.48　下部裂纹尖端的竖直位移图

在主应力作用下，两个裂纹不断扩展，上部裂纹向上不断扩展，下部裂纹同时向下扩展，同时两个裂纹还作对向扩展，经过多个扩展过程，岩质边坡破坏贯通最终形成破坏面，如图 5.49 所示，并得到该边坡的稳定安全系数为 1.42。从图中可

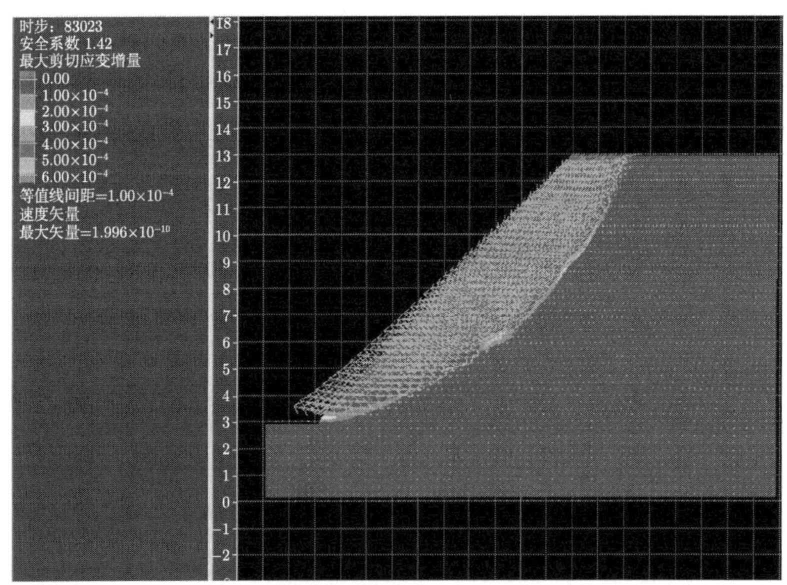

图 5.49　含双裂纹的岩质边坡破坏曲线、安全系数及速度矢量云图

以看出，由于两个原始裂纹的存在及其扩展方向的影响，岩质边坡的破坏面并不是一条非常光滑的曲线，而是出现不断的变化，这反映了裂纹扩展过程是分段的，这与 5.1 节双裂纹扩展的计算结果相一致；同时，最终的岩质边坡的破坏曲线与由理论得出的破坏曲线趋势基本一致，从而证明了前述基于最小耗能原理的岩石断裂破坏准则是正确的，并且用于计算含双裂纹的岩质边坡的破坏过程是合适的。

5.3 基于能量耗散的岩质边坡稳定分析数值方法研究

岩石是一种典型的非均质材料，在长期的地质演化过程中，内部产生了许多节理和微裂隙，当岩石受到外荷载作用的时候，岩石破裂往往是由于内部裂隙扩展、贯通导致的。在自然界中，岩石构成了大量的边坡、大坝等，常常因为外部条件的原因发生失稳破坏，引起巨大的社会、经济损失，岩石坡体稳定性研究已经成为岩土工程界研究的重点内容，而人们通常用安全系数来评价边坡的稳定性状态，因其原理简单，物理意义明确，至今仍为边坡稳定性分析中最重要的指标和概念。

岩质边坡的稳定性研究分为理论研究、试验研究和数值模拟三种。通过理论研究，建立更符合理论及现实的岩质边坡破坏准则，从而为进一步的工程应用提供指导；通过试验研究，分析岩石在外荷载作用下的变形破坏过程，总结归纳岩石破坏过程，从而进一步为理论提供相应的参考；通过数值模拟，建立与实际工程高度相仿，但相对简化的数值计算模型，通过数值模拟结果分析岩质边坡在变形破坏过程中的各种特征，从而为理论研究和试验分析提供更进一步的解释。本章借助 FLAC 软件对多裂纹岩质边坡进行数值模拟研究，将第 2 章和第 3 章推导得出的多裂纹岩石断裂破坏准则通过 FISH 语言编程，建立一种以最小耗能率为基础的岩质边坡稳定安全系数计算新方法，在 FLAC 软件中实现对多裂纹岩质边坡进行稳定性评价。

5.3.1 多裂纹岩质边坡稳定安全系数计算方法

5.3.1.1 FLAC 软件内嵌强度折减法

运用 FLAC 软件进行边坡安全系数求解是借助 FLAC 软件内嵌强度折减法，通过“二分法”计算来实现的。强度折减系数法的基本原理为[5,6]：强度折减系数定义为在外荷载保持不变的情况下，边坡内岩土体所发挥的最大抗剪强度与外荷载在边坡内所产生的实际剪应力之比。即保持岩土体的重力加速度为常数，将岩土体的强度参数 c 值、ϕ 值同时除以一个折减系数F，得到一组新的 c' 值、ϕ' 值，然后作为新的材料参数进行试算，当边坡处于临界状态时，也即 F 再稍大一些，边坡

将发生破坏，此时对应的 F 被称为边坡的稳定性安全系数，其具体公式为

$$\tau' = \frac{\tau}{F} = \frac{C + \tan\phi}{F} = \frac{C}{F} + \frac{C\tan\phi}{F} = C' + \sigma\tan\phi' \tag{5.6}$$

式中，

$$C' = C/F \tag{5.7}$$

$$\phi' = \arctan(1/F\tan\phi) \tag{5.8}$$

由于 FLAC 软件的安全系数求解过程主要是采用以力不平衡比率小于某一临界值为失稳判据，对此学术界尚存争议，但相对于传统的安全系数求解方法，强度折减法具有如下优点：

(1) 它考虑了岩土体的本构关系及变形对应力的影响，能够模拟边坡的变形过程和滑动面形状，能够对具有复杂地貌、地质构造的边坡进行计算。

(2) 能够模拟岩土体与支护结构的共同作用。

(3) 求解安全系数时，不需要事先假定滑动面形状，也无须进行条件划分。

为此，本书基于前述章节进行的理论研究对强度折减法进行改进研究，提出新的稳定分析方法。

5.3.1.2　基于能量方法的岩质边坡稳定计算方法

本章主要借助 FLAC 软件，应用 FISH 语言进行编程计算，修改软件内嵌的计算安全系数的强度折减法，用另一种基于最小耗能原理的安全系数计算方法来对岩质边坡进行稳定性计算，这种方法更加趋于边坡破坏的本质，比强度折减法的“二分法”计算更精确方便。

由第 2 章得到了岩石裂纹尖端附近任一点在岩石破坏过程中任意时刻 t 的耗能率 $\varphi(t)$ 表达式，为了方便叙述，这里再次给出如下表达式：

$$\begin{aligned}\varphi(t) =& \sigma_{ij}(r,\theta)\dot{\varepsilon}_{ij}^{\mathrm{N}}(r,\theta)\\ =& \frac{1+\mu}{4\pi r}\frac{\dot{D}(t)}{[1-D(t)]^2 E}\left\{(3-4\mu-\cos\theta)(1+\cos\theta)K_{\mathrm{I}}^2\right.\\ &+4\sin\theta(2\mu-1+\cos\theta)K_{\mathrm{I}}K_{\mathrm{II}}\\ &+[4(1-\mu)(1-\cos\theta)+(1+\cos\theta)(3\cos\theta-1)]K_{\mathrm{II}}^2\\ &\left.+4K_{\mathrm{III}}^2\right\}\end{aligned} \tag{5.9}$$

式中，t 为表示裂纹尖端附近点在破坏耗能过程中的时间参数，当 $t=0$ 时，$D(t)=D(0)=0$；当 $t=t_r$ 时，$D(t)=D(t_r)=1$。

根据最小耗能原理，岩石中裂纹的扩展方向应该是沿着裂纹尖端附近某点耗能率最小的方向，因此，裂纹扩展的方向应满足如下关系：

$$\begin{cases} \dfrac{\partial \varphi(t)}{\partial \theta} = 0 \\ \dfrac{\partial^2 \varphi(t)}{\partial \theta^2} > 0 \end{cases} \tag{5.10}$$

得出多裂纹岩石破坏的最小耗能率公式为

$$\begin{aligned} \varphi_{\mathrm{c}}(t)\,|_{t=0} &= \frac{\dot{D}(t)}{[1-D(t)]^2}\bigg|_{t=0} \frac{(1+\mu)(1-2\mu)K_{\mathrm{Ic}}^2}{\pi r} \\ &= \frac{(1+\mu)(1-2\mu)\dot{D}(t)\,|_{t=0}\,K_{\mathrm{Ic}}^2}{\pi r} \end{aligned} \tag{5.11}$$

根据极坐标转换，r(x 方向的最大位移) 除以 $\sin\theta$，其中开裂角度由式 (5.10) 计算得到，公式转换后为

$$\varphi_{\mathrm{c}}(t) = \frac{(1+\mu)(1-2\mu)K_{\mathrm{Ic}}^2}{\pi x/\sin\theta} \tag{5.12}$$

采用 FISH 语言对式 (5.12) 进行编程，嵌入 FLAC 软件中，提出以基于最小耗能率为基础的岩质边坡稳定安全系数计算新方法。

最大水平位移由下列 FISH 函数求得。

```
def find_max_disp
  p_gp=gp_head
  maxdisp_value= 0.0
  maxdisp_gpid= 0
  loop while p_gp # null
     disp_gp=sqrt(gp_xdisp(p_gp)^2)
     if disp_gp>maxdisp_value
     maxdisp_value=disp_gp
     maxdisp_gpid=gp_id(p_gp)
     end if
     p_gp=gp_next(p_gp)
   end loop
end
find_max_disp
print maxdisp_value maxdisp_gpid
```

当最大水平位移求得后，再根据最小耗能率公式 (5.12)，利用 FISH 语言编程求出耗能率如下：

```
def Y
  p__z=zone__head
  d__μ=
  d__π=
  d__K_Ic =
  loop while p__z # null
    r=disp__x/sinθ
    Y=(1+μ)(1+μ)* K_Ic^2/πr
  Endloop
end
```

程序中，μ、π、K_{Ic} 均为常数，按实际工程地质条件和力学性质赋值。

上述程序基于最小耗能率定义安全系数主要依靠 FLAC 软件的 FISH 函数对安全系数进行赋值，在特定的安全系数下分析边坡裂纹扩展破坏的最小耗能率，当最小耗能率从一特定值下降到另一特定值时，说明裂纹停止扩展；而当不断改变安全系数值，最小耗能率逐渐变为零时，说明边坡破坏不需要耗能，即边坡已经贯通破坏。这种判断边坡断裂破坏的方法是基于能量原理来分析的，能量的吸收和释放能够精确地判断岩质边坡断裂破坏的瞬间，比其他的边坡稳定性辨别方式更准确和简便。

5.3.2 工程实例分析

本节工程实例为西部某一矿山边坡，边坡横向总跨度 15m，高 18m，边坡坡度 60°。根据该岩质边坡的相关数据，该边坡内部存在 5 条原生裂纹，长度为 100cm，倾角均为 45°，材料的弹性模量为 26GPa，黏聚力为 30MPa，内摩擦角为 30°，重度为 2750kN/m^3，泊松比为 0.3，摩擦系数为 0.5。假定各个裂纹的断裂韧度均为 $K_{\mathrm{I}c} = 0.66\mathrm{MPa}\cdot\mathrm{m}^{1/2}$，$K_{\mathrm{II}c} = 0.36\mathrm{MPa}\cdot\mathrm{m}^{1/2}$，单轴抗压强度为 18MPa，岩质边坡中的裂纹分布如图 5.50 所示，数值计算模型如图 5.51 所示。

5.3.2.1 基于最小耗能率的多裂纹边坡数值模拟结果

主要计算思路为：通过编程将最小耗能率的概念嵌入程序中，通过强度折减，逐步折减边坡岩体的 c 值、ϕ 值，也就是逐步增大岩质边坡的安全系数，当安全系数达到一定数值，计算后岩质边坡断裂破坏的最终最小耗能率趋于零时，边坡即破坏，这时的 F 值即为边坡的安全系数。

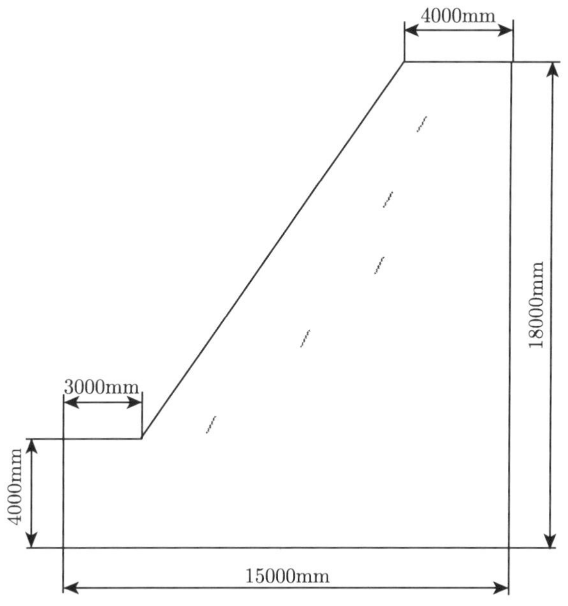

图 5.50 岩质边坡中的裂纹分布示意图

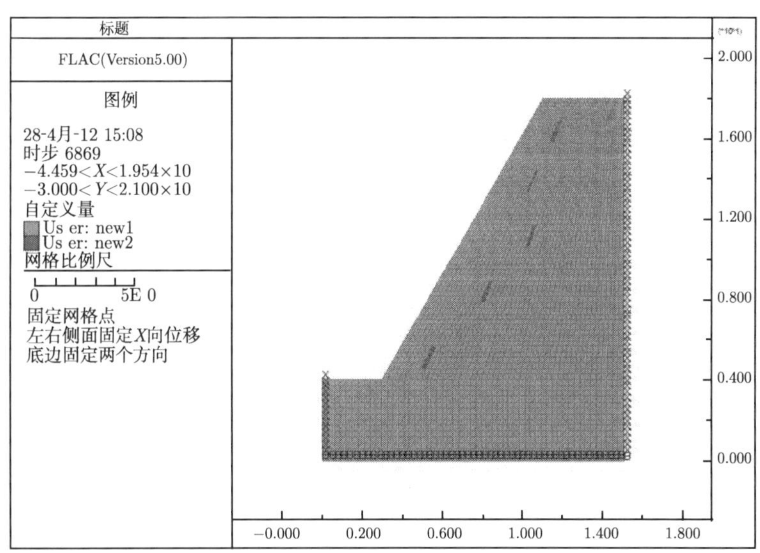

图 5.51 多裂纹边坡数值计算模型

由于这里采用的岩质边坡内部裂纹数量比较多，因此，预估边坡的安全系数应该不大，在逐步增大安全系数计算边坡内部点最大水平位移和最小耗能率时，取安全系数由小到大为 1.30、1.35、1.40、1.45、1.50 ⋯，将岩质边坡用 FLAC 软件建模后依次调入前两个 FISH 函数计算得不同安全系数对应的最大水平位移和最小耗能率。

强度折减系数取 1.30 时的计算结果如图 5.52～图 5.54 所示。图 5.52 及图 5.53 的纵坐标分别表示最大水平位移和最小耗能率，横坐标表示时间。

由图 5.52 可以看出，一开始短时间内最大水平位移增长迅速，2s 就达到了 20cm 左右，大概 4s 后边坡达到稳定状态，最大水平位移为 25cm 左右。由图 5.53 可以看出，边坡起裂点的最小耗能率约为 0.5，随着时间的增加，耗能率也随之增加，说明裂纹扩展越来越困难，并最终达到 1，即边坡稳定状态，因此，当安全系数设定为 1.30 时，边坡不会发生破裂，说明边坡的稳定系数要大于 1.30。而稳定计算结果图 5.54 也证明了前述判断的正确性。

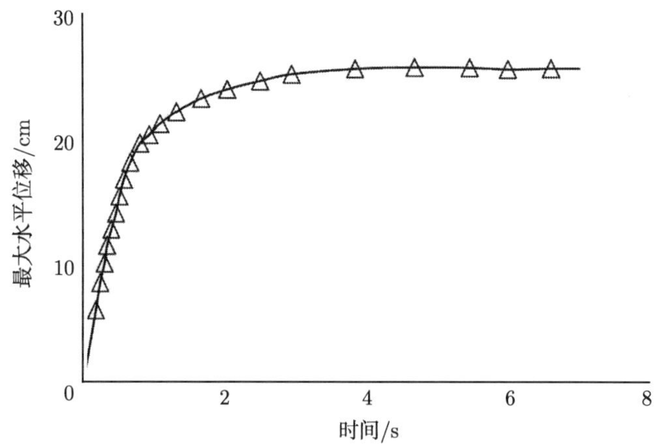

图 5.52　强度折减系数取 1.30 时的最大水平位移曲线

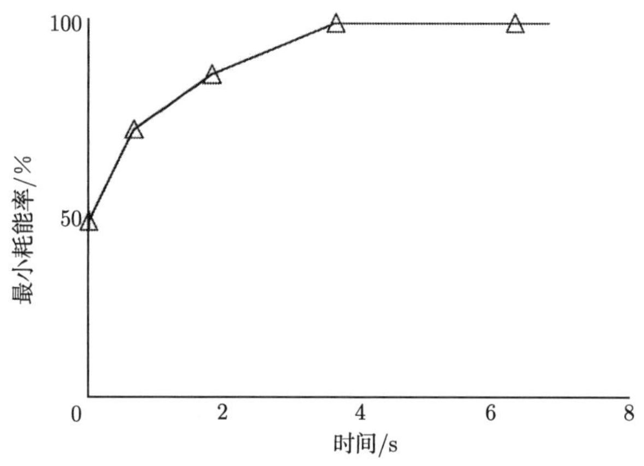

图 5.53　强度折减系数取 1.30 时的最小耗能率曲线

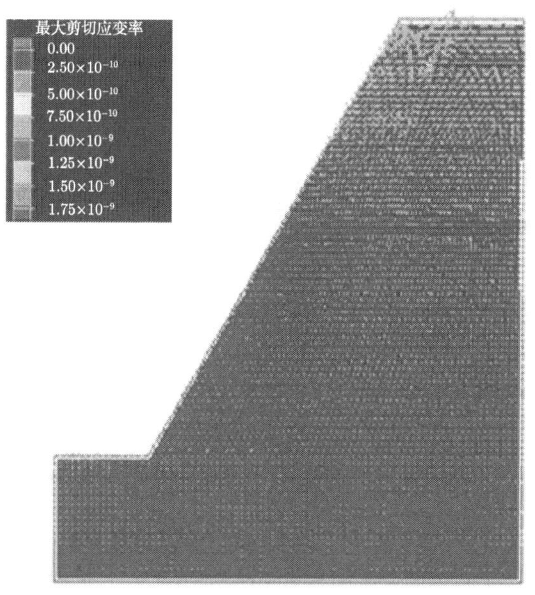

图 5.54 强度折减系数取 1.30 时的边坡破坏曲线

强度折减系数取 1.35 和 1.40 时的计算结果如图 5.55~ 图 5.59 所示。

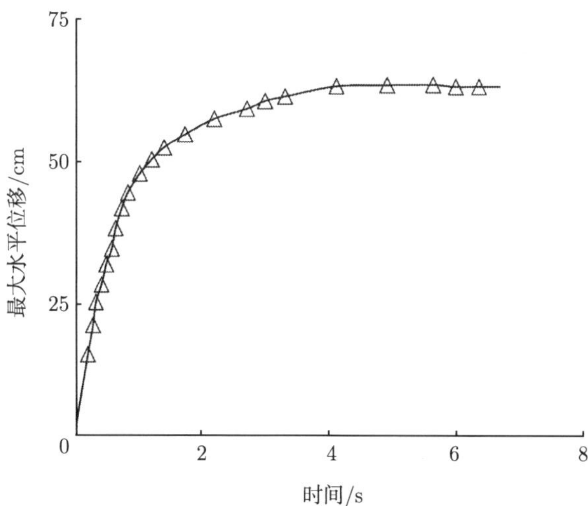

图 5.55 强度折减系数取 1.35 时的最大水平位移曲线

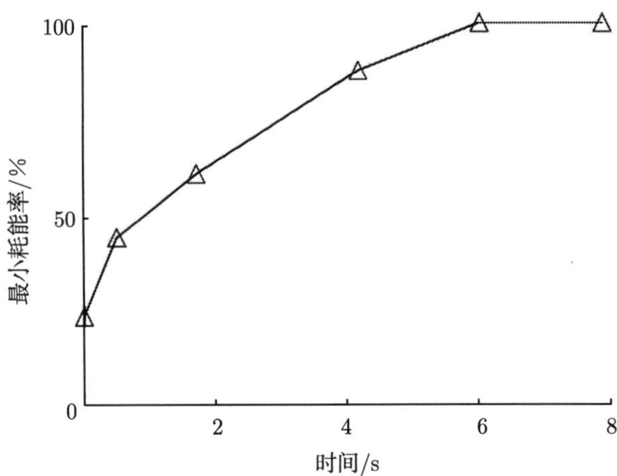

图 5.56　强度折减系数取 1.35 时的最小耗能率曲线

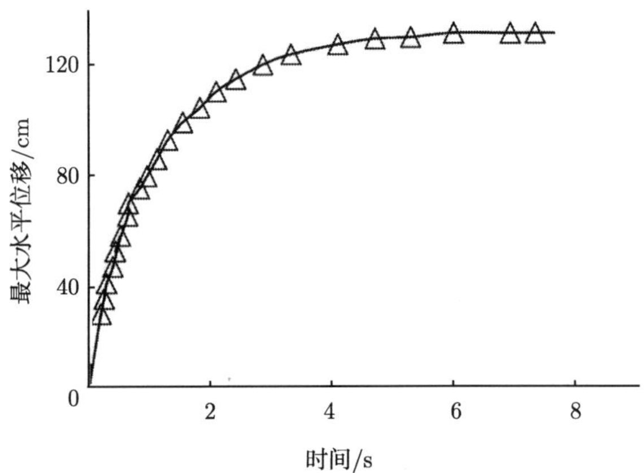

图 5.57　强度折减系数取 1.40 时的最大水平位移曲线

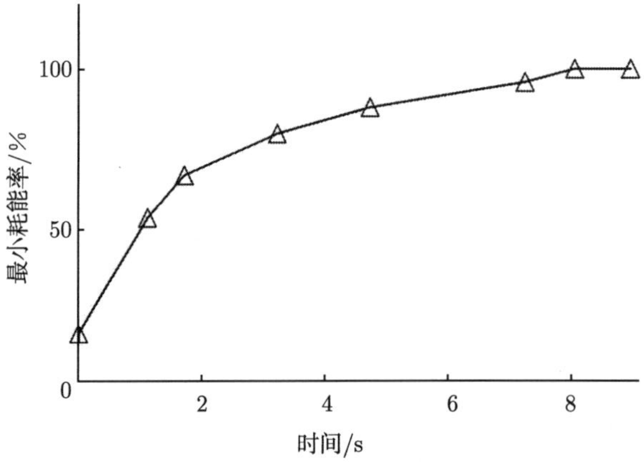

图 5.58　强度折减系数取 1.40 时的最小耗能率曲线

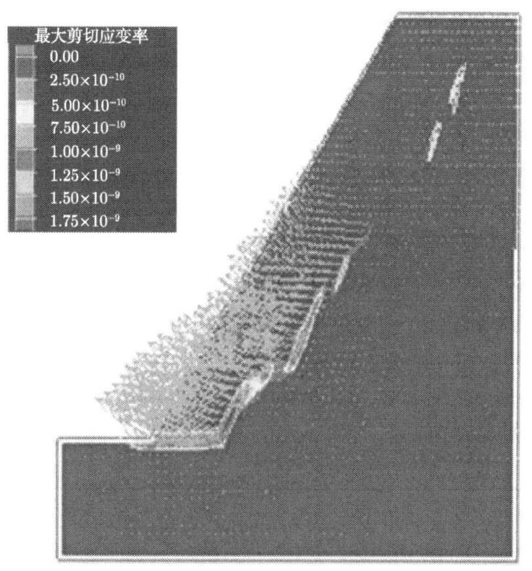

图 5.59 强度折减系数取 1.40 时的边坡破坏曲线

当强度折减系数为 1.35 时，由图 5.55 可以看出，一开始短时间内最大水平位移增长迅速，只需 2s 就达到了 50cm 左右，大概 5s 后边坡达到稳定状态，最大水平位移为 60cm。由图 5.56 可以看出，边坡起裂点的最小耗能率为 0.2，随着时间的增加，耗能率也随之增加，说明裂纹扩展越来越困难，并最终达到 1，即边坡稳定状态，因此，当安全系数设定为 1.35 时，边坡不会发生破裂，说明边坡的稳定系数要大于 1.35。由图 5.57～ 图 5.59 可以发现，当稳定系数取 1.40 时，边坡内最大水平位移达到 1.3m，但最小耗能率曲线最终达到 1，说明此时边坡内部点虽然发生了较大的水平位移，但整体边坡最终还是达到了稳定，没有发生破坏，即 1.40 已经趋于临界状态。

强度折减系数取 1.45 和 1.50 时的计算结果如图 5.60～ 图 5.63 所示。

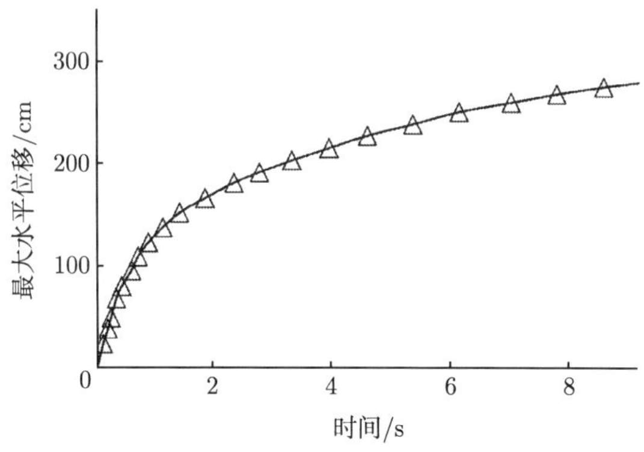

图 5.60 强度折减系数取 1.45 时的最大水平位移曲线

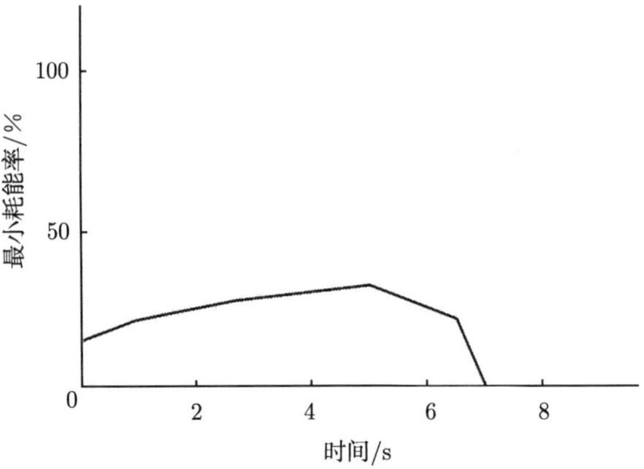

图 5.61　强度折减系数取 1.45 时的最小耗能率曲线

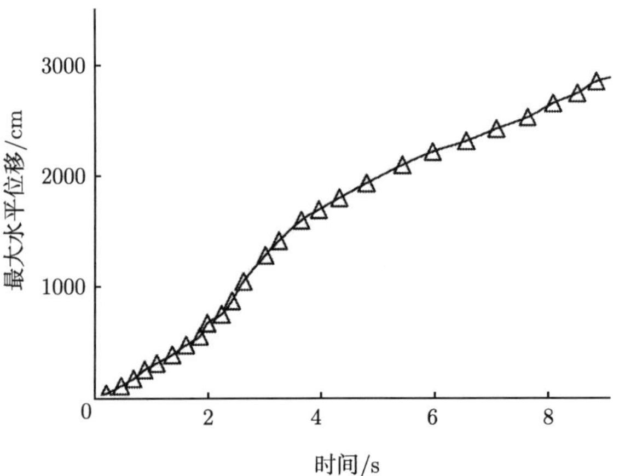

图 5.62　强度折减系数取 1.50 时的最大水平位移曲线

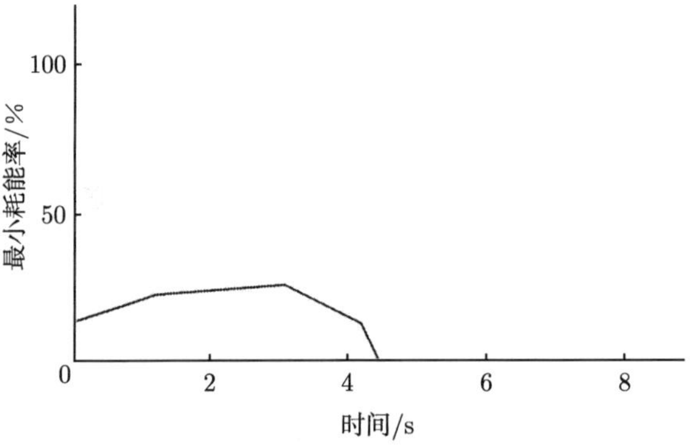

图 5.63　强度折减系数取 1.50 时的最小耗能率曲线

当安全系数为 1.45 时，由图 5.60 可以看出，边坡内部点的最大水平位移曲线呈指数上升，8s 后没有达到一定的稳定点，由图 5.61 得出，在 7s 时边坡内部裂纹的扩展的最小耗能率已经为零，说明边坡内部没有一条裂纹还需要耗能，即边坡已经发生了破坏。当安全系数取为 1.50 时，由图 5.62 和图 5.63 可知，4.5s 就发生破坏，边坡内部裂纹扩展已经毫无蠕变过程，最大水平位移达到 3m 以上，说明边坡破坏很容易。

从上面分析可知，边坡的安全系数应该在 1.40~1.45，在这里取中间值 1.42 为边坡的安全系数值。此时计算得到的边坡最终破坏情况如图 5.64 所示。

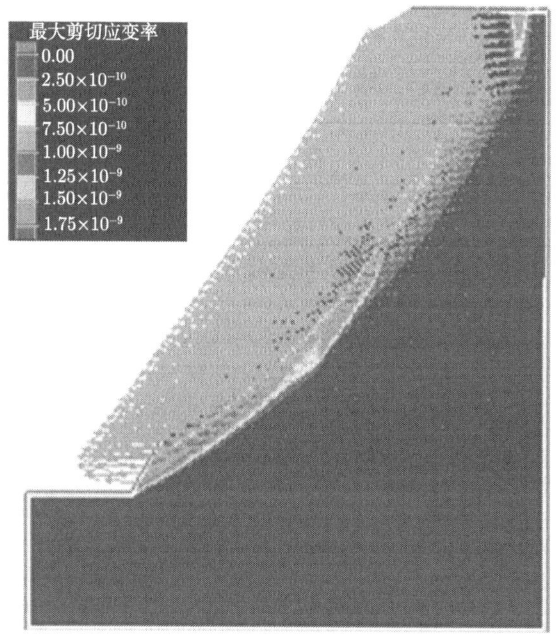

图 5.64　多裂纹岩质边坡最终破裂曲线

由图 5.64 可见，安全系数取 1.42 时边坡已被裂纹贯通，产生滑坡破坏，说明安全系数取 1.42 是合理的。

5.3.2.2　基于 FLAC 软件内嵌强度折减法的多裂纹边坡数值模拟结果

前一小节介绍了以最小耗能率为基础的 FLAC 软件计算多裂纹边坡的计算结果，通过计算得出了含多条裂纹岩质边坡断裂破坏的时间和位移情况，以下将直接通过 FLAC 软件内嵌强度折减法来计算该边坡的安全系数，比较以最小耗能率为基础的安全系数方法与内嵌强度折减法的差别，以证明以最小耗能率为基础的安全系数方法的合理性。

首先，将岩质边坡的尺寸、各种参数代入 FLAC 软件建模，并进行初始平衡力的计算，不平衡力的变化过程如图 5.65 所示。

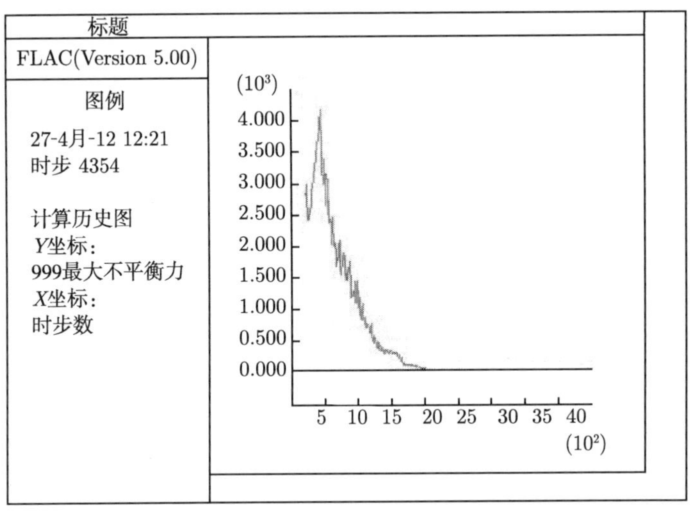

图 5.65　岩质边坡系统不平衡力曲线

由图 5.65 可见，系统已经平衡，此时得出边坡初始应力计算的水平应力图和竖向应力图，如图 5.66 及图 5.67 所示。

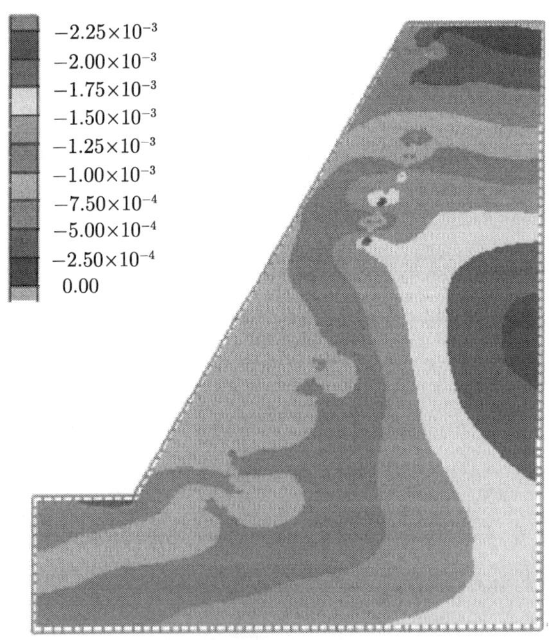

图 5.66　多裂纹边坡初始应力计算的竖向应力图

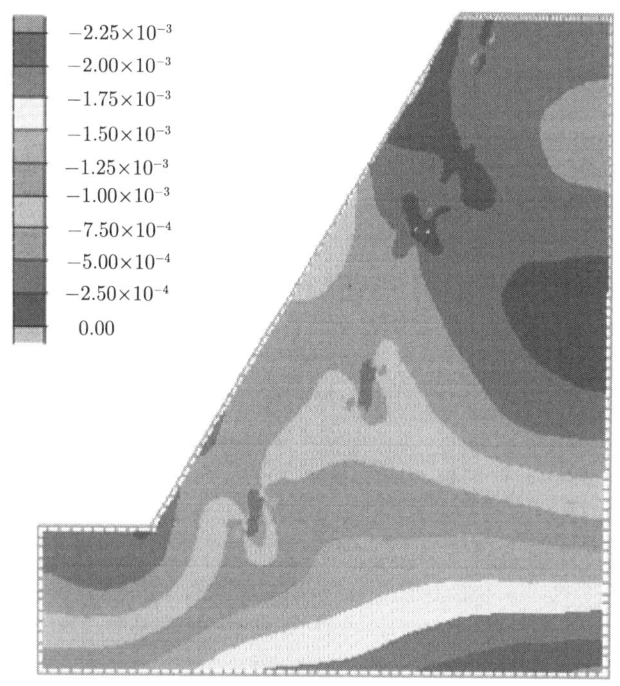

图 5.67 多裂纹边坡初始应力计算的水平应力图

由图 5.66 及图 5.67 可知，竖向应力图中颜色从下到上变化代表竖向应力越来越小，水平应力图中颜色从左到右逐渐变化代表水平应力越来越小。从图中可以明显看出，在裂纹处的图形颜色发生转变，且在裂纹尖端的竖向应力和水平应力明显高于同区域其他地方的应力，说明在强度折减过程中，裂纹尖端产生应力集中，其应力要高于其他地方，岩体内破裂便会从这些最薄弱的地方发生，使裂纹开始扩展、贯通，最终达到岩体破坏。

将模型进行平衡计算后归零，进行安全系数强度折减法计算，经过运算所得安全系数为 1.51，此时边坡断裂破坏情况如图 5.68 所示。

基于最小耗能率的安全系数计算方法主要是通过能量来辨别岩质边坡断裂破坏情况，因为岩质边坡内部裂纹的扩展一直伴随着能量的耗散，当耗能率为零时即达到破坏状态；而 FLAC 软件内嵌强度折减法主要依靠“二分法”对程序规定的 2~64 范围内的安全系数向中间数值折减，最终得到一个安全系数。从原理上说，基于最小耗能率的安全系数方法首先确定安全系数，然后判断此安全系数下的最小耗能率，判断边坡破坏情况，并反过来确定安全系数，因为裂纹扩展和能量耗散是同时发生的，因此，这种方法是比较精确的；FLAC 软件内嵌强度折减法是依靠数值计算，通过运行时步和规定的最大不平衡力，来判断边坡破坏的临界点，因为运行时步和最大不平衡力都是人为规定的，因此，在一定程度上不能排除人为影响，计算出来的安全系数也是一个大概值，比起基于最小耗能率的安全系数方法，从精确度上来说要差一些。

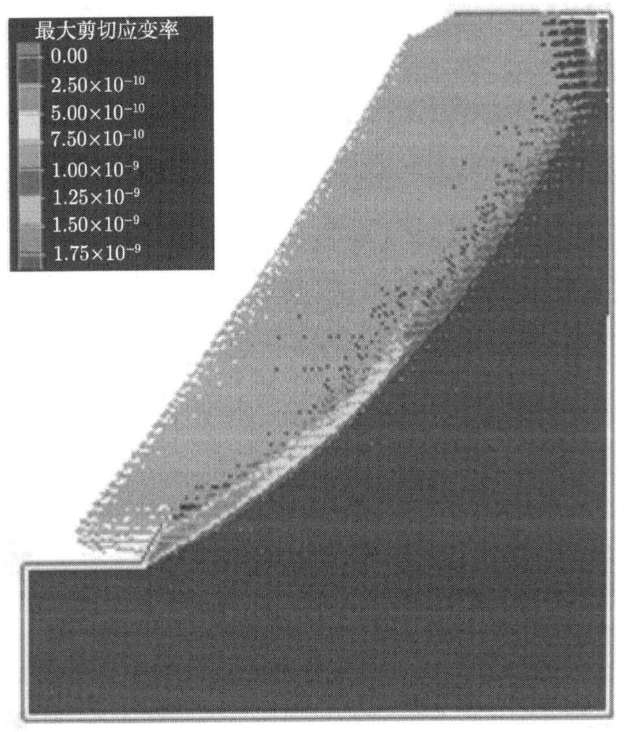

图 5.68 FLAC 软件内嵌强度折减法计算破坏结果图

运用最小耗能率的方法计算出的安全系数值大约为 1.42，而通过 FLAC 软件内嵌强度折减法计算出的结果为 1.51，两者差别不大，说明最小耗能率的方法对计算多裂纹岩质边坡安全系数是可行的，且计算结果比内嵌强度折减法要小，从一定程度上说明新方法计算更加精确。

5.3.2.3 基于最小耗能率的安全系数计算方法验证

在 5.1.3 节中对一多裂纹岩质边坡破坏整个过程的详细分析的基础上，基于上节关于最小耗能率的安全系数方法的可行性的成功验证，现对 5.1.3 节中边坡实例进行验证，并与实际计算结果相对比，进一步证实推导出的断裂准则以及基于最小耗能率的安全系数计算方法的正确性。

其边坡的整体概况为：岩质边坡横向总跨度 15m，高 18m，边坡坡度 60°。根据该岩质边坡的相关数据，假设该边坡内部存在 7 条原生裂纹，长度为 100cm，倾角为 30° ∼ 45°，材料的弹性模量为 26GPa，泊松比为 0.3，摩擦系数为 0.5，假定各个裂纹断裂韧度 $K_{\mathrm{Ic}} = 0.66\mathrm{MPa}\cdot\mathrm{m}^{1/2}$，$K_{\mathrm{IIc}} = 0.36\mathrm{MPa}\cdot\mathrm{m}^{1/2}$，岩质边坡中裂纹的分布如图 5.6 所示。

经计算已经得到的边坡断裂破坏过程曲线如图 5.10 和图 5.11 所示。

在逐步增大安全系数计算边坡内部点最大水平位移和最小耗能率时，因为此边坡内含有 7 条裂纹，而其他参数与 5.3.2 节中相差不多，因此安全系数要低于上例。取安全系数由小到大为 1.10、1.20、1.30、1.40 ⋯，当安全系数落到哪个区间，就在哪个区间内再划分为 5 等分计算，将岩质边坡用 FLAC 软件建模后依次调入前两个 FISH 函数，由于图表较多，这里只是为了验证和求出安全系数，因此只列出安全系数落到的大致区间的图表和破坏时的图表。

强度折减系数取 1.30 及 1.40 时的计算结果如图 5.69∼ 图 5.72 所示，由图可见，该边坡安全系数的区间为 1.30∼1.40。

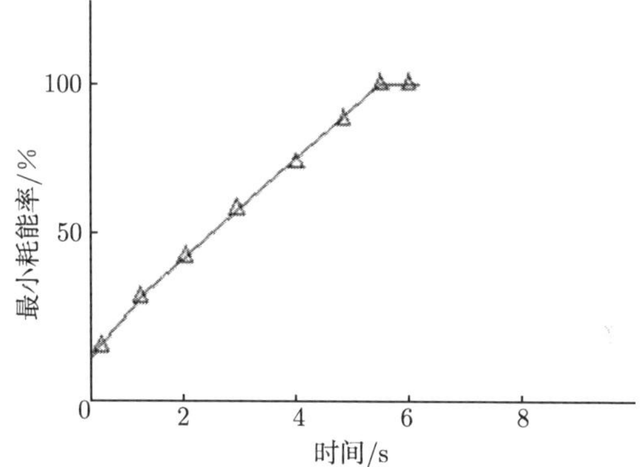

图 5.69 强度折减系数取 1.30 时的最小耗能率曲线

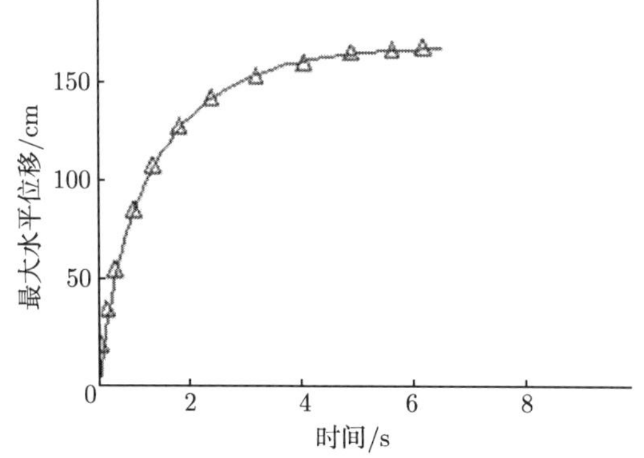

图 5.70 强度折减系数取 1.30 时的最大水平位移曲线

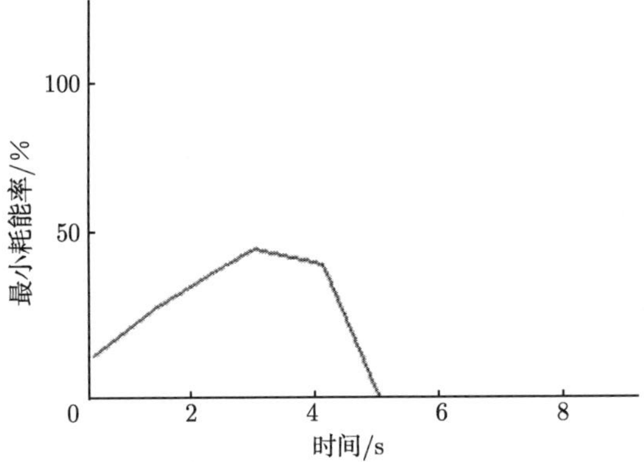

图 5.71　强度折减系数取 1.40 时的最小耗能率曲线

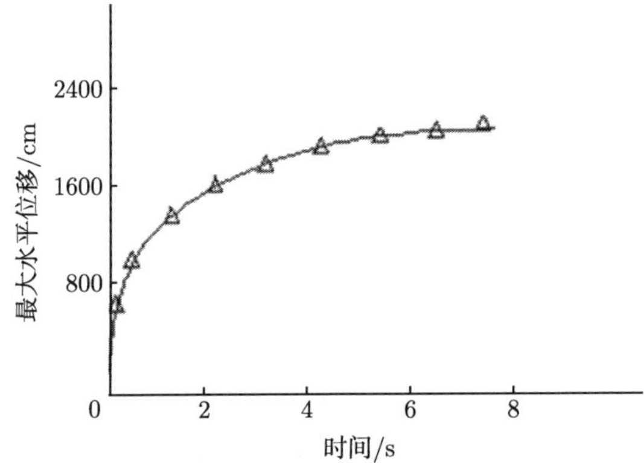

图 5.72　强度折减系数取 1.40 时的最大水平位移曲线

为了得到具体的安全系数，取其区间的中值 1.34 进行计算，其结果如图 5.73～图 5.75 所示。同样分析可以发现，该边坡的安全系数约为 1.34。

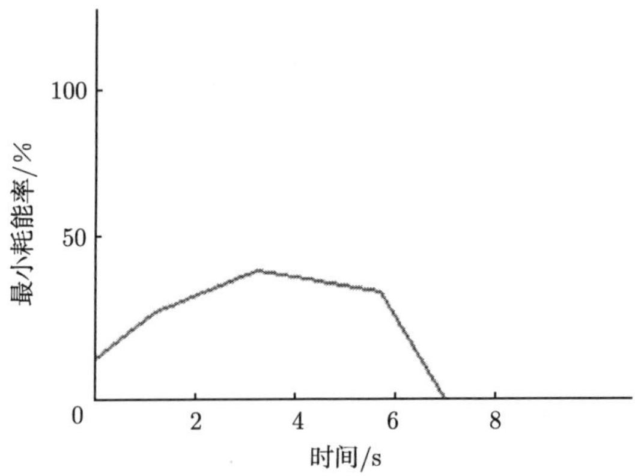

图 5.73　强度折减系数取 1.34 时的最小耗能率曲线

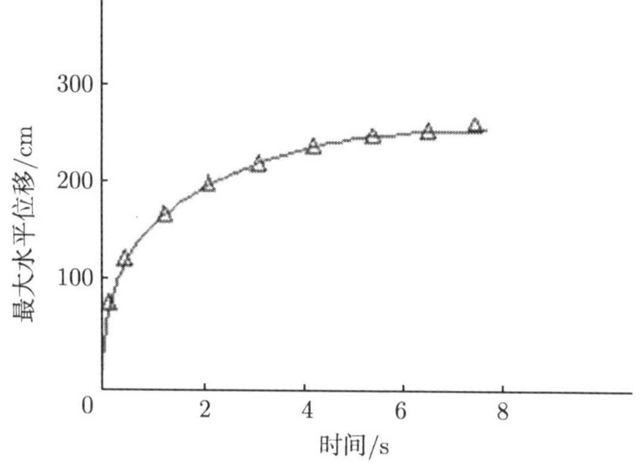

图 5.74 强度折减系数取 1.34 时的最大水平位移曲线

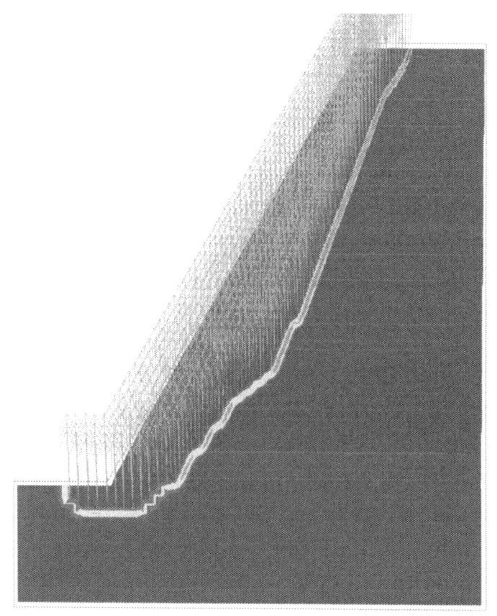

图 5.75 多裂纹岩质边坡最终破裂曲线

将图 5.75 与图 5.11 对比可得，数值计算得到的多裂纹岩质边坡的整体破坏曲线趋势和理论结果基本一致，此结果进一步说明了基于最小耗能率的安全系数计算方法是可靠的，同时也说明之前推导的理论公式是具有一定依据的，可以应用到裂纹岩质边坡的断裂破坏计算中。

5.4 本章小结

本章对含裂纹岩质边坡的破坏过程进行了分析，从理论和数值模拟两方面进行研究，分析裂纹扩展导致边坡滑动的过程和机理，主要包括以下工作。

(1) 以岩质边坡工程中裂纹的扩展为例，模拟计算了岩体中裂纹的扩展过程(包括单裂纹、双裂纹及多裂纹)，并分析了裂纹逐渐发展成贯通裂缝并导致岩质边坡破坏的过程，详细说明了各个阶段的计算方法。

(2) 通过 RFPA 软件分别模拟了翼裂纹的起裂和扩展过程以及裂纹扩展过程中声发射能量的发生变化过程，通过比较对照，所得到的结论与前述提出的基于最小耗能原理的岩石断裂破坏过程相一致，进一步证明了前述理论的正确性。

(3) 通过有限差分软件对单一裂纹和两个裂纹岩质边坡的破坏过程的模拟研究，证明在岩质边坡破坏过程中，裂纹的扩展是沿着一定的开裂角并扩展相应的长度，这与本书所建立的基于最小耗能原理的岩质边坡破坏理论是一致的。

(4) 以之前章节最小耗能原理和断裂力学推导的公式为基础，将最小耗能率公式以 FISH 程序编程，导入 FLAC 软件，建立了以最小耗能率为基础的多裂纹岩质边坡安全系数计算方法，并借助工程实例，计算出了边坡的安全系数和最终的断裂破坏曲线。

(5) 将同一边坡实例运用 FLAC 软件内嵌强度折减法直接计算，计算出的结果与最小耗能率的安全系数计算方法得出的结果差别不大，说明以最小耗能率为基础的安全系数方法是可行的，且更加精确，并以推导出的基于最小耗能率的安全系数计算方法对之前章节的边坡实例进行论证，得出的结论与计算出的破坏曲线大致相同，进一步证明了该方法的可行性。

参 考 文 献

[1] Horii H, Nemat-Nasser S. Brittle failure in compression: Splitting, faulting and brittle-ductile transition. Philosophical Transactions of the Royal Society of London, 1986, 319: 337-347.

[2] 唐春安. 岩石破裂过程数值试验. 北京: 科学出版社, 2003.

[3] 刘波, 韩彦辉. FLAC 原理、实例与应用指南. 北京: 人民交通出版社, 2005.

[4] 彭文斌. FLAC3D 实用教程. 北京: 机械工业出版社, 2008.

[5] Dawson E M, Roth W H, Drescher A. Slope stability analysis by strength reducation. Geotechnique, 1999, 49(6): 835-840.

[6] Matsui T, San K C. Finite element slope stability analysis by shear strength reduction technique. Soils and foundations, 1992, 32(1): 59-70.

第 6 章　岩质边坡稳定分析定性研究

6.1　岩质边坡稳定分析定性研究现状

岩质边坡稳定分析定性研究方法的实质[1]是对影响边坡稳定性的主要因素、可能的变形破坏方式及失稳的力学机制等进行分析，给出被评价边坡的稳定性状况及其可能发展趋势的定性说明和解释。目前的定性分析法主要有工程类比法、地质分析法、岩体分类分析方法及图解法等。其中，工程类比法是实际工程中常用的一种实用分析方法，应用非常广泛。工程类比法的实质是基于大量工程实例，采用一定分析方法找到这些实例包含的基本规律，然后采用此规律评价要处理边坡的稳定状态，给出其发展趋势的定性说明。目前，已有很多方法被引入进行工程实例的分析研究，主要包括模糊评价[2]、多目标决策方法[3]、支持向量机算法[4]、遗传算法[5]、人工神经网络[6−10]、模拟退火算法[11]及范例推理[12]等。这类方法的优点是可以从不同的侧面反映影响岩质边坡稳定性的不确定因素，工程应用方便，但其缺点是需要大量类似工程的资料。

工程类比法的主要思想就是聚类分析，其实质是通过将岩质边坡样本按相似性分类，按照相似性原则对岩质边坡稳定性进行判断。常用的聚类方法一般先根据一定的经验准则选取某些聚类参数，诸如希望的聚类数、最小标准差、初始聚类中心、聚类中心间的最小距离等，然后根据距离最近的原则对各样本进行调整，直至各样本到相应聚类中心的距离平方和最小为止。这些算法的计算结果与参数的设置是否正确至关重要，因此，在设置这些参数之前往往需要对样本数据进行必要的分析研究。这在数据量较大，特别是在高维情况下，要得到合理的参数尤为困难。由于岩质边坡稳定分析聚类计算中参量都是离散量，存在着许多局部极值，传统的聚类方法通常无法很好地处理全局优化问题。因此，为了更好地解决这类问题，在此方面进行深入研究很有必要。

在聚类算法研究方面，基于蚁群行为的聚类算法是一种新的仿生算法，它可以解决很多传统算法难以解决的复杂聚类问题，是一种很有前途的研究方向。基于此，首次把基于蚁群的聚类算法引入来解决岩质边坡的稳定性分析问题，提出一种分析岩质边坡稳定问题的新方法。

6.2　岩质边坡稳定分析定性研究算法

将蚁群算法用于聚类分析，灵感源于蚂蚁堆积它们的尸体和分类它们的幼体。最早在这一领域开展工作的是 Deneubourg 等，他们根据数据对象与其周围对象的相似性，让蚂蚁随机地移动、拾起或放下数据对象，以达到数据聚类的目的，并把这个基本模型成功地应用于机器人领域。尽管目前对蚁群聚类算法的研究还不是很多，但初步的研究已经证明，该算法是一种良好的聚类算法，可以在很多工程领域的复杂聚类问题中进行应用[13]。

该算法基本思想简单易懂：在模拟聚类过程中，自然界中的蚂蚁被一个在正方形网格中自由移动的个体所替代，数据就散落在这个方格中，每个数据对象可以被这些个体所拾起、放下及移动[14−16]。网格中一个对象被拾起和放下的概率受该个体与其周围其他物体相似性的影响，也就是说：蚂蚁倾向于拾起那些与周围其他对象不相似的个体及散落的个体，而易于把自己所搬的对象放到与它最相似的对象堆中去。这样，网格上散落的物体最后能按相似性而得到聚类。应用蚁群聚类算法的一个难点来自于解比较复杂的问题时，由于蚂蚁在网格上是自由移动的，蚂蚁会走大量重复和无意义的步数，这样增加了算法的复杂性 (时间复杂性)，也影响了聚类的最终效果。另外，在很多情况下，该算法所产生的类的数目要远大于实际存在的类的数目。为了克服上述缺点进而提高聚类的质量，本书提出了一种新的蚁群聚类算法：筛选蚁群聚类算法。为了节约计算时间，该算法舍弃了传统蚁群聚类算法中网格的使用，从而让蚂蚁直接对要聚类的数据堆进行操作。另外，该算法采取一种数据堆的合并机制，以合并本该属于同一类却分布在不同类中的数据。通过数据模拟试验可以看到，筛选蚁群聚类算法采取了一种更加合适的聚类过程，达到了一个更好的聚类结果。

6.2.1　标准蚁群聚类算法

标准蚁群聚类算法是由 Lumer 和 Faieta 于 1994 年提出来的[17]，它假设蚂蚁在一个散落着数据对象的二维网格上自由移动。它的基本思想就是让在 N 维属性空间中相似的数据对象能在二维网格中彼此相邻。

因此，在该算法中假设每个网格最多只能被一个数据占据，而且在聚类的过程中只有下面之一的情况发生：①搬着物体 i 的蚂蚁检查该物体能放在当前网格的概率；②未负载的蚂蚁检查当前网格中物体被拾起的概率。在每个独立的时间单元内，被随机选定的蚂蚁要么放下它所背负的物体到当前网格，要么拾起当前网格中的数据。

该算法的主要流程为：

(1) 数据随机放于一个平面上。

(2) 每个蚂蚁随时选择一个数据对象，按照拾起和放下概率拾起、移动或者放下该数据对象，其中拾起和放下概率通过比较该对象和邻域数据对象的相似性实现。

(3) 循环移动，完成数据的聚类。

算法的伪代码如下：

(1) 初始化：给定蚂蚁个数 N，总迭代次数 M，领域长度 s，算法常数 α、c 及蚂蚁移动的最大速度 $v_{\max}$。

(2) 数据对象放置于平面上，也就是说给每个数据赋予一对随时坐标 (x, y)。

(3) 每个未负载蚂蚁随时选择一个数据对象。

(4) 对每个蚂蚁赋予一个随机速度 v。

(5) 开始迭代循环，每个循环中，对所有蚂蚁进行如下操作。

① 计算所有数据对象的平均相似性。

② 如果蚂蚁没有负载，计算其拾起概率。如果拾起概率大于一个随机概率，并且该数据没有同时被其他蚂蚁拾起，那么蚂蚁拾起这个数据，并把它移动到一个新位置；否则，蚂蚁随机选择其他数据。

③ 如果蚂蚁已经负载，则计算其放下概率。如果放下概率大于一个随机概率，那么蚂蚁放下其背负的数据，并随机选择一个新数据；否则，蚂蚁继续移动到一个新位置。

(6) 对于所有数据，进行如下计算：如果一个数据的邻居的个数小于一个给定的常数，那么该数据被定义为一个孤立点；否则，把这个数据及其邻居分为一类。

算法中的具体计算操作如下[18]：

1) 平均相似度函数的定义

假设蚂蚁在 t 时间 r 位置发现了数据 o_i，那么该数据和其领域内其他数据的平均相似性通过下式计算：

$$f(o_i) = \max\left\{0, \frac{1}{s^2} \sum_{o_j \in \mathrm{Neigh}_{s\times s}(r)} \left[1 - \frac{d(o_i, o_j)}{\alpha(1 + (v-1)/v_{\max})}\right]\right\} \tag{6.1}$$

式中，α 为一个度量数据间相似程度的常数；v 为蚂蚁的速度，其数值为 1 到最大速度间的随机数；$\mathrm{Neigh}_{s\times s}(r)$ 为位置 r 长度 s 的邻域大小；$d(o_i, o_j)$ 为两个数据的距离，一般采用欧几里得距离，其表达式如下：

$$d(o_i, o_j) = \sqrt{\sum_{k=1}^{m}(o_{ik} - o_{jk})^2} \tag{6.2}$$

式中，m 为数据的属性数目。

由平均相似度函数的定义可以发现，常数 α 影响了分类数目和算法的收敛速度。常数 α 越大，数据相似度越大，则其易于被分类。因此，聚类数目小，算法速度快。相反地，常数 α 越小，数据的相似度变小，大的类别会被分成小类。因此，聚类数目增加，算法速度变慢。

2) 概率函数的定义

概率函数是一个关于平均相似性的函数，其目的是把平均相似性转化为拾起概率和放下概率。其原理如下：

一个数据对象的相似性越小，也就是说，其邻域内属于同一类别的数据越少，拾起概率越大，放下概率越小。反之，相似度越大，拾起概率越小，也就是说，数据不容易被移走，放下概率越大。按照此原理，概率函数一般采用 S 函数。

一个随机移动的未负载蚂蚁拾起一个数据的概率通过下式计算：

$$P_{\mathrm{p}} = 1 - \mathrm{Sigmoid}(f(o_i)) \tag{6.3}$$

同样地，随机移动的负载蚂蚁放下一个数据的概率为

$$P_{\mathrm{d}} = \mathrm{Sigmoid}(f(o_i)) \tag{6.4}$$

而 S 函数的形式如下：

$$\mathrm{Sigmoid}(x) = \frac{1 - \mathrm{e}^{-cx}}{1 + \mathrm{e}^{-cx}} \tag{6.5}$$

式中，c 为常数，其越大，收敛速度越高。

需要说明的是，聚类过程中，可能会存在一些和其他数据相似性很差的孤立点。蚂蚁很难放置孤立点，使算法的收敛速度受到很大影响。为了解决此问题，本书中，通过选择一个较大的 c 使得蚂蚁可以在算法的后期放下孤立点。

6.2.2 筛选蚁群聚类算法

筛选蚁群聚类算法的基本思想如下：在初始化阶段 N 个数据被随机地划分为 K 类。每个初始化的数据类中必定存在一些和本类其他数据相似性比较低的数据，这些数据都被一一筛选出并且放置到它们各自最适合的数据类中去。最终各个数据堆中的数据呈现下面的属性：同一个数据堆中数据属性的差异要比不同的数据堆中数据的属性差异小。

算法的实现过程如下：

1) 初始化

所有的 N 个数据被随机分到 $K(K < N)$ 个数据堆中。一个数据堆对应一个数据类型。

2) 迭代

在迭代开始时，蚂蚁都被随机分配到一个数据堆，并且这个数据堆将作为蚂蚁第一个访问数据堆。每只蚂蚁在算法中都走 M 步来一个个地访问数据堆，在此过程中，蚂蚁所访问的每个数据堆中最不属于此数据堆的数据都被筛选出来并被各自放到它们最适合的数据堆中去。

在迭代过程中，每只蚂蚁都遵循如下原则。

(1) 如某只蚂蚁访问某一个数据堆，而这个数据堆仅含有一个数据，那么这个数据被蚂蚁以概率 1 拾起并放到它最适合的数据堆中去。

(2) 如某蚂蚁未负载，它当前访问的数据堆中的数据不止一个，那么计算当前数据堆中所有数据 $o_i(o_i \in \text{cluster})$ 的“局部密度”(即该数据与堆中其他数据的相似性)$f(o_i)$，蚂蚁以概率 $P_{\text{p}}(o_i)$ 拾起该堆中最不适合的数据 $o_i(o_i \in \text{cluster})$ 并随机地访问下一个数据堆。

每个数据 o_i 在当前数据堆中的局部密度 $f(o_i)$ 由下式表示：

$$f(o_i) = \begin{cases} \dfrac{1}{s-1} \sum o_j \in \text{cluster}_{(o_i)} \left[1 - \sqrt{\dfrac{d(o_i, o_j)}{\alpha}}\right] & \text{若 } f > 0 \\ 0 & \text{其他} \end{cases} \tag{6.6}$$

式中，s 是当前蚂蚁访问的数据堆的数据对象个数；$f(o_i)$ 是当前数据堆中数据 o_i 与其他数据 $o_j(o_j \neq o_i, o_j \in \text{cluster})$ 的平均相似性；α 是一个衡量相异度的参数；$\text{cluster}(o_i)$ 为当前的数据堆；$d(o_i, o_j)$ 为欧几里得距离。

当前数据堆中的数据 o_i 的拾起概率 $P_{\text{p}}(o_i)$ 表示如下：

$$P_{\text{p}}(o_i) = \left(\frac{k_{\text{p}}}{k_{\text{p}} + f(o_i)}\right)^2 \tag{6.7}$$

式中，k_{p} 是一个拾起数据对象的阈值。

如果 $f(o_i) \ll k_{\text{p}}$ 则 $P_{\text{p}} \approx 1$，那么蚂蚁将很有可能拾起这个与堆中其他数据都不相似的数据。类似地，如果 $f(o_i) \gg k_{\text{p}}$ 则 $P_{\text{p}} \approx 0$，这表明该数据对象 o_i 与堆中的其他数据都很相似，那么，该数据对象被拾起的概率很小。

(3) 如果某负载数据 o_i 的蚂蚁访问一个至少包含一个数据的数据堆，那么蚂蚁首先放下其负载的数据，把它加到当前的数据堆中，而后该堆中所有数据的局部密度 $f(o_i)$ 都被计算出来，最后与堆中其他数据最不相容的数据将被以概率 $P_{\text{p}}(o_i)$ 拾起。随后，蚂蚁负载这个新选择的数据继续访问下一个数据堆。

(4) 如果某一蚂蚁负载一个数据走完了 M 步仍找不到能包容该数据的数据堆，那么蚂蚁将创建一个新数据堆，并将该数据放到新的数据堆中。

尽管蚂蚁在迭代过程中严格遵循上述的各条规则，由蚁群产生的聚类数可能还是要多于实际类的数目，那些原本应该在同一个堆中的数据也可能被分散到不同的数据堆中去。为了克服这一缺点，在算法中加入了一个数据堆的合并机制，即在蚂蚁把它访问的当前数据堆中最不相似的数据挑选出来之前，蚂蚁先把当前堆与现在已有的其他数据堆相比较，而后以一定的概率合并相似的数据堆，数据堆与数据堆合并的概率如下：

$$P_{\text{combine}}(i) = \begin{cases} 2\text{similar}(c_i, c_j) \text{若 similar}(c_i, c_j) < k_{\text{c}} \\ \\ 1 \qquad \text{其他} \end{cases} \tag{6.8}$$

式中，k_{c} 是一个阈值常数；$\text{similar}(c_i, c_j)$ 是数据堆 i 和数据堆 j 的相似度函数，其公式如下：

$$\text{similar}(c_i, c_j) = 1 - \frac{d(c_i, c_j)}{\alpha_1} \tag{6.9}$$

式中，$d(c_i, c_j)$ 是数据堆 i 和数据堆 j 的中心的欧几里得距离；c_i 为数据堆 i 的中心；c_j 为数据堆 j 的中心；α_1 是一个衡量相异度的参数。

如果 $\text{similar}(c_i, c_j) \ll k_{\text{c}}$，那么两个数据堆合并的概率 $P_{\text{combine}} \approx 0$，如果 $\text{similar}(c_i, c_j) \gg k_{\text{c}}$，那么这两个数据堆将合并。

3) 算法终止

终止准则为相邻迭代步的聚类结果的误差小于 10^{-5}。

筛选蚁群聚类算法的流程图如图 6.1 所示。

6.2.3 蚁群聚类算法的数据实例验证

为了验证筛选蚁群聚类算法的计算性能，并和标准蚁群聚类算法进行比较，下面选用几个常用的数据集进行分析。

1) 鸢尾花数据集 (iris dataset)

该数据集用于描述鸢尾花的各种特性，数据集包含 150 个鸢尾花数据，3 个分类，每类 50 个鸢尾花数据，每类描述一种鸢尾花。3 种鸢尾花分别为：*Iris setosa*、*Iris versicolour*和*Iris virginica*。每个数据实例有 4 个属性，描述了鸢尾花 4 个特性，分别为：萼片长度、萼片宽度、花瓣长度及花瓣宽度。该数据集由 Fisher 于 1988 年 7 月创建，是目前机器学习领域最有名的数据集之一，数据集的具体情况参见网址：http://archive.ics.uci.edu/ml/datasets/Iris。

为了进行比较，采用传统 K-means 算法、标准蚁群聚类算法及筛选蚁群聚类算法进行鸢尾花数据集的分析。由于该数据集是实数型数据，这里采用更合适的 K-means 算法进行分析比较。

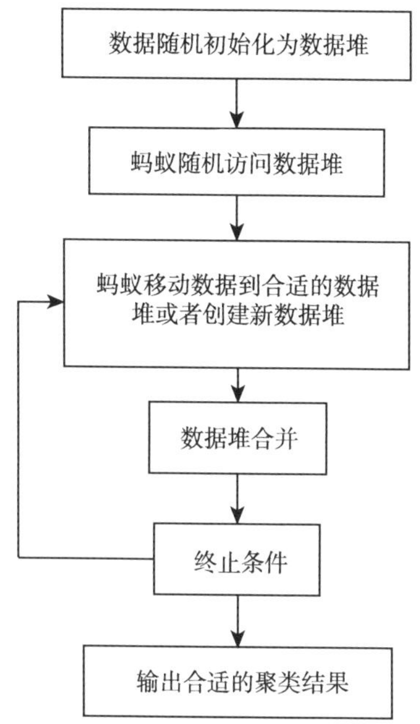

图 6.1 筛选蚁群聚类算法的流程图

本书中，聚类精度采用下式进行计算:

$$r = 1 - (\text{错分数据数目}/\text{数据总数}) \tag{6.10}$$

对于分类结果已知的数据集，采用上式计算聚类精度简单，而且直观。因此，本书采用此法进行。

根据经验和试算可以确定标准蚁群聚类算法和筛选蚁群聚类算法的各个参数，具体数值如下:

标准蚁群聚类算法的参数为 $N=20, M=15000, s=3, \alpha=1.5, v_{\max}=0.85$ 及 $c=3$;

筛选蚁群聚类算法的参数为 $M=15000, k_{\mathrm{p}}=0.1, k_{\mathrm{c}}=0.15, \alpha=1.5, N=20$, $\alpha_1=0.4$ 及 $s=3$。

基于以上参数，3 种算法 20 次试算的结果如表 6.1 所示。

由表 6.1 可以看出，首先，筛选蚁群聚类算法的平均迭代步数最少，标准蚁群聚类算法次之，而 K-means 算法最多。因此，筛选蚁群聚类算法的平均迭代速度最快。另外，筛选蚁群聚类算法的平均运行时间比标准蚁群聚类算法少，但其大于 K-means 算法的平均运行时间。因此，尽管筛选蚁群聚类算法的计算效率比标准蚁群聚类算法好，但 K-means 算法的计算效率最好。但是，K-means 算法计算中需要先验知识，本书中为正确的聚类数目。因此，仅仅比较运行时间，对两种蚁群聚类算法是不公平的。其次，筛选蚁群聚类算法的计算精度为 96.34%，而标准蚁群聚类算法为 90.43%，K-means 算法为 81.61%，显然，筛选蚁群聚类算法的计算精度最高。如果以最多和最少错分数目的差异作为计算稳定性的指标，筛选蚁群聚类算法的指标值为 8，标准蚁群聚类算法为 16，而 K-means 算法为 26，显然，筛选蚁群聚类算法的计算稳定性最好。最后，如果以平均错分数目为指标，筛选蚁群聚类算法也是性能最好的。

表 6.1 鸢尾花数据集统计结果

项目	K-means 算法	标准蚁群聚类算法	筛选蚁群聚类算法
20 次试算的平均迭代步数	6342.43	4151.4	2235.25
20 次试算的平均运行时间/s	26.61	36.86	32.53
最少错分数目	15	9	3
最多错分数目	41	25	11
平均错分数目	27.59	14.36	5.49
20 次试算的平均计算精度/%	81.61	90.43	96.34

为了比较计算效果，将筛选蚁群聚类算法、标准蚁群聚类算法及前人的一些算法的计算结果汇总入表 6.2。

表 6.2 鸢尾花数据集计算结果

聚类算法	平均计算精度/%	最小精度/%	最大精度/%
LF 算法[19]	90.34	—	—
ATTA[19]	91.57	—	—
ACP[19]	91.41	—	—
ACP-F[19]	94.17	—	—
ACK-I[19]	93.04	—	—
ACK[19]	95.03	—	—
LCA[20]	90	—	—
粒子群优化[21]	89.94	—	—
BB-BC 算法[21]	89.95	—	—
引力搜索算法[21]	89.96	—	—
黑洞算法[21]	89.98	—	—
改进蚁群聚类算法[22]	92	91	93
标准蚁群聚类算法	90.43	83.33	94
筛选蚁群聚类算法	96.34	92.67	98

由表 6.2 可以看出，筛选蚁群聚类算法的平均计算精度为 96.34%，是 14 种算法中最好的。计算精度排第二位的是 ACK 算法，其精度为 95.03%。而计算结果最差的是粒子群优化，其精度为 89.94%。而且，所有基于蚁群搜索的算法，它们的计

算精度均大于 90%，而其他算法均小于 90%。因此，基于蚁群搜索的算法的计算精度均比其他算法好，包括粒子群优化、BB-BC 算法、引力搜索算法及黑洞算法等。在所有基于蚁群搜索的算法中，筛选蚁群聚类算法的计算精度最高，而 LCA 算法的计算精度最低，仅为 90%。

对于表 6.2 中最后的三种算法，筛选蚁群聚类算法的平均精度最高，但是其最高和最低精度的差不是最好的，其值为 5.33%，最高和最低精度的差最好的算法是前人提出的改进蚁群聚类算法，其值为 2%。这就意味着，改进蚁群聚类算法的计算稳定性最好。由于其他 11 种算法的最高精度和最低精度均没有给出，因此，它们的计算稳定性在本书中无法分析。

2) 动物数据集 (animal dataset)

动物数据集或者动物园数据集是由 Forsyth 于 1990 年 5 月创建的。该数据集包括 101 个数据，分成 7 类，其 17 个数据属性为布尔变量。

数据集的具体情况参见网址：http://archive.ics.uci.edu/ml/datasets/Zoo。

为了进行比较研究，采用传统 $K-$modes 算法、标准蚁群聚类算法及筛选蚁群聚类算法进行动物数据集的分析。由于该数据集是布尔数据，这里采用更合适的 $K-$modes 算法进行分析比较。

本书中，聚类精度仍然采用式 (6.10) 进行计算。

根据经验和试算可以确定标准蚁群聚类算法和筛选蚁群聚类算法的各个参数，具体数值如下：

标准蚁群聚类算法的参数为 $N=20, M=15000, s=3, \alpha=0.7, v_{\max}=0.85$ 及 $c=5$；

筛选蚁群聚类算法的参数为 $M=15000, k_{\rm p}=0.2, k_{\rm c}=0.05, \alpha=0.7, N=20$, $\alpha_1=0.5$ 及 $s=3$。

基于以上参数，3 种算法 20 次试算的结果如表 6.3 所示。

表 6.3 动物数据集统计结果

项目	K-modes 算法	标准蚁群聚类算法	筛选蚁群聚类算法
20 次试算的平均迭代步数	31524.56	12425.52	8673.73
20 次试算的平均运行时间/s	27.71	37.52	34.36
最少错分数目	6	4	4
最多错分数目	32	25	19
平均错分数目	17	10.4	6.32
20 次试算的平均计算精度/%	83.17	89.7	93.74

由表 6.3 可以看出，筛选蚁群聚类算法的平均迭代步数是最少的，其值为 8673.73，其次是标准蚁群聚类算法，其平均迭代步数为 12425.52，而 K-modes 算法的平均迭代步数最大，达到了 31524.56。而 K-modes 算法的平均运行时间是最

短的，只有 27.71s，其次是筛选蚁群聚类算法，其平均运行时间是 34.36s，标准蚁群聚类算法的平均运行时间最长，为 37.52s。因此，尽管筛选蚁群聚类算法的计算效率比标准蚁群聚类算法好，但其仍然没有 K-modes 算法计算效率高。但是，同样地，K-modes 算法计算中也需要关于聚类数目的先验知识，因此，仅仅比较运行时间，对两种蚁群聚类算法也是不公平的。另外，K-modes 算法的平均计算精度为 83.17%，标准蚁群聚类算法为 89.7%，而筛选蚁群聚类算法为 93.74%，因此，筛选蚁群聚类算法的计算精度是最高的。同样的，分析最多和最少错分数目的差异，可以发现，筛选蚁群聚类算法的计算稳定性是最高的，而 K-modes 算法的计算稳定性是最低的，这点从平均错分数上也可以明显体现出来。

为了比较计算效果，将筛选蚁群聚类算法、标准蚁群聚类算法及前人的一些算法的计算结果汇总入表 6.4。

表 6.4　动物数据集计算结果

聚类算法	平均计算精度/%
LF算法[19]	78.24
ATTA[19]	88.84
ACP[19]	79.74
ACP-F[19]	87.23
ACK-I[19]	81.8
ACK[19]	87.3
标准蚁群聚类算法	89.7
筛选蚁群聚类算法	93.74

由表 6.4 可以看出，这 8 种算法全部是基于蚁群搜索的算法。其中，筛选蚁群聚类算法的平均计算精度最高，可以达到 93.74%，其次是标准蚁群聚类算法，其计算精度为 89.7%。而 LF 算法的计算精度最差，仅为 78.24%。因此，在这 8 种基于蚁群搜索的算法中，筛选蚁群聚类算法的计算结果最好。

3) 大豆数据集 (soybean (small) dataset)

该数据集是 Michalski 建立的著名的大豆疾病数据库，创建于 1987 年。该数据集包含 47 个数据，每个数据由 35 个属性进行描述，所有属性都是实数型数据。数据集分成 4 组，组中数据的个数相应地为 10、10、10 和 17。

数据集的具体情况参见网址：http://archive.ics.uci.edu/ml/datasets/Soybean+(Small)。

为了进行比较，采用传统 K-means 算法、标准蚁群聚类算法及筛选蚁群聚类算法分析该数据集。由于数据集是实数型数据，这里采用更合适的 K-means 算法进行分析。

本书中，聚类精度仍然采用式 (6.10) 进行计算。

根据经验和试算可以确定标准蚁群聚类算法和筛选蚁群聚类算法的各个参数，具体数值如下：

标准蚁群聚类算法的参数为 $N=50, M=15000, s=3, \alpha=0.6, v_{\max}=0.85$ 及 $c=6$；

筛选蚁群聚类算法的参数为 $M=15000, k_{\mathrm{p}}=0.1, k_{\mathrm{c}}=0.15, \alpha=0.5, N=20, \alpha_1=0.3$ 及 $s=3$。

基于以上参数，3 种算法 20 次试算的结果如表 6.5 所示。

表 6.5　大豆数据集统计结果

项目	K-means 算法	标准蚁群聚类算法	筛选蚁群聚类算法
20 次试算的平均迭代步数	23342.43	13785.22	7235.25
20 次试算的平均运行时间/s	34.39	52.35	47.42
最少错分数目	5	4	3
最多错分数目	28	21	17
平均错分数目	15.65	10.37	7.37
20 次试算的平均计算精度/%	84	92.51	97.35

从表 6.5 可以发现，筛选蚁群聚类算法的平均迭代步数是最少的，仅为 7235.25，其次是标准蚁群聚类算法，其平均迭代步数为 13785.22，而 K-means 算法是最长的，为 23342.43。因此，筛选蚁群聚类算法迭代最快。K-means 算法的平均运行时间最短，为 34.39s，其次是筛选蚁群聚类算法，其运行时间为 47.42s，而标准蚁群聚类算法的运行时间最长，为 52.35s。因此，尽管筛选蚁群聚类算法的计算效率比标准蚁群聚类算法高，但 K-means 算法的计算效率最高。但是，K-means 算法计算中需要先验知识，本书中为正确的聚类数目。因此，仅仅比较运行时间，对两种蚁群聚类算法是不公平的。而且，筛选蚁群聚类算法的平均计算精度为 97.35%，标准蚁群聚类算法为 92.51%，而 K-means 算法为 84%，可见，筛选蚁群聚类算法的平均计算精度最高，其计算效果最好。如果以最多和最少错分数目的差距为标准，筛选蚁群聚类算法最小，为 14；而 K-means 算法最大，为 23，因此，可以认为筛选蚁群聚类算法的计算稳定性最好。综上所述，筛选蚁群聚类算法可以用最高的精度和最快的速度解决此分类问题。

为了比较计算效果，筛选蚁群聚类算法、标准蚁群聚类算法及前人的一些算法的计算结果汇总入表 6.6。

由表 6.6 可以看出，LCA 算法的计算结果最好，其平均精度可以达到 100%，其次是筛选蚁群聚类算法，其计算精度为 97.35%，标准蚁群聚类算法的计算结果最差，其计算精度为 92.51%。很明显，在这三种基于蚁群的算法中，筛选蚁群聚类算法的计算结果不是最好的，但和最好结果差距不是太大，而且比标准蚁群聚类算法好不少。

表 6.6 大豆数据集计算结果

聚类算法	平均计算精度/%
LCA[20]	100
标准蚁群聚类算法	92.51
筛选蚁群聚类算法	97.35

4) 酵母数据集 (yeast dataset)

该数据集包含 1484 个数据，每个数据由 8 个属性描述，所有属性均为实数型数据。数据集可以分为 10 类，每类分别有 463、429、244、163、51、44、35、30、20 和 5 个数据。

数据集的具体情况参见网址：http://archive.ics.uci.edu/ml/datasets/Yeast。

为了进行比较，同样采用传统 K-means 算法、标准蚁群聚类算法及筛选蚁群聚类算法分析该数据集。

本书中，聚类精度仍然采用式 (6.10) 进行计算。

根据经验和试算可以确定标准蚁群聚类算法和筛选蚁群聚类算法的各个参数，具体数值如下；

标准蚁群聚类算法的参数为 $N = 55, M = 15000, s = 3, \alpha = 0.45, v_{\max} = 0.85$ 及 $c = 8$；

筛选蚁群聚类算法的参数为 $M = 15000, k_{\mathrm{p}} = 0.05, k_{\mathrm{c}} = 0.25, a = 0.45, N = 20$, $\alpha_1 = 0.25$ 及 $s = 3$。

基于以上参数，3 种算法 20 次试算的结果如表 6.7 所示。

表 6.7 酵母数据集统计结果

项目	K-means 算法	标准蚁群聚类算法	筛选蚁群聚类算法
20 次试算的平均运行时间/s	54.34	123.57	105.31
最少错分数目	178	102	73
最多错分数目	532	412	239
平均错分数目	364.77	254.36	169.77
20 次试算的平均计算精度/%	75.42	82.86	88.56

由表 6.7 可见，K-means 算法的平均运行时间最短，为 54.34s，其次是筛选蚁群聚类算法，其运行时间为 105.31s，而标准蚁群聚类算法的运行时间最长，为 123.57s。因此，尽管筛选蚁群聚类算法的计算效率比标准蚁群聚类算法高，但 K-means 算法的计算效率最高。而且，筛选蚁群聚类算法的平均计算精度为 88.56%，标准蚁群聚类算法的精度为 82.86%，而 K-means 算法为 75.42%。可见，筛选蚁群聚类算法的平均计算精度最高，其计算效果最好。如果以最多和最少错分数目的差距为算法稳定性的标准，那么，筛选蚁群聚类算法最小，为 166，而 K-means 算

法最大，为 354，因此，可以认为筛选蚁群聚类算法的计算稳定性也最好。

综上所述，筛选蚁群聚类算法可以用很高的精度和很快的速度解决聚类问题，且其结果对大多数问题都是最好的。因此，本书提出的筛选蚁群聚类算法可以被推广应用于复杂的工程聚类问题中。

6.2.4 蚁群聚类算法的参数敏感性分析

为了对标准蚁群聚类算法和筛选蚁群聚类算法两类算法中的主要参数进行敏感性分析，这里以鸢尾花数据集为例进行研究。

6.2.4.1 筛选蚁群聚类算法

该算法中，参数 k_p、k_c,、α_1 及 α 对算法影响很大，本书中对这 4 个参数进行分析。为了研究方便且使结果有代表性，这里以迭代次数表征收敛速度，以聚类精度表征计算性能。

参数 k_p 和算法收敛速度间的关系如图 6.2 所示，参数 k_p 和算法计算性能间的关系如图 6.3 所示。

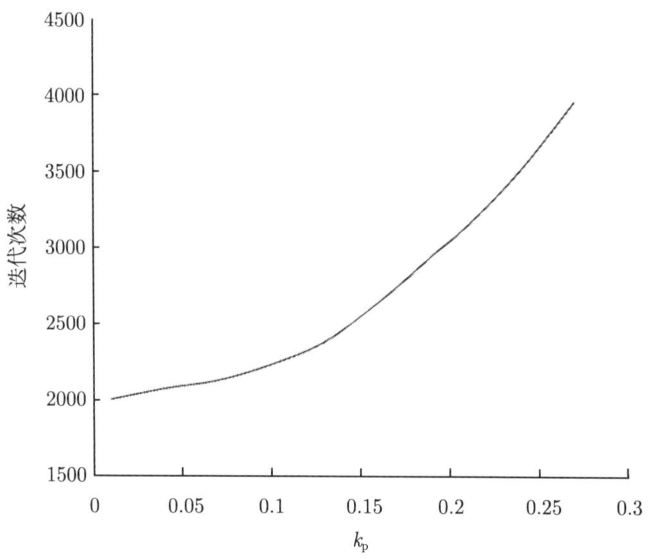

图 6.2 参数 k_p 和算法收敛速度间的关系图

根据图 6.2 及图 6.3，参数 k_p 和算法收敛速度间的关系是一个单调函数，而参数 k_p 和算法计算性能间的关系是一个单峰函数。当参数增大时，收敛速度降低，且其降低幅度也同时增大；而算法计算性能的变化规律比较复杂，当参数 $k_\mathrm{p} < 0.1$ 时，随着参数增加，计算性能提高；而当参数 $k_\mathrm{p} > 0.1$ 时，计算性能提高随着参数的增加而降低，说明对于计算性能而言，参数 k_p=0.1 是较合适的数值。

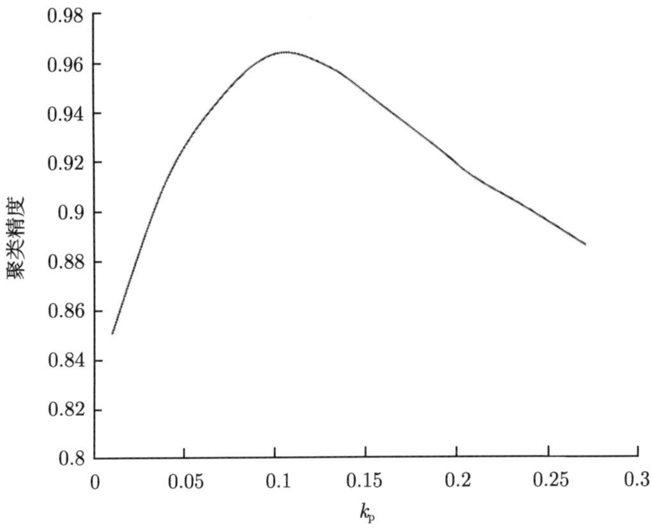

图 6.3　参数 k_p 和算法计算性能间的关系图

参数 k_c 和算法收敛速度间的关系如图 6.4 所示，参数 k_c 和算法计算性能间的关系如图 6.5 所示。

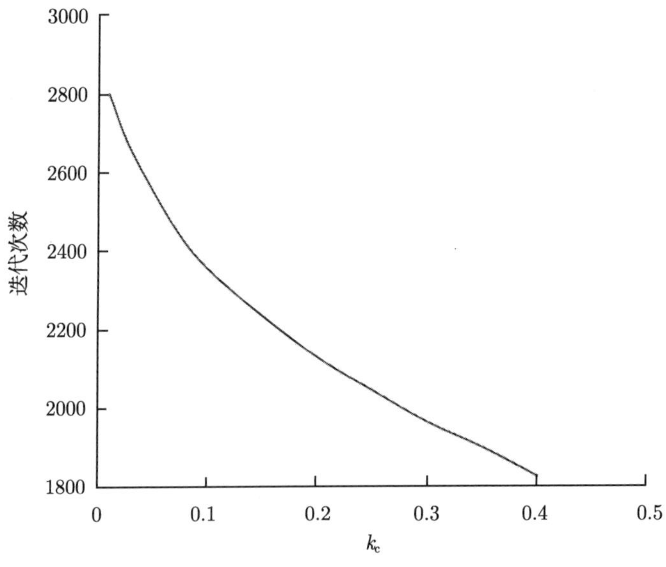

图 6.4　参数 k_c 和算法收敛速度间的关系图

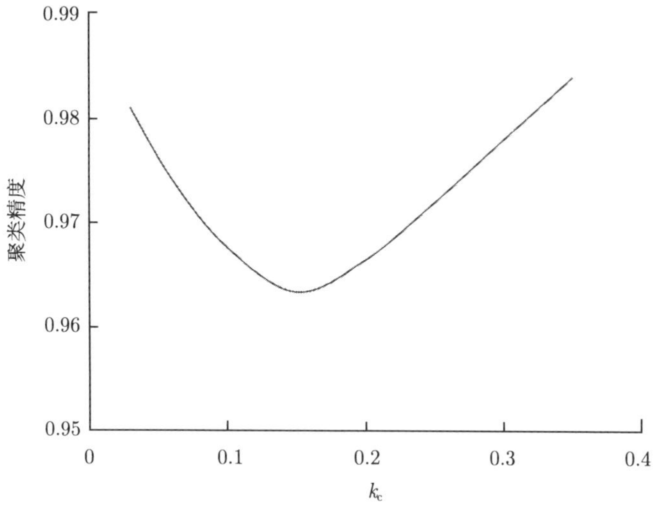

图 6.5 参数 k_c 和算法计算性能间的关系图

由图 6.4 可以发现，参数 k_c 和算法收敛速度间的关系是一个单调函数，大致接近一条下降直线，也就是说，随着参数增加，算法收敛速度提高。由图 6.5 可以发现，参数 k_c 和算法计算性能间的关系是一个单峰函数，当参数 $k_c<0.15$ 时，计算性能随着参数的增加而降低，而当参数 $k_c>0.15$ 时，计算性能随着参数的增加而提高，说明对于计算性能而言，参数 k_c 的极值点为 0.15。

参数 α_1 和算法收敛速度间的关系如图 6.6 所示，参数 α_1 和算法计算性能间的关系如图 6.7 所示。

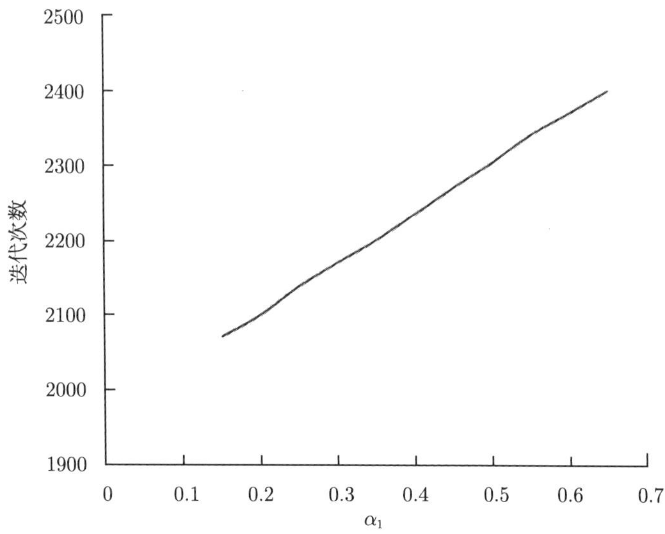

图 6.6 参数 α_1 和算法收敛速度间的关系图

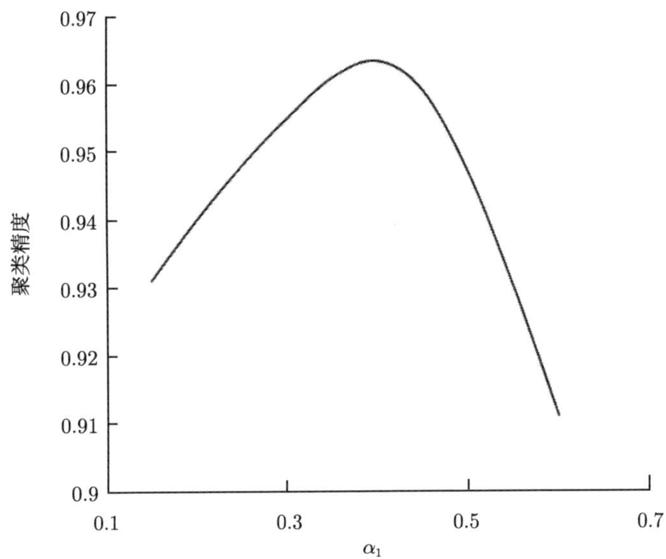

图 6.7　参数 α_1 和算法计算性能间的关系图

由图 6.6 可以发现，参数 α_1 和算法收敛速度间的关系是一个单调函数，大致接近一条上升的直线，也就是说，随着参数增加，算法收敛速度降低。由图 6.7 可以发现，参数 α_1 和算法计算性能间的关系是一个单峰函数，当参数 $\alpha_1 <0.4$ 时，计算性能随着参数的增加而提高，而当参数 $\alpha_1 >0.4$ 时，计算性能随着参数的增加而降低，说明对于计算性能而言，参数 α_1 的合理取值为 0.4。

参数 α 和算法收敛速度间的关系如图 6.8 所示，参数 α 和算法计算性能间的

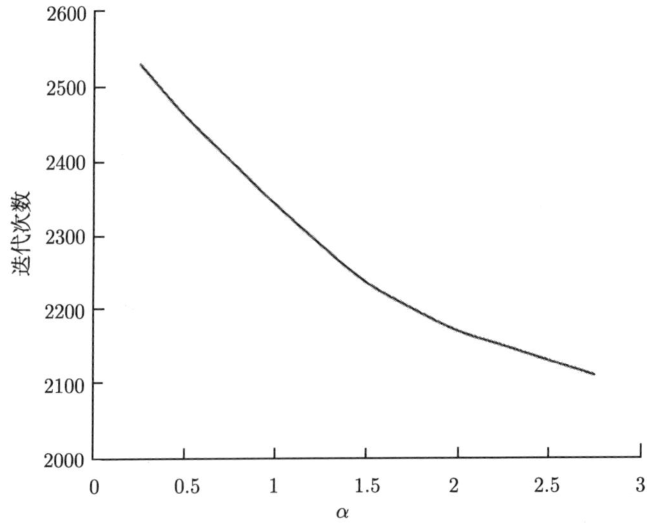

图 6.8　参数 α 和算法收敛速度间的关系图

关系如图 6.9 所示。

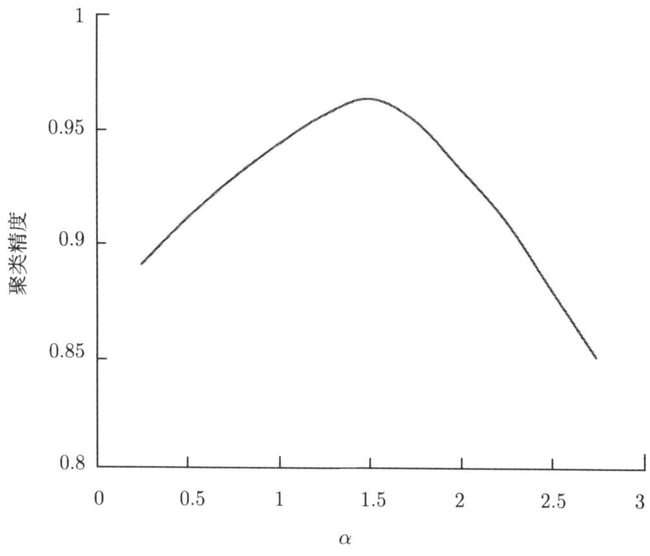

图 6.9 参数 α 和算法计算性能间的关系图

由图 6.8 及图 6.9 可以发现，参数 α 和算法收敛速度间的关系是一个单调函数，当参数增加时，算法收敛速度提高。而参数 α 和算法计算性能间的关系是一个单峰函数，当参数 $\alpha<1.5$ 时，计算性能随着参数的增加而提高，而当参数 $\alpha>1.5$ 时，计算性能随着参数的增加而降低，说明对于计算性能而言，参数 α 的合理取值为 1.5。

由以上分析可以发现，对于鸢尾花数据集，筛选蚁群聚类算法主要参数的合理取值为参数 $k_{\rm p}=0.1$，参数 $k_{\rm c}=0.15$，参数 $\alpha_1=0.4$，参数 $\alpha=1.5$。

6.2.4.2 标准蚁群聚类算法

该算法中，参数 N、α 及 c 对算法影响很大，本书中对这三个参数进行分析。为了研究方便且使结果有代表性，这里同样以迭代次数表征收敛速度，以聚类精度表征计算性能。

参数 N 和算法收敛速度间的关系如图 6.10 所示，参数 N 和算法计算性能间的关系如图 6.11 所示。

根据图 6.10 及图 6.11 可知，参数 N 和算法收敛速度间的关系是一个单调函数，近似于一条上升的直线，而参数 N 和算法计算性能间的关系是一个单峰函数。当参数增大时，收敛速度降低，且其降低幅度也同时增加。而算法计算性能的变化规律比较复杂，当参数 $N<20$ 时，随着参数的增加，计算性能提高；而当参数 $N>20$ 时，计算性能随着参数的增加而降低，说明对于计算性能而言，参数 N 为

20 是较合适的数值。

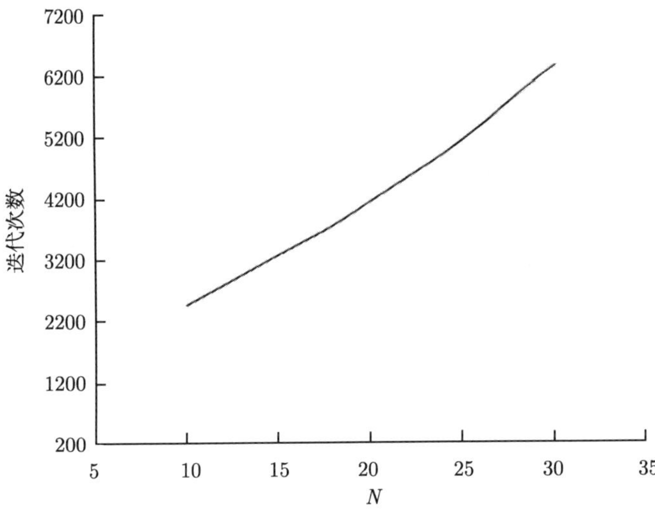

图 6.10　参数 N 和算法收敛速度间的关系图

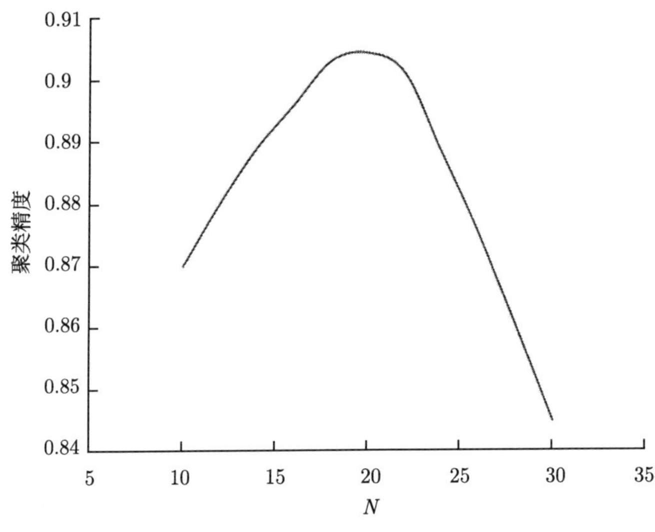

图 6.11　参数 N 和算法计算性能间的关系图

参数 α 和算法收敛速度间的关系如图 6.12 所示，参数 α 和算法计算性能间的关系如图 6.13 所示。

由图 6.12 及图 6.13 可以发现，参数 α 和算法收敛速度间的关系是一个单调函数，当参数增加时，算法收敛速度提高。而参数 α 和算法计算性能间的关系是一个单峰函数，当参数 α 小于 1.5 时，计算性能随着参数的增加而提高；而当参数 α 大于 1.5 时，计算性能随着参数的增加而降低，说明对于计算性能而言，参数 α 的合理取值为 1.5。

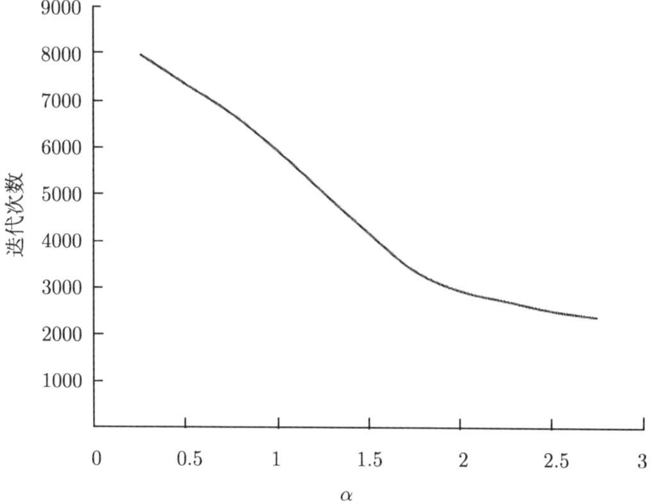

图 6.12 参数 α 和算法收敛速度间的关系图

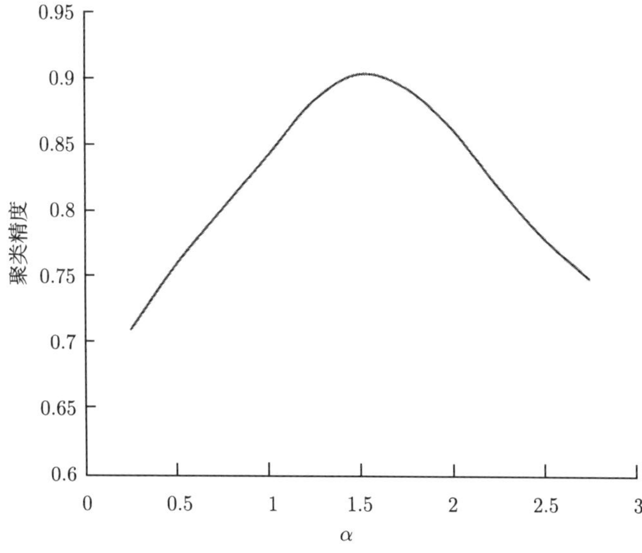

图 6.13 参数 α 和算法计算性能间的关系图

参数 c 和算法收敛速度间的关系如图 6.14 所示，参数 c 和算法计算性能间的关系如图 6.15 所示。

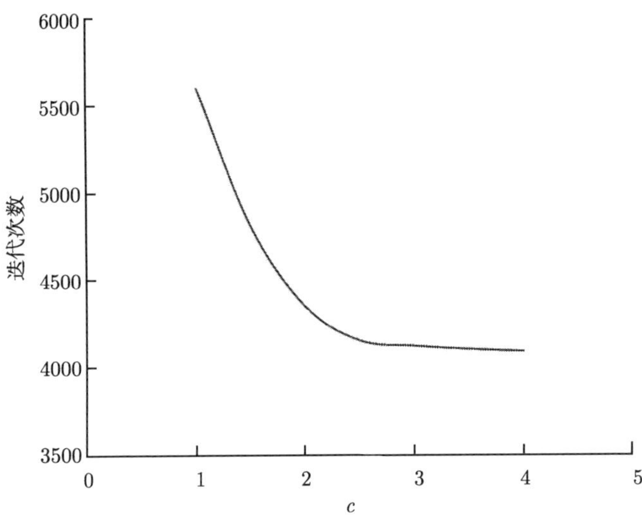

图 6.14　参数 c 和算法收敛速度间的关系图

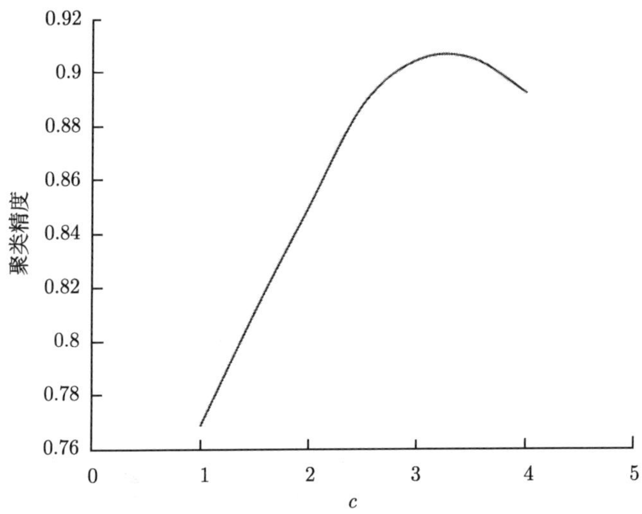

图 6.15　参数 c 和算法计算性能间的关系图

根据图 6.14 及图 6.15 可见，参数 c 和算法收敛速度间的关系是一个单调函数，随着参数增加，计算速度提高，然而，速度提高的幅度降低，其临界点为 c=2.5。参数 c 和算法计算性能间的关系是一个单峰函数。当参数 c <3 时，计算精度随着参

数的增加而提高，说明计算性能变好；而当参数 $c>3$ 时，计算精度随着参数的提高而降低，也就是说，计算性能降低，说明对于计算性能而言，参数 c 的较合适数值为 3。

由以上分析可以发现，对于鸢尾花数据集，标准蚁群聚类算法主要参数的合理取值为参数 $N=20$，参数 $\alpha=1.5$，参数 $c=3$。

比较两个算法的分析结果，可以得出以下结论。

标准蚁群聚类算法的参数 N 的影响规律和筛选蚁群聚类算法的参数 α_1 和 $k_{\rm p}$ 的影响规律基本相似。同时，标准蚁群聚类算法的参数 α 的影响规律和筛选蚁群聚类算法的参数 α 的影响规律基本相似。另外，标准蚁群聚类算法的参数 α 对收敛速度的影响规律和筛选蚁群聚类算法的参数 $k_{\rm p}$ 的影响规律基本相似，但是，两个参数对收敛速度的影响规律完全相反。标准蚁群聚类算法的参数 c 的影响规律和筛选蚁群聚类算法的参数 α 的影响规律的基本相似。

6.3 岩质边坡稳定分析定性研究工程应用

由于筛选蚁群聚类算法的聚类效果很好，这里采用其进行岩质边坡的稳定性分类研究。本书中，一些岩质边坡实例的稳定性和稳定影响因素是已知的，而其他一些岩质边坡实例的稳定性是未知的，而影响因素是已知的。根据稳定性影响因素，将所有的边坡数据实例按照稳定状态进行分类，根据分类结果，通过分类得到类别，从而可以得到边坡的稳定状态。

6.3.1 工程实例一

该实例收集了来自于文献[23]的两组边坡数据集。第一组数据集包含了 46 个边坡案例，这些案例均符合圆弧临界面滑动机理。其中，23 个案例是干燥边坡，23 个案例是有水影响的边坡。46 个边坡案例的原始数据汇总入表 6.8。第 2 组数据集包含 22 个边坡案例，这些案例均符合楔形体滑动机理。所有边坡案例均无水的影响。22 个边坡案例的原始数据汇总入表 6.9。

表 6.8 具有圆弧临界面滑动机理的 46 个边坡案例

案例编号	边坡地点	$\gamma/({\rm kN/m^3})$	C/kPa	$\varphi/(°)$	$\psi/(°)$	H/m	$\gamma_{\rm w}$
1	Congress street 露天矿边坡，美国芝加哥	18.68	26.34	15	35	8.23	0.0
2	Brightlingsea 滑坡，英国	16.50	11.49	0	30	3.66	0.0
3	未知	18.84	14.36	25	20	30.50	0.0
4	未知	18.84	57.46	20	20	30.50	0.0
5	Case 1: open-pit iron ore mine，印度	28.44	29.42	35	35	100.0	0.0
6	Case 2: open-pit iron ore mine，印度	28.44	39.23	38	35	100.0	0.0

续表

案例编号	边坡地点	$\gamma/(\mathrm{kN/m^3})$	C/kPa	$\varphi/(^\circ)$	$\psi/(^\circ)$	H/m	γ_w
7	open-pit chromite mine，Orissa，印度	20.60	16.28	26.5	30	40.0	0.0
8	Sarukuygi 滑坡，日本	14.80	0.00	17	20	50.00	0.0
9	case 1: open-pit iron ore mine，Goa，印度	14.00	11.97	26	30	88.00	0.0
10	Mercoirol open-pit coal mine，法国	25.00	40.00	45	53	120.0	0.0
11	Marquesade open-pit iron ore mine，西班牙	26.00	50.00	45	50	200.0	0.0
12	未知	18.50	25.00	0	30.0	6.0	0.0
13	未知	18.50	12.00	0	30.0	6.0	0.0
14	Case 1: Highvale 煤矿，Alberta，加拿大	22.40	10.00	35	30	10.0	0.0
15	Case 2: Highvale 煤矿，Alberta，加拿大	21.40	10.00	30.34	30	20.00	0.00
16	Case 1: open-pit coal mine，Newcastle coalfield，澳大利亚	22.00	20.00	36	45	50.00	0.00
17	Case 2: open-pit coal mine，Newcastle coalfield，澳大利亚	22.00	0.00	36	45	50.00	0.00
18	未知	12.00	0.00	30	35	4.00	0.00
19	未知	12.00	0.00	30	45	8.00	0.00
20	未知	12.00	0.00	30	35	4.00	0.00
21	未知	12.00	0.00	30	45	8.00	0.00
22	Pima open-pit mine，Arizona，美国	23.47	0.00	32	37	214.00	0.00
23	Case 1: Wyoming，美国	16.00	70.00	20	40	115.00	0.00
24	Seven Sisters 滑坡，英国	20.41	24.90	13	22	10.67	0.35
25	Case 1: The Northolt 滑坡，英国	19.63	11.97	20	22	12.19	0.405
26	Selset Landslide，Yorkshire，英国	21.82	8.62	32	28	12.80	0.49
27	Saskatchewan dam，加拿大	20.41	33.52	11	16	45.72	0.20
28	Case 2: The Northolt 滑坡，英国	18.84	15.32	30	25	10.67	0.38
29	Sudbury 滑坡，英国	18.84	0.00	20	20	7.62	0.45
30	Folkstone Warren slide，Kent，英国	21.43	0.00	20	20	61.00	0.50
31	River bank side，Alberta，加拿大	19.06	11.71	28	35	21.00	0.11
32	未知	18.84	14.36	25	20	30.50	0.45
33	未知	21.51	6.94	30	31	76.81	0.38
34	Case 2: open-pit iron ore mine，Goa，印度	14.00	11.97	26	30	88.00	0.45
35	Athens slope，希腊	18.00	24.00	30.15	45	20.00	0.12
36	Open-pit coal mine Allori coalfield，意大利	23.00	0.00	20	20	100.00	0.30
37	Case 1: open-pit coal mine，Alberta，加拿大	22.40	100.00	45	45	15.00	0.25
38	Case 2: open-pit coal mine，Alberta，加拿大	22.40	10.00	35	45	10.00	0.40
39	Case 3: open-pit coal mine，Newcastle coalfield，澳大利亚	20.00	20.00	36	45	50.00	0.25
40	Case 4: open-pit coal mine，Newcastle coalfield，澳大利亚	20.00	20.00	36	45	50.00	0.50
41	Case 5: open-pit coal mine，Newcastle coalfield，澳大利亚	20.00	0.00	36	45	50.00	0.25
42	Case 6: open-pit coal mine，Newcastle coalfield，澳大利亚	20.00	0.00	36	45	50.00	0.50
43	Case 1: Harbor slope，Newcastle，澳大利亚	22.00	0.00	40	33	8.00	0.35
44	Case 2: Harbor slope，Newcastle，澳大利亚	24.00	0.00	40	33	8.00	0.30
45	Case 3: Harbor slope，Newcastle，澳大利亚	20.00	0.00	24.5	20	8.00	0.35
46	Case 4: Harbor slope，Newcastle，澳大利亚	18.00	5.00	30	20	8.00	0.30

表中，γ 为容重；C 为内聚力；φ 为内摩擦角；ψ 为边坡角度；H 为边坡高

度；γ_w 为孔隙水压力系数。

表 6.9 具有楔形滑动机理的 22 个边坡案例

案例编号	边坡地点	$\gamma/(\mathrm{kN/m^3})$	C_A/kPa	C_B/kPa	$\varphi_A/(°)$	$\varphi_B/(°)$	$\psi_p/(°)$	$\psi_f/(°)$	H/m
1	Lake Garda Serraglio，意大利	20.00	0.00	0.00	40	40	45	60	100.00
2	未知	25.14	23.94	47.88	20	30	31.2	65	30.50
3	Danapoint Harbor，美国	25.00	14.36	16.76	28	18	30	45	37.00
4	Scheffevilla area，加拿大	22.80	0.00	0.00	35	35	38	47	110.00
5	Open-pit mine,(NIOP)，印度	19.90	40.00	19.00	22	22	37	42	140.00
6	Libby dam，Montana，美国	26.00	0.00	0.00	30.6	22.8	30.6	33	270.00
7	Lower stream wedge，Kangaroo Valley，澳大利亚	26.00	20.00	20.00	27	27	60	70	44.00
8	Upper stream wedge，Kangaroo Valley，澳大利亚	26.00	0.00	0.00	39	39	60	70	44.00
9	Left abutment，Amaluza dam，厄瓜多尔	26.66	0.00	0.00	35	35	30	42	150.00
10	Right abutment，Amaluza dam，厄瓜多尔	26.66	0.00	0.00	45	45	35	50	150.00
11	Auburn Forest hill bridge，CO，美国	25.00	0.00	0.00	32.4	32.4	30	48	50.00

续表

案例编号	边坡地点	$\gamma/(\mathrm{kN/m^3})$	C_A/kPa	C_B/kPa	$\varphi_A/(^\circ)$	$\varphi_B/(^\circ)$	$\psi_\mathrm{p}/(^\circ)$	$\psi_\mathrm{f}/(^\circ)$	H/m
12	Case 1: Twin Buttes pit，Pima County，AZ，美国	18.84	0.00	0.00	30	30	37.5	45	61.00
13	Case 2: Twin Buttes pit，Pima County，AZ，美国	18.84	30.07	3.60	30	36.7	37.5	45	61.00
14	Open-pit coal mine，Alberta，加拿大	23.24	19.15	28.73	22.6	19.1	29	40	46.00
15	未知	27.00	0.00	0.00	30.00	30.00	37.50	26.00	110.00
16	未知	27.00	0.00	0.00	20.00	30.00	37.50	26.00	110.00
17	未知	27.00	0.00	0.00	20.00	30.00	37.50	26.00	50.00
18	未知	27.00	0.00	0.00	20.00	30.00	43.00	26.00	50.00
19	未知	27.00	20.00	20.00	20.00	30.00	43.00	26.00	60.00
20	未知	27.00	0.00	0.00	10.00	10.00	43.00	26.00	60.00
21	未知	27.00	0.00	0.00	15.00	15.00	43.00	26.00	60.00
22	未知	24.00	24.50	49.00	20.00	30.00	65.00	31.00	40.00

表中，γ 为容重；C_A 和 C_B 为两组节理的内聚力；φ_A 和 φ_B 为两组节理的内摩擦角；ψ_p 为两组节理交线的角度；ψ_f 为边坡角度；H 为边坡高度。

对于实际的边坡工程，岩质边坡的稳定状态经常可以简单地表示为稳定和不稳定。因此，本书中边坡稳定状态的类别数为 2。

在前述敏感性分析的基础上，通过试算，可以到针对该问题的筛选蚁群聚类算法的参数取值为 $M=5000, k_\mathrm{p}=0.2, k_\mathrm{c}=0.15, \alpha=0.45, N=10, \alpha_1=0.4, s=3$。

把表 6.8 和表 6.9 的数据代入筛选蚁群聚类算法进行计算，计算结果汇总见表 6.10 及表 6.11。表中边坡的稳定状态以 0 和 1 表示，分别代表稳定和不稳定两种状态。为了比较，文献[23]中采用人工神经网络计算的结果也汇总在两个表中。

由表 6.10 可以看出，筛选蚁群聚类算法的计算结果基本和实际情况吻合，其计算精度可以达到 91.3%。而人工神经网络的计算结果较差，其计算精度仅仅为 67.4%。由表 6.11 可以看出，筛选蚁群聚类算法和人工神经网络的计算结果均和实际情况吻合很好，二者的计算精度均为 100%。为了分析两个表的差异，采用表 6.8

和表 6.9 中的边坡材料参数，采用极限平衡法对两表中的所有边坡案例计算其安全系数，结果见表 6.10 和表 6.11。分析理论计算得到的安全系数和实际稳定状态的关系，可以发现二者存在一些矛盾，如表 6.10 中案例 25 的安全系数为 1.35，而其稳定状态却为不稳定；同时，案例 11 的安全系数为 1.20，而其状态为稳定。很明显，稳定状态的边坡，其安全系数小于不稳定状态的边坡。其原因应该是，对于某些边坡案例，一些影响边坡稳定的重要因素没有包含于表 6.8 中。因此，表 6.8 中有一些特殊的边坡案例数据。这些特殊的边坡数据对人工神经网络的计算性能影响很大，它们严重降低了人工神经网络的计算效果。这种训练样本对人工神经网络计算性能的影响情况在文献[23]中也有一定分析。表 6.10 中，采用筛选蚁群聚类算法对边坡案例 7、11、25 及 27 的稳定状态进行的分析是错误的，而这些案例中均包含特殊数据，因此，如果不包括有特殊数据的特殊案例，那么筛选蚁群聚类算法的计算精度预期应该很高。分析表 6.9 的案例数据，没有发现其中包含不符合逻辑的特殊数据。因此，基于表 6.9 的案例训练神经网络，其结果相当理想。可见，案例数据的质量严重影响了人工神经网络的计算性能，而其对筛选蚁群聚类算法的计算性能相对影响不大。而且，构建人工神经网络的训练样本时，边坡案例的稳定状态必须是已知的，而筛选蚁群聚类算法却没有此方面的要求。因此，应用筛选蚁群聚类算法时，边坡案例数据的收集是一个较简单的问题，而对于传统方法，如人工神经网络，边坡案例数据的收集是一个很困难的问题。

表 6.10 具有圆弧临界面滑动机理的 46 个边坡案例的计算结果

案例编号	极限平衡法得到的安全系数	实际边坡稳定状体	人工神经网络计算结果	筛选蚁群聚类算法计算结果
1	1.11	不稳定	0.000	0
2	1.00	不稳定	0.026	0
3	1.875	稳定	0.999	1
4	2.045	稳定	0.993	1
5	1.78	稳定	1.000	1
6	1.99	稳定	1.000	1
7	1.25	不稳定	0.014	1
8	1.13	不稳定	0.000	0
9	1.02	不稳定	0.986	0
10	1.30	稳定	0.992	1
11	1.20	稳定	0.006	0
12	1.09	不稳定	0.006	0
13	0.78	不稳定	0.962	0
14	2.00	稳定	1.000	1
15	1.70	稳定	0.006	1
16	1.02	不稳定	0.011	0

续表

案例编号	极限平衡法得到的安全系数	实际边坡稳定状体	人工神经网络计算结果	筛选蚁群聚类算法计算结果
17	0.89	不稳定	0.990	0
18	1.46	稳定	0.000	1
19	0.80	不稳定	0.470	0
20	1.44	稳定	0.000	1
21	0.86	不稳定	0.470	0
22	1.08	不稳定	0.010	0
23	1.11	不稳定	0.000	0
24	1.40	稳定	0.013	1
25	1.35	不稳定	0.002	1
26	1.03	不稳定	0.000	0
27	1.28	不稳定	1.000	1
28	1.63	稳定	0.001	1
29	1.05	不稳定	0.001	0
30	1.03	不稳定	0.004	0
31	1.09	不稳定	0.984	0
32	1.11	不稳定	0.001	0
33	1.01	不稳定	0.005	0
34	0.625	不稳定	0.994	0
35	1.12	不稳定	0.013	0
36	1.20	不稳定	1.000	0
37	1.80	稳定	0.000	1
38	0.90	不稳定	0.000	0
39	0.96	不稳定	0.006	0
40	0.83	不稳定	0.000	0
41	0.79	不稳定	0.001	0
42	0.67	不稳定	0.000	0
43	1.45	稳定	0.000	1
44	1.58	稳定	0.998	1
45	1.37	稳定	1.000	1
46	2.05	稳定	1.000	1

表 6.11 具有楔形滑动机理的 22 个边坡案例的计算结果

案例编号	极限平衡法得到的安全系数	实际边坡稳定状体	人工神经网络计算结果	筛选蚁群聚类算法计算结果
1	0.86	不稳定	0.00	0
2	1.36	稳定	1.00	1
3	1.00	不稳定	0.00	0
4	1.10	不稳定	0.01	0
5	0.90	不稳定	0.00	0

续表

案例编号	极限平衡法得到的安全系数	实际边坡稳定状体	人工神经网络计算结果	筛选蚁群聚类算法计算结果
6	1.40	稳定	1.00	1
7	2.35	稳定	0.99	1
8	0.90	不稳定	0.00	0
9	1.73	稳定	1.00	1
10	2.48	稳定	1.00	1
11	1.90	稳定	0.98	1
12	0.78	不稳定	0.00	0
13	1.12	不稳定	0.00	1
14	1.00	不稳定	0.01	0
15	2.09	稳定	1.00	1
16	1.65	稳定	1.00	1
17	1.65	稳定	1.00	1
18	1.65	稳定	0.99	1
19	2.18	稳定	1.00	1
20	0.64	不稳定	0.00	0
21	0.97	不稳定	0.00	0
22	1.77	稳定	1.00	1

以上分析可以得到以下结论：筛选蚁群聚类算法的算法鲁棒性比传统算法 (如人工神经网络) 要好。而且，筛选蚁群聚类算法的应用更方便。因此，筛选蚁群聚类算法非常适合在复杂边坡工程问题中进行应用。

6.3.2 工程实例二

6.3.2.1 边坡数据的描述

岩质边坡是经过漫长的地质历史形成的复杂地质系统，其稳定性受很多因素的影响。通常，这些因素可以分为两类：地质因素和工程因素。岩质边坡稳定的影响因素可以汇总如表 6.12 所示。

表 6.12 岩质边坡稳定的影响因素

地质因素	工程因素
力学特性	边坡角度
结构特征	边坡高度
结构面特征	爆破震动
气候条件	振动
风化	载荷
地下水	开挖
应力状态	
地震	

参考这些影响因素，收集了三峡库区 36 个岩质边坡的数据集[24]。由于这些因素全是定性指标，为了计算方便，本书采用文献[11]中的定量数据进行分析。定量化后的边坡数据集如表 6.13 所示。

表 6.13　三峡库区岩质边坡数据集

边坡编号	外形特征	滑面特征	滑带强度	近期活动	河流作用	后缘加载	暴雨作用	地震作用	人工活动
1	1.0	0.0	0.5	0.5	0.5	0.0	1.0	0.5	0.0
2	0.5	1.0	0.0	0.5	0.5	0.0	1.0	0.5	0.0
3	0.5	1.0	0.0	0.5	0.5	0.5	1.0	0.5	0.0
4	1.0	1.0	1.0	1.0	0.5	0.5	1.0	0.5	1.0
5	1.0	0.5	0.5	0.5	0.5	0.0	0.5	0.5	0.0
6	0.5	1.0	0.5	1.0	1.0	1.0	0.5	0.0	0.5
7	0.5	1.0	0.5	0.5	1.0	1.0	0.5	0.0	0.0
8	0.5	1.0	0.5	1.0	1.0	1.0	0.5	0.0	0.0
9	0.0	1.0	1.0	0.0	1.0	1.0	0.5	0.0	0.0
10	0.5	0.5	0.5	1.0	1.0	0.0	0.5	0.0	0.0
11	1.0	0.5	1.0	1.0	0.0	0.0	0.5	0.0	0.0
12	1.0	0.5	0.5	0.0	1.0	0.0	0.5	0.0	0.0
13	1.0	1.0	1.0	1.0	1.0	0.0	0.5	0.0	0.0
14	1.0	1.0	0.5	1.0	0.0	0.5	0.5	0.0	0.0
15	1.0	1.0	1.0	1.0	1.0	0.0	0.5	0.0	0.0
16	1.0	0.5	1.0	0.5	0.5	0.5	0.5	0.0	0.0
17	1.0	1.0	1.0	1.0	0.5	0.0	0.5	0.0	0.0
18	1.0	1.0	0.5	0.5	0.5	0.0	0.5	0.0	0.0
19	1.0	0.0	0.5	0.0	1.0	0.0	0.5	0.0	0.0
20	0.5	0.5	0.0	0.0	1.0	0.0	1.0	0.0	1.0
21	0.5	0.5	0.5	0.5	1.0	0.5	1.0	0.0	0.5
22	1.0	1.0	1.0	1.0	1.0	0.5	1.0	0.0	0.5
23	0.5	1.0	0.5	1.0	1.0	0.5	1.0	0.0	1.0
24	0.5	0.0	0.0	0.0	1.0	0.0	1.0	0.0	0.0
25	0.5	0.0	1.0	0.5	0.0	1.0	1.0	0.0	0.5
26	1.0	0.0	0.5	0.0	1.0	0.0	1.0	0.0	0.5
27	0.5	0.0	0.0	0.5	1.0	0.5	1.0	0.0	0.5
28	1.0	0.0	0.0	0.5	1.0	1.0	1.0	0.0	1.0
29	0.5	0.0	0.5	0.5	0.5	0.5	1.0	0.0	1.0
30	0.5	0.0	0.5	0.5	0.5	0.5	1.0	0.0	0.0
31	0.5	0.0	0.0	0.5	0.5	0.5	0.5	0.0	0.0
32	0.5	1.0	1.0	1.0	0.5	0.5	0.5	0.0	0.0
33	0.5	0.0	0.0	0.0	1.0	0.5	0.5	0.0	0.0
34	0.0	0.0	0.0	0.0	0.5	0.5	0.5	0.0	0.0
35	0.5	0.5	0.0	0.5	1.0	0.0	0.5	0.0	0.0
36	0.5	0.0	0.0	0.0	1.0	0.0	1.0	0.0	1.0

本书采用这些岩质边坡数据对筛选蚁群聚类算法在实际工程中的应用进行分析。

6.3.2.2 结果分析

考虑复杂地质因素的影响，边坡的稳定状态不能简单地以稳定和不稳定进行描述。因此，本实例中，边坡的稳定状态数目是未知的，因此，该问题的聚类数目是未知的。

在前述敏感性分析的基础上，通过试算，可以得到针对该问题的筛选蚁群聚类算法参数取值为 $M=5000, k_{\mathrm{p}}=0.15, k_{\mathrm{c}}=0.1, \alpha=0.4, N=10, \alpha_1=0.3$ 及 $s=3$。

采用以上参数和表 6.13 的数据，边坡工程实例的计算结果汇总见表 6.14。

表 6.14 三峡库区岩质边坡计算结果

案例编号	极限平衡法[24] 稳定状态	K-means 方法 稳定状态	模拟退火方法[11] 稳定状态	筛选蚁群聚类算法 稳定状态
1	Ⅳ	Ⅳ	Ⅳ	Ⅳ
2	Ⅳ	Ⅳ	Ⅳ	Ⅳ
3	Ⅳ	Ⅳ	Ⅲ	Ⅲ
4	Ⅰ	Ⅰ	Ⅰ	Ⅰ
5	Ⅲ	Ⅲ	Ⅲ	Ⅲ
6	Ⅱ	Ⅱ	Ⅱ	Ⅱ
7	Ⅱ	Ⅱ	Ⅱ	Ⅱ
8	Ⅱ	Ⅱ	Ⅱ	Ⅱ
9	Ⅱ	Ⅱ	Ⅱ	Ⅱ
10	Ⅲ	Ⅲ	Ⅱ	Ⅲ
11	Ⅲ	Ⅲ	Ⅲ	Ⅲ
12	Ⅴ	Ⅴ	Ⅴ	Ⅴ
13	Ⅱ	Ⅲ	Ⅱ	Ⅱ
14	Ⅲ	Ⅲ	Ⅲ	Ⅲ
15	Ⅲ	Ⅲ	Ⅲ	Ⅲ
16	Ⅲ	Ⅲ	Ⅲ	Ⅲ
17	Ⅲ	Ⅲ	Ⅱ	Ⅲ
18	Ⅲ	Ⅲ	Ⅲ	Ⅲ
19	Ⅴ	Ⅴ	Ⅴ	Ⅴ
20	Ⅴ	Ⅴ	Ⅳ	Ⅳ
21	Ⅵ	Ⅳ	Ⅳ	Ⅴ
22	Ⅰ	Ⅰ	Ⅰ	Ⅰ
23	Ⅰ	Ⅰ	Ⅰ	Ⅰ
24	Ⅴ	Ⅴ	Ⅴ	Ⅴ
25	Ⅳ	Ⅳ	Ⅰ Ⅳ	Ⅳ

续表

案例编号	极限平衡法[24] 稳定状态	K-means 方法 稳定状态	模拟退火方法[11] 稳定状态	筛选蚁群聚类算法 稳定状态
26	Ⅵ	Ⅴ	Ⅵ	Ⅵ
27	Ⅴ	Ⅴ	Ⅴ	Ⅴ
28	Ⅳ	Ⅳ	Ⅲ	Ⅲ
29	Ⅳ	Ⅳ	Ⅳ	Ⅳ
30	Ⅳ	Ⅳ	Ⅳ	Ⅳ
31	Ⅵ	Ⅵ	Ⅵ	Ⅵ
32	Ⅲ	Ⅲ	Ⅲ	Ⅲ
33	Ⅴ	Ⅵ	Ⅴ	Ⅴ
34	Ⅵ	Ⅵ	Ⅵ	Ⅵ
35	Ⅴ Ⅰ	Ⅴ	Ⅵ	Ⅵ
36	Ⅴ	Ⅴ	Ⅴ	Ⅴ

由筛选蚁群聚类算法得到的边坡稳定状态数目为 6，也就是说，该问题的最佳分类数目为 6。按照分类数 6，采用传统的 K-means 方法和模拟退火方法[11]对该问题进行分析，它们的结果同样汇总如表 6.14。由于这些岩质边坡的稳定状态未知，文献[24]中采用极限平衡法得到的分类结果也被列入表 6.14 中。考虑到这些岩质边坡的真实稳定状态未知，本书中把极限平衡法得到的结果作为真实结果进行比较分析。

由表 6.14 可以发现，三种方法的结果差不多，且它们均和实际情况基本吻合。K-means 方法的计算精度为 80.6%，模拟退火方法的计算精度为 88.9%，而筛选蚁群聚类算法的计算精度可以达到 94.4%，因此，筛选蚁群聚类算法的计算效果显然是最好的。

对于筛选蚁群聚类算法，最佳聚类中心自动得到，而传统的 K-means 方法必须通过经验确定该参数。因此，对于最佳聚类数未知的问题，筛选蚁群聚类算法可以自动搜索得到，而其他聚类方法都必须事先已知聚类数。但是，搜索最佳聚类数实际也是一个复杂的优化问题。因此，在解决复杂的工程问题时筛选蚁群聚类算法的优点非常突出。

在传统的 K-means 方法中，最佳聚类中心必须事先给定，而且，必须严格控制数据的顺序。另外，作为一种局部搜索算法，K-means 方法很难解决全局优化问题。当初始聚类中心在整个样本空间不平衡时，它很难将这种不平衡纠正过来。因此，K-means 方法的聚类结果严重依赖于初始聚类中心的选择。然而，作为一种随机搜索算法，筛选蚁群聚类算法可以有效地克服这些缺点。

工程实例应用证明，筛选蚁群聚类算法可以自动地评估岩质边坡的稳定状态，并且其估计结果的可靠性很高，应用简单方便。因此，筛选蚁群聚类算法是一种进行岩质边坡稳定性分析定性研究的有效方法，值得在工程中大力推广。

6.3.3 工程实例三

为了验证筛选蚁群聚类算法在处理复杂多因素岩质边坡稳定性分析中的效果，本书采用伊朗 Khosh-Yeylagh 地区的岩质边坡工程实例[25]进行研究，这些岩质边坡的稳定影响因素非常全面。这些边坡实例考虑了 16 个稳定影响因素，这些因素汇总如表 6.15 所示。由于这些影响因素全是定性指标，为了方便计算，本书采用文献[25]中的因素评级方法。

表 6.15 Khosh-Yeylagh 地区岩质边坡影响因素的评级

编号	影响因素	等级		
		0	1	2
IF1	岩性	灰色砂岩	砂岩和灰岩	灰岩
IF2	断层、褶皱构造	没有	小的	大的
IF3	前期活动性	没有活动过	静止的	活动的
IF4	完整岩石的强度 (单轴抗压强度)/MPa	>50	$30\sim50$	<30
IF5	风化情况	未风化	微风化	强风化
IF6	节理数目	1	$1\sim3$	>3
IF7	不稳定大节理的数目	<2	$2\sim5$	>5
IF8	节理缝隙宽度/mm	<1	$1\sim5$	>5
IF9	节理持续长度/m	<5	$5\sim10$	>10
IF10	节理间距/m	>0.4	$0.15\sim0.4$	<0.15
IF11	力学特性 (法向载荷 1 MPa 下的峰值剪切强度)/MPa	>1	$0.5\sim1$	<0.5
IF12	地下水	干燥	湿润	渗水
IF13	边坡高度/m	<5	$5\sim15$	>15
IF14	边坡角度/(°)	<45	$45\sim75$	>75
IF15	年降雨量/mm	<300	$300\sim500$	>500
IF16	冻融情况 (循环)	<80	$80\sim120$	>120

采用此评级方法，15 个岩质边坡的定量数据汇总入表 6.16 中。采用这些边坡数据评价筛选蚁群聚类算法解决复杂工程问题的性能。

根据文献[25]的研究结果，该问题的边坡稳定状态数为 5，因此，该问题的聚类数目为 5。本书中，为了方便，以一个数字代表一种稳定状态，具体情况见表 6.17。

在前述敏感性分析的基础上，通过试算，可以得到针对该问题的筛选蚁群聚类算法参数取值为 $M=5000, k_{\mathrm{p}}=0.13, k_{\mathrm{c}}=0.12, \alpha=0.4, N=15, \alpha_1=0.35$ 及 $s=3$。

基于以上参数和表 6.16 与表 6.17 的数据，筛选蚁群聚类算法对该边坡工程实例的计算结果如表 6.18 所示。为了进行比较，边坡岩体分级 (SMR) 方法和文献

[25] 中的系统方法 (RES) 的结果均列入表中。

表 6.16　Khosh-Yeylagh 地区岩质边坡工程实例

边坡编号	影响因素分级							
	IF1	IF2	IF3	IF4	IF5	IF6	IF7	IF8
1	0	1	1	1	2	1	0	1
2	1	1	2	1	2	1	1	0
3	1	1	2	2	2	2	1	1
4	1	2	1	1	2	1	1	1
5	0	0	0	1	1	1	1	0
6	1	0	1	1	1	1	0	0
7	0	1	2	0	1	2	1	1
8	1	1	2	1	1	1	0	1
9	1	2	2	1	2	2	1	1
10	1	2	2	1	2	2	1	0
11	2	2	2	2	2	1	0	0
12	1	1	1	2	1	1	1	0
13	2	0	0	2	1	1	1	1
14	1	1	0	2	1	2	1	1
15	1	1	1	2	2	2	1	0
边坡编号	影响因素分级							
	IF9	IF10	IF11	IF12	IF13	IF14	IF15	IF16
1	1	2	0	0	1	2	1	1
2	1	2	0	0	0	2	1	1
3	2	2	0	0	0	2	1	1
4	2	1	0	0	0	2	1	1
5	0	1	0	0	1	2	1	1
6	0	1	1	0	1	1	1	1
7	0	2	1	0	2	2	1	1
8	2	2	0	0	0	2	1	1
9	1	2	0	0	1	2	1	1
10	2	2	0	0	1	2	1	1
11	2	1	1	0	2	2	1	1
12	1	1	1	0	1	2	1	1
13	2	1	0	0	1	1	1	1
14	1	1	1	0	1	1	1	1
15	1	2	1	0	1	2	1	1

由表 6.18 可以看出，三种方法的结果基本类似，但是，仍然可以找到一个相对更合理的方法。对于 RES 方法和筛选蚁群聚类算法，15 个边坡案例中 12 个边坡的计算稳定状态是吻合的，而稳定状态不一样的 3 个边坡，它们的计算类别也仅仅差 1 类，此 3 个边坡为边坡案例 8、案例 11 和案例 13。对于 SMR 方法和筛

选蚁群聚类算法，15 个边坡案例中 11 个边坡的计算稳定状态是吻合的，而稳定状态不一样的 4 个边坡，它们的计算类别同样也仅仅差 1 类，此四个边坡为边坡案例 2、案例 5、案例 9 和案例 13。

表 6.17 岩质边坡稳定状态分类

分类	稳定状态
1	非常稳定
2	稳定
3	不太稳定
4	不稳定
5	很不稳定

表 6.18 Khosh-Yeylagh 地区岩质边坡工程计算结果

边坡编号	RES 方法稳定状态	SMR 方法[25]稳定状态	筛选蚁群聚类算法稳定状态
1	3	3	3
2	4	5	4
3	5	5	5
4	4	4	4
5	1	2	1
6	2	2	2
7	4	4	4
8	4	3	3
9	5	4	5
10	5	5	5
11	5	4	4
12	3	3	3
13	3	3	2
14	3	3	3
15	4	4	4

如果以 RES 方法的计算结果作为实际稳定状态，那么，筛选蚁群聚类算法的计算精度大约为 80%。因此，如果要解决影响因素很多，而边坡案例数据又不多的工程问题，筛选蚁群聚类算法的计算效果也不是很满意。但是，无论如何，筛选蚁群聚类算法可以较好地解决此类问题，因此，其仍然是一个解决复杂岩质边坡稳定问题的好方法。

6.3.4 应用中的相关问题说明

为了应用筛选蚁群聚类算法分析岩质边坡的稳定性，确定边坡稳定状态的分级方法是非常重要的工作。

在工程实例二中，采用了基于安全系数 (f) 的分级方法。在此研究中，边坡的稳定状态分级如表 6.19 所示。

表 6.19　基于安全系数的岩质边坡状态稳定分级

指标范围 (f)	等级	稳定状态
$f \leqslant 1.0$	Ⅵ	不稳定
$1.0 < f \leqslant 1.13$	Ⅴ	基本不稳定
$1.13 < f \leqslant 1.26$	Ⅳ	稍微不稳定
$1.26 < f \leqslant 1.38$	Ⅲ	稍微稳定
$1.38 < f \leqslant 1.5$	Ⅱ	基本稳定
$1.5 < f$	Ⅰ	稳定

此种分级方法中，岩质边坡的稳定状态被分为 6 级。该方法可以考虑水库水位的影响，是一种基于文献[11]方法的改进分级方法，比文献[11]方法分级更加精确。

此分级方法及其分级的状态数目均已在三峡库区大量的岩质边坡应用中进行了验证。其结果如表 6.14 所示，分级结果和实际稳定状态基本吻合。因此，当岩质边坡的稳定状态未知时，如果要采用筛选蚁群聚类算法进行分析，可以采用表 6.19 的分级方法进行研究。

工程实例三中 SMR 及 RES 两种方法的分级方法如表 6.20 及表 6.21 所示。

表 6.20　SMR 方法的岩质边坡状态稳定分级

指标范围 (SMR)	等级	稳定状态
81~100	1	非常稳定
61~80	2	稳定
41~60	3	部分稳定
21~40	4	不稳定
0~20	5	非常不稳定

表 6.21　RES 方法的岩质边坡状态稳定分级

指标范围 (SII)	等级	稳定状态
< 30	1	非常稳定
30~40	2	稳定
41~50	3	部分稳定
51~60	4	不稳定
> 60	5	非常不稳定

在以上两种分级方法中，SII 可以由 RES 方法中关联矩阵的关联强度得到，而 SMR 可以由岩体分级方法 (rock mass rating，RMR)[26]得到。这些分级方法的详细内容参见文献[25]。

综合分析表 6.19~ 表 6.21 可以发现，分级指标 f 和 SII 是无限范围，而指标 SMR 是有限范围。它们的差异来自于它们方法本身的原理不同。

6.4 本 章 小 结

岩质边坡稳定分析的定性研究中最主要的也是应用最广泛的方法是工程类比法，而工程类比法的核心原理就是聚类分析。基于蚁群搜索的聚类算法是近年来发展的新方法，其应用效果良好，因此，这里采用蚁群聚类算法解决岩质边坡稳定分析问题，主要进行了以下工作。

(1) 介绍了传统的蚁群聚类算法，包括其基本原理及其实现方法和流程；

(2) 为了改进传统的蚁群聚类算法，基于数据聚类中类的筛选机理，提出了一种筛选蚁群聚类算法，并通过四组典型的数据集验证了新算法的良好性能，并和传统蚁群聚类算法及前人提出的一些聚类算法进行了比较研究；

(3) 基于一组典型数据集 (鸢尾花数据集) 对传统蚁群聚类算法及筛选蚁群聚类算法两种算法的一些主要参数进行了敏感性研究，给出了这些参数的变化规律，为参数取值提供参考；

(4) 把筛选蚁群聚类算法应用于岩质边坡稳定分析研究中，提出了一种岩质边坡稳定分析定性研究新方法，并通过 3 个不同复杂性的边坡实例数据对新方法进行了验证，证明了新方法解决复杂边坡稳定评价问题的良好性能。

参 考 文 献

[1] 陈祖煜, 汪小刚, 杨健等. 岩质边坡稳定性分析 —— 原理 • 方法 • 程序. 北京: 中国水利水电出版社, 2005.

[2] Cheng M Y, Roy A F V, Chen K L. Evolutionary risk preference inference model using fuzzy support vector machine for road slope collapse prediction. Expert Systems with Applications, 2012, 39: 1737-1746.

[3] Liang R, Pensomboon G. Multicriteria decision-making approach for highway slope hazard management. Journal of Infrastructure Systems, 2010, 16: 50-57.

[4] Samuia P, Kothari P D. Utilization of a least square support vector machine (LSSVM) for slope stability analysis. Scientia Iranica, Transactions A: Civil Engineering, 2011, 18: 53-58.

[5] Manouchehrian A, Gholamnejad J, Sharifzadeh M. Development of a model for analysis of slope stability for circular mode failure using genetic algorithm. Environmental Earth Sciences, 2014, 71: 1267-1277.

[6] Choobbasti A J, Farrokhzad F, Barari A. Prediction of slope stability using artificial neu-

ral network (case study: Noabad, Mazandaran, Iran). Arabian Journal of Geosciences, 2009, 2: 311-319.

[7] 李怀珍, 邓广涛. 岩质边坡稳定性预测的 BP 网络法. 地质灾害与环境保护, 2006, 17(3): 106-109.

[8] Das S K, Biswal R K, Sivakugan N, et al. Classification of slopes and prediction of factor of safety using differential evolution neural networks. Environmental Earth Sciences, 2011, 64: 201-210.

[9] Lin H M, Chang S K, Wu J H, et al. Neural network-based model for assessing failure potential of highway slope in the Alishan, Taiwan area: Preand post-earthquake investigation. Engineering Geology, 2009, 104: 280-289.

[10] Lu P, Rosenbaum M S. Artificial neural networks and grey systems for the prediction of slope stability. Natural Hazards, 2003, 30: 383-398.

[11] 谢全敏, 夏元友. 边坡稳定性评价的自适应模拟退火聚类分析法. 灾害学, 2002, 17(1): 15-19.

[12] 谢全敏, 陈立文, 夏元友. 基于案例挖掘的边坡稳定性智能评价系统研究. 岩土力学, 2008, 29(1): 145-148.

[13] Deneubourg J L, Goss S, Franks N. The dynamics of collective sorting: robot-like ant and ant-like robot. Proceedings first conference on simulation of adaptive behavior: From animals to animats. Cambridge: MIT Press, 1991: 356-365.

[14] Handl J, Knowles J, Dorigo M. On the performance of ant-based clustering. Frontiers in Artificial Intelligence and Applications, 2003, 104: 204-213.

[15] Handl J, Knowles J, Dorigo M. Ant-based clustering and topographic mapping. Artificial Life, 2006, 12(1): 35-61.

[16] Ghosh A, Halder A, Kothari M. Aggregation pheromone density based data clustering. Information Sciences, 2008, 178(13): 2816-2831.

[17] Lumer E, Faieta B. Diversity and adaptation in populations of clustering ants//Proc. third international conference on simulation of adaptive behavior: From animals to animats. Cambridge: MIT Press, 1994: 499-508.

[18] Yang Y, Kamel M. Clustering ensemble using swarm intelligence//IEEE swarm intelligence symposium. Piscataway: IEEE service center, 2003: 65-71.

[19] Zhang L, Cao Q X. A novel ant-based clustering algorithm using the kernel method. Information Sciences, 2011, 181: 4658-4672.

[20] Wang J B, Tu A L, Huang H W. An ant colony clustering algorithm improved from ATTA. Physics Procedia, 2012, 24: 1414-1421.

[21] Hatamlou A. Black hole: A new heuristic optimization approach for data clustering. Information Sciences, 2013, 222: 175-184.

[22] Tao W A, Ma Y, Tian J H, et al. An improved ant colony clustering algorithm// Information Engineering and Applications, Lecture Notes in Electrical Engineering 154.

London. Springer-Verlag, 2012: 305-311.

[23] Sakellariou M G, Ferentinou M D. A study of slope stability prediction using neural networks. Geotechnical and Geological Engineering, 2005, 23: 419-445.

[24] 田陵君, 王兰生, 刘世凯. 长江三峡工程库岸稳定性. 北京: 中国科学技术出版社, 1992.

[25] KhaloKakaie R, Naghadehi M Z. The assessment of rock slope instability along the Khosh-Yeylagh main road (Iran) Using a Systems Approach. Environmental Earth Sciences, 2012, 67: 665-682.

[26] 高玮. 岩石力学. 北京: 北京大学出版社, 2010.

索　　引